John Zubrzycki

Geschichte Indiens

John Zubrzycki

GESCHICHTE INDIENS

Aus dem australischen Englisch
übersetzt von Karin Hielscher

RECLAM

Titel der australischen Originalausgabe:
The Shortest History of India

2024 Philipp Reclam jun. Verlag GmbH,
Siemensstraße 32, 71254 Ditzingen

Druck und buchbinderische Verarbeitung:
Friedrich Pustet GmbH & Co. KG,
Gutenbergstraße 8, 93051 Regensburg
Printed in Germany 2024
RECLAM ist eine eingetragene Marke
der Philipp Reclam jun. GmbH & Co. KG, Stuttgart
ISBN 978-3-15-011478-0

www.reclam.de

FSC www.fsc.org
MIX
Papier | Fördert gute Waldnutzung
FSC® C014889

Inhalt

Ein Hinweis zu verwendeten Schreibweisen, Ortsnamen und Daten

Die in Sanskrit angegebenen Begriffe, Personen- und Ortsnamen aus der Frühzeit bis in die Epoche der Mogulherrscher sind, um Aussprache und Lesen zu erleichtern, mit diakritischen Zeichen versehen.

ā	→	a wie in wahr
ī	→	i wie in Spiegel
ū	→	u wie in Muh
ṛ	→	ri wie in Rinde
ṃ	→	wie das n in Enkel
ś (scharf)	→	sch wie in Ski
ṣ (stimmhaft)	→	s wie in Waise
ṅ (Hintergaumenlaut)	→	n wie in Chanson
ñ (Vordergaumenlaut)	→	ny wie in Canyon
ṇ (retroflex)	→	n wie in Garn
ṭ	→	t wie in Talar
ḷ	→	l wie in Giebel

In Indien haben in den vergangenen Jahrzehnten viele Städte ihre kolonialen Namen abgelegt, so wurde Kalkutta zu Kolkata und Bombay heißt jetzt offiziell Mumbai. Der folgende Text greift jeweils auf die Namen zurück, die während der besprochenen Zeiträume verwendet wurden. Um die Orientierung zu erleichtern, werden aber auch die modernen Entsprechungen der alten Namen angegeben, so ist Kāñcī heute Kanchipuram und Kashi ist das heutige Varanasi. Zu prominenten historischen Persönlichkeiten habe ich zudem bis zur Zeit der Großmoguln jeweils kurz Geburts- und Todesjahr sowie den Herrschaftszeitraum angegeben.

Einleitung

> »Was immer sich berechtigterweise über Indien sagen lässt, dessen Gegenteil trifft ebenso zu.«
>
> *Die britische Wirtschaftswissenschaftlerin Joan Robinson*

Am frühen Morgen des 9. August 1942 wurden der Vorsitzende des Indischen Nationalkongresses Jawaharlal Nehru und neun seiner Mitstreiter am Victoria-Bahnhof in Bombay in einen Zug verfrachtet. Das Ziel des Gefangenentransports war die Festung Ahmadnagar in den schwülheißen Hügeln des heutigen Maharashtra. In der Festung war im Jahr 1707 der letzte Großmogul Aurangzeb gestorben, und der Moment seines Todes war mit einem Wirbelsturm zusammengefallen, der »so heftig war, dass er alle Zelte des Lagers umwarf. […] Dörfer wurden zerstört und Bäume umgestürzt.« Unter den Briten war die Feste Ahmadnagar in ein Hochsicherheitsgefängnis verwandelt worden. Nehrus Inhaftierung dort sollte zwei Jahre und neun Monate dauern – der längste seiner insgesamt neun Aufenthalte als Gefangener des britischen Kaiserreichs Indien, des sogenannten *Raj*. Sein Verbrechen bestand darin, dass er die »Quit India!«-(›Verlasst Indien!‹-)Bewegung ins Leben gerufen hatte, ein verzweifelter Versuch der Kongresspartei, im Austausch für die indische Unterstützung der geplanten britischen Kriegsanstrengungen im Zweiten Weltkrieg Großbritannien die sofortige Unabhängigkeit abzuringen. Als er entlassen wurde, war der Krieg schon beinahe vorbei.

Indiens zukünftiger Premierminister wählte das Höhlengleichnis, um Ahmadnagar zu beschreiben: ein Gefängnis, dessen Insassen wie in Platons bekannter Parabel nur Schatten von dem sehen können, was um sie herum vorgeht. Trost fand er lediglich im Anblick des Himmels über seinem Gefängnishof mit den »flauschigen und farbenfrohen Wolken am Tag und [...] den von strahlenden Sternen erhellten Nächten«. Innerhalb der Mauern des Forts zeigte sich eine andere Art von Kosmos: Nehrus kleine Gruppe von Mitgefangenen repräsentierte einen Querschnitt durch die in Politik und Wissenschaft vertretene indische Gesellschaft. Zusammengenommen sprachen sie vier der klassischen indischen Sprachen – Sanskrit, Pāli, Arabisch und Persisch – sowie mehr als ein halbes Dutzend moderner Sprachen, darunter Hindi, Urdu, Bengali, Gujarati, Marathi und Telugu. »Ich konnte aus all diesem Reichtum schöpfen, die einzige Einschränkung bestand in meiner eigenen Fähigkeit, daraus Nutzen zu ziehen«, sinnierte Nehru. Die Gefangenen legten in der langen Zeit, die sie irgendwie füllen mussten, einen Garten an, hielten improvisierte Seminare ab und spekulierten darüber, was im Rest des Landes vor sich ging. Wie schon während seiner früheren Gefängnisaufenthalte nutzte Nehru die Gelegenheit, um seinen unersättlichen Bildungshunger zu stillen. Er vertiefte sich in die Lektüre klassischer Werke über Geschichte und Politik und übertrug dort entdeckte Ideen in seine eigenen Schriften.

Das an vielen langen, heißen Tagen verfasste Werk, die *Entdeckung Indiens* (englisch 1946, deutsch 1959), sollte sein bekanntestes werden. Nehru bezeichnete es lediglich als ein »Sammelsurium von Ideen« – eine Reise durch die Vergangenheit, auf der er auch »einen Blick in die Zukunft« warf. Und ein Großteil des Werks ist auch genau das: ein mäandernder Gedankenstrom. Aber er beginnt sein Buch mit einer grundlegenden Frage: Was ist dieses Indien, abgesehen von seinen physischen und geographischen Aspekten? Im letzten Kapitel traut er sich eine Antwort zu: Indien ist »eine kulturelle Einheit inmitten von Mannigfaltigkeit, ein von starken, aber unsichtbaren Fäden zusammengehaltenes Bündel von Widersprüchen. [...] Es ist ein

Mythos und eine Idee, ein Traum und eine Vision und doch sehr real und präsent und allgegenwärtig.«

Nehrus Schlussfolgerung mag sich frustrierend vage und widersprüchlich anhören, wenn man gerade beginnt, sich mit der Geschichte Indiens zu beschäftigen. Doch wer den Subkontinent als Idee wie als konkretes Gebilde in den Blick nehmen will, kommt nicht umhin, sich klarzumachen, dass Indien seit Tausenden von Jahren Bestand hat und dabei Heimat einer Vielfalt von Religionen, Kulturen, Sprachen, Ethnien und Kasten war. »Indien blickt auf eine lange Tradition der Synthese zurück«, sagte Nehru 1953 in einer Rede und fügte hinzu: Es war »Strömungen ausgesetzt, Fluten an Menschen haben sich hinein ergossen und sich mit dem Ozean vermischt, der Indien ist – was zweifellos zu Veränderungen geführt hat; gleichermaßen haben sie Einfluss auf [Indien] genommen und sind von [Indien] beeinflusst worden.«

Für Nehru lag auf der Hand, dass die Zeit für die »Entdeckung Indiens« gekommen war. Doch für viele Außenstehende ist die »Suche nach Indien«, um den Titel eines Romans von E. M. Forster zu zitieren, eine Herausforderung. Die kulturelle wie sprachliche Komplexität des Landes, die extreme Kluft zwischen Reichtum und Armut, das vielfältige Nebeneinander von Religionen und Ritualen sowie Indiens verworrene, zunehmend umstrittene Geschichte verlangen allen, die sich für das Land interessieren, einiges ab. Es mag unmöglich erscheinen, die sich überlagernden kulturellen, politischen und sozialen Strömungen in einer kohärenten und umfassenden Erzählung zusammenzubringen. Wie der bengalische Schriftsteller und Kulturwissenschaftler Nirad Chaudhuri (1897–1999) bereits in den 1950er Jahren schrieb, ist Indien »so groß und so bevölkerungsreich, dass die Individuen, die die Ausnahmen bilden, durchaus in die Millionen gehen können«.

Ungeachtet der Hürden, die Indiens Komplexität nicht etwa nur den Studierenden der indischen Geschichte, sondern auch den Fachhistorikern in den Weg legt, wäre es töricht, die weitreichenderen Lehren zu ignorieren, die die Vergangenheit und Gegenwart dieses Landes zu bieten hat. Indien ist die älteste Zivilisation der Welt und die größte Demokratie auf unserem Globus. Der Dreh- und Angelpunkt zwischen dem östlichen und dem westlichen Teil Asiens ist eine selbstbewusste Macht im Indischen Ozean. Das Land verändert sich gerade schnell, während es die letzten Überreste des sozialistischen Experiments über Bord wirft, das seine Wirtschaft jahrzehntelang beherrscht hat, und sich an eine neue Weltordnung anpasst, in der seine Rhetorik der Neutralität – Indiens Weigerung, sich dezidiert auf die Seite der einen oder anderen Supermacht zu stellen – immer weiter in den Hintergrund gerät.

Indien ist noch nicht so weit, dass es China mit dessen glänzenden Hochgeschwindigkeitszügen, glitzernden Mega-Städten oder riesigen, für technikbegeisterte Verbraucher in aller Welt Laptops und Smartphones produzierenden Fabriken nacheifern könnte. Das Potential Indiens hat sich noch immer nicht voll entfalten können, die demokratisch gewählte Führung hat es ein ums andere Mal versäumt, sich in dieser Hinsicht um das Land verdient zu machen. Indien ist reich an natürlichen Ressourcen und verfügt über ein riesiges Reservoir an hochqualifizierten, global einsetzbaren Arbeitskräften. Bis 2025 werden die Inder ein Fünftel der Weltbevölkerung im erwerbsfähigen Alter stellen, und eine Milliarde Inder werden über Smartphones miteinander und mit der Welt verbunden sein. Bevölkerungsexperten hatten erwartet, Indien werde China 2027 überholen, wenn in beiden Ländern die 1,5-Milliarden-Grenze fällt, doch die indische Bevölkerungszahl ist bereits 2023 höher ausgefallen als die chinesische. Spätestens bis 2030 werden die fünf größten Städte

Indiens eine vergleichbare Wirtschaftskraft haben wie heute ganze Länder mit mittlerem Bruttonationaleinkommen, beispielsweise Serbien oder Bulgarien. Vor der Covid-19-Pandemie war Indien, gemessen an den börsennotierten Wechselkursen, auf dem besten Weg, bereits 2031 die drittgrößte Volkswirtschaft der Welt zu werden – nach China und den USA.

Im Gegensatz zur Geschichte Chinas, in der die Yuan-, die Ming- und die Qing-Dynastie direkt aufeinanderfolgen, lässt sich Indiens Vergangenheit mit ihren divergierenden und konkurrierenden Machtzentren nicht so sauber in Perioden einteilen. Selbst auf dem Höhepunkt ihrer imperialen Ausdehnung kontrollierten die drei großen indischen Imperien – das Maurya-, das Gupta- und das Mogul-Reich – nicht den gesamten Subkontinent. Auch Großbritannien konnte erst nach der Niederlage der Marathen im Jahr 1818 diesen Anspruch erheben. Und selbst dann behielten die Fürstentümer, die zwei Fünftel der indischen Landmasse umfassten und in denen ein Drittel der indischen Bevölkerung lebte, noch eine gewisse nominelle Unabhängigkeit.

Die Regentschaft jedes einzelnen Herrschers auf dem Subkontinent, die Geschicke aller großen und kleinen Dynastien sowie die Ergebnisse aller Kämpfe um Territorien und Reichtümer – ganz zu schweigen von Indiens mannigfaltigen Beiträgen zum Welterbe in Bereichen wie Wissenschaft, Literatur und Kunst – hier aufführen zu wollen, wäre eine einzige Überforderung, eine willkürliche Aneinanderreihung von Namen, Daten und Proklamationen, ohne dass Zusammenhänge oder tieferliegende Gründe erkennbar werden. Aus diesem Grund war es notwendig, 5000 Jahre indischer Geschichte auf ein paar hundert Seiten zu verdichten – eine große Herausforderung, wenn dabei die relevanten Nuancen noch zum Tragen kommen sollen.

Für Händler und Invasoren, die den langen Weg über den Hindukusch auf sich nahmen und in den Ebenen der heutigen pakistanischen Provinz Punjab ankamen, war der Fluss Sindhu das erste bedeutende geographische Hindernis. Da die Perser das S nicht aussprechen konnten, nannten sie ihn den Hindu. Als die Griechen im 4. Jahrhundert v. Chr. dorthin kamen, fiel das H weg, und der Fluss bekam seinen heutigen Namen Indus. Die Länder jenseits des Indus wurden zu Ἰνδία [India], damit war der Ausgangspunkt für die heutige Bezeichnung geschaffen. So wie ›Amerika‹ und ›Australien‹ Erfindungen sind, die nichts damit zu tun haben, wie die vor der Kolonialisierung dort lebenden Menschen ihr Land bezeichneten, setzte sich der Name Indien erst durch, als die Expansion der europäischen Handelsnetze im 16. und 17. Jahrhundert die Küsten des Subkontinents erreichte, so dass sich die portugiesische Estado da Índia, die niederländische Vereenigde Oost Indische Compagnie, die französische Compagnie des Indes und schließlich die britische East India Company dort niederließen. Ein gebräuchlicherer Name war Hindustan, womit eher das »Land des Indus« als ein »Land der Hindus« gemeint war. Der verallgemeinernde Begriff ›Hindustani‹ wurde bis ins frühe 20. Jahrhundert für alle Personen verwendet, die aus dem damaligen Britisch-Indien kamen.

In Sanskrit lautet der Name für Indien *Bharata*, was im *Viṣṇupurāṇa* aus dem 3. Jahrhundert so definiert war: »Das Land, das nördlich des Ozeans und südlich der schneebedeckten Berge liegt, wird Bhārata genannt, denn dort lebten die Nachkommen von [König] Bhārata. Es hat eine Ausdehnung von neuntausend Leugen [antikes Längenmaß] und ist das Land der Werke, durch die die Menschen in den Himmel kommen oder [innere] Freiheit gewinnen.« Im ersten Artikel der indischen

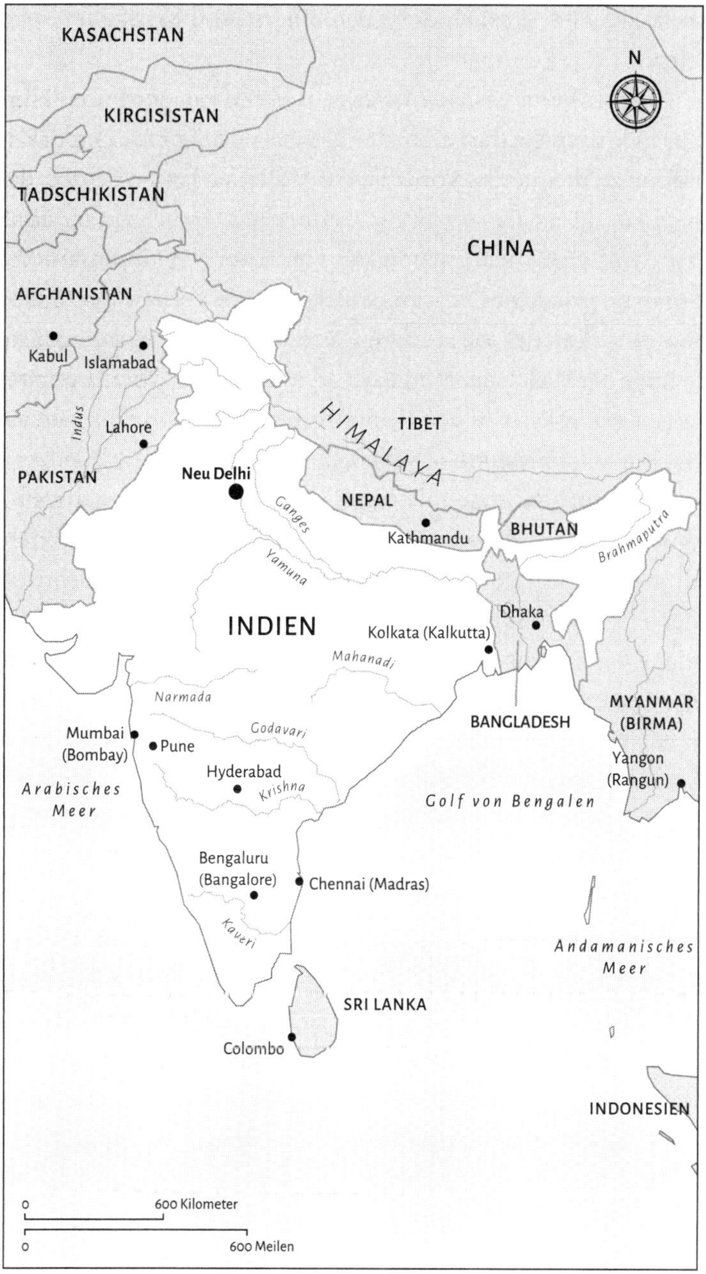
KASACHSTAN
KIRGISISTAN
TADSCHIKISTAN
CHINA
AFGHANISTAN
Kabul
Islamabad
Indus
Lahore
HIMALAYA
TIBET
PAKISTAN
Neu Delhi
Ganges
NEPAL
Kathmandu
BHUTAN
Brahmaputra
Yamuna
Dhaka
INDIEN
Kolkata (Kalkutta)
Mahanadi
Narmada
BANGLADESH
MYANMAR (BIRMA)
Godavari
Mumbai (Bombay)
Pune
Hyderabad
Krishna
Yangon (Rangun)
Arabisches Meer
Golf von Bengalen
Bengaluru (Bangalore)
Chennai (Madras)
Kaveri
Andamanisches Meer
SRI LANKA
Colombo
INDONESIEN
0
600 Kilometer
0
600 Meilen
N

Verfassung heißt es: »Indien, d. h. Bharat, soll ein Staatenbund sein.«

Geographisch gesehen ist es relativ einfach, auch über Jahrtausende hinweg, die Parameter Indiens und der indischen Zivilisation zu definieren. Vor etwa 180 Millionen Jahren begann der Superkontinent Gondwana zu zerbrechen, wobei die indische Platte mit einer Geschwindigkeit von etwa 15 Zentimetern pro Jahr in nordöstliche Richtung driftete, bis sie vor etwa 55 Millionen Jahren mit der eurasischen Platte kollidierte und das höchste Gebirge der Welt – der Himalaya – entstand. Die 2500 Kilometer lange Gebirgskette bildet die nördliche Grenze des heutigen indischen Subkontinents. Der langgestreckte Gebirgszug läuft an seinen östlichen Enden in dschungelbewachsenen Gebirgsketten aus, die die Grenze zwischen Indien und Myanmar bilden. Im Westen liegt der Hindukusch, den Wellen von Invasionsarmeen über den Bolan- und den Chaiber-Pass überwanden. Den Süden des Subkontinents bildet eine massive Halbinsel, die wie eine Speerspitze in den Indischen Ozean ragt.

Heute ist der Subkontinent unter fünf Nationen aufgeteilt. Der Staat Indien umfasst – das umstrittene Kaschmir mit einbezogen – mit knapp 3,3 Millionen Quadratkilometern die größte Fläche, er misst fast 3200 Kilometer von Norden nach Süden und 2900 Kilometer von Osten nach Westen. Im zudem bevölkerungsreichsten Staat der Region leben 1,4 Milliarden Menschen. Indien hat gemeinsame Landesgrenzen mit allen anderen vier Staaten des Subkontinents – Pakistan, Nepal, Bhutan und Bangladesch – sowie mit China und Myanmar. Indien ist auch eines der am dichtesten besiedelten Länder der Welt, mit rund 400 Menschen pro Quadratkilometer (doppelt so viele wie in China).

Wie Ägypten und Mesopotamien ihren Flüssen – dem Nil beziehungsweise dem Tigris und dem Euphrat – ihre erste Blütezeit verdanken, entwickelten sich auch Indiens früheste Zivilisationen in fruchtbaren Überschwemmungsgebieten an Ganges und Indus. Von seiner Quelle bei Gangotri im Nordosten durchschneidet der Ganges das Himalaya-Gebirge, bevor er nach Osten fließt und sich mit dem Brahmaputra zu einem Flussdelta vereinigt, dass in der landwirtschaftlichen Fülle, die es bietet, auf der Welt seinesgleichen sucht. Die Region umfasst den indischen Bundesstaat Westbengalen und den unabhängigen Staat Bangladesch. Südlich des Vindhyagebirges, das den Subkontinent in zwei Hälften teilt, liegt die Dekkan-Hochebene, die auf beiden Seiten von Gebirgszügen, den Ost- und den Westghats, begrenzt wird. Zu den wichtigsten Flüssen des Dekkan und Südindiens gehören der Narmada, der Godavari, der Krishna und der Kaveri.

Kaum eine Nachricht wird in Indien mit solchem Interesse erwartetet wie die jährliche Monsunvorhersage. Der Südwestmonsun, der im Juni beginnt und bis September andauert, bringt etwa 80 Prozent der jährlichen Niederschläge des Landes. In Teilen Nordostindiens fallen bis zu 14 000 Millimeter pro Jahr, während in der westlichen Thar-Wüste in Rajasthan oft nur 100 Millimeter fallen. In einem Land, in dem nur die Hälfte des Ackerlandes bewässert wird, ist der Monsun entscheidend für die landwirtschaftliche Produktion. Fällt der Monsun nur schwach aus, kann das eine Regierung zu Fall bringen, da das die Lebensmittelpreise in die Höhe treibt und die Einkommen in ländlichen Regionen schmälert.

Die Flüsse, Berge und Küsten des Subkontinents prägen seine als heilig angesehene Geographie. Varanasi, auch bekannt als Kashi oder die »Stadt des Lichts«, liegt am Ganges. Die dem Gott Shiva geweihte Stadt ist den Hindus so heilig wie Mekka den Muslimen, der Vatikan den Katholiken und Jerusalem den Juden. Die Stadt ist für Hindus ein Ort der spirituellen Befreiung. Wer dort stirbt, erlangt *Moksha* und ist damit vom endlosen Kreislauf der Wiedergeburt befreit. Stromaufwärts am Zusammenfluss von Ganges, Yamuna und dem mythischen (imaginären) Fluss Saraswatī liegt Prayagraj, früher bekannt als Allahabad. Nirgendwo auf der Welt versammeln sich so viele Menschen am gleichen Ort zu einem religiösen Fest wie zum Kumbh Mela, das alle vier Jahre stattfindet und alle zwölf Jahre im dafür besonders beliebten Prayagraj. Andächtige Pilger tragen Krüge mit dem heiligen Wasser des Ganges zu den Dutzenden von heiligen Stätten, die über Bergketten, Flüsse und Küsten verstreut sind. Als die Sufi-Mystiker, die eine hingebungsvolle Form des Islam praktizieren, Anfang des 10. Jahrhunderts nach Indien kamen, errichteten auch sie überall in der Region verstreut Schreine und *Dargahs* (Mausoleen), wie die von Nizam ud-Din Auliya in Delhi oder die von Mu'in al-Din Tschischti in Ajmer, einem der heiligsten Orte des Islam neben Mekka und Medina. Das Netz der Pilgerrouten, das Indien durchzieht, umfasst auch heilige Stätten der Sikhs, der Jaina, der Buddhisten und Christen.

Obwohl die geographischen Grenzen des Subkontinents hohe Hürden darstellen, waren sie immer durchlässig, so dass unbekannte Kulturen, aber auch landwirtschaftliche Techniken, Sprachen oder Religionen und nicht zuletzt neue Methoden der Kriegsführung dort Fuß fassen konnten. Den nomadischen Āriern, die sich von den Steppen Zentralasiens nach Nordindien ausbreiteten, folgten die Armeen Alexanders des Großen. Aus Westchina kamen die Kuśāṇas und aus den zentralasiatischen Steppen die Hūṇas, eine mit den Hunnen verwandte Ethnie. Chinesische Pilger, die auf der Suche nach neuen Erkenntnissen waren, aber auch Erleuchtung suchten, machten sich auf den Weg zu den Stätten der Gelehrsamkeit wie etwa Nalanda, das als erste Universität der Welt gilt. Dort wurden u. a. buddhistische Theologie, Alchemie und Astronomie gelehrt. Der Aufstieg des Islam im 7. Jahrhundert vollzog sich durch Handel und Eroberungen; er gipfelte in der Gründung des Sultanats von Delhi und des Mogul-Reiches. Selbst auf dem Höhepunkt der Mogulherrschaft im 17. Jahrhundert waren europäische Mächte wie die Portugiesen, Holländer, Franzosen und Briten mit Handelsvertretungen in Indien präsent.

Im Laufe der Jahrtausende machte sich der Einfluss der indischen Religion, des Denkens und der Wissenschaft weit über die Landesgrenzen hinaus bemerkbar und bereicherte die Welt mit den unterschiedlichsten Errungenschaften vom Dezimalsystem bis zum Yoga, von Bollywood-Filmen bis zum Vegetarismus. Das Erbe der britischen Kolonialherrschaft floss mit einem Potpourri aus indischen Fremdwörtern in die englische Sprache ein: Bungalow, Polo, Mogul und Dschungel (die es auch in die deutsche Sprache verschlagen hat) sowie das *Gymkhana* (ein Geschicklichkeitsturnier) oder die Worte *loot* für ›Raubgut‹ und *thug* für ›Gangster‹ sind nur einige Beispiele. Der Versuch der politischen Einflussnahme mittels kultureller Attraktivität hat in Indien eine zwei Jahrtausende längere Tradition als die sogenannte *Soft Power* des Britischen Empires: Um 240 v. Chr. wurde das Dritte Buddhistische Konzil – das in Pāṭaliputra im Norden des Landes stattfand – von Kaiser Aśoka (der ca. zwischen 268 und 232 v. Chr. regierte) angewiesen, Abgesandte in neun Länder zu schicken, um Buddhas Lehren zu verbreiten. Bereits im 1. Jahrhundert n. Chr. war der Hinduismus in erheblichem Umfang auf den Inseln Java und Bali im indonesischen Archipel vertreten. In den 1960er und 1970er Jahren wurden Gurus wie Maharishi Mahesh Yogi im Westen bekannt, weil sie den Beatles über die Vorzüge der transzendentalen Meditation gepredigt hatten – und prompt machten sich Tausende von Menschen aus dem Westen auf dem *Hippie trail* auf Sinnsuche.

Ein weiteres bedeutsames Element, mit dem Indien die Welt bereichert hat, sind rund 18 Millionen Menschen, die in der Diaspora leben, weltweit die größte Gruppe. Der Name Zubin Mehta etwa ist ein Synonym für Erstklassigkeit unter Dirigenten westlicher klassischer Musik. Die Filme von M. Night Shyamalan haben in das Genre der Gruselfilme den *Plot Twist*, die überraschende Wendung, eingeführt. CEOs indischer Herkunft leiten große Unternehmen wie Google und Microsoft. Wie weit die Diaspora inzwischen die Welt prägt, verdeutlichte im Januar 2021 die Vereidigung von Kamala Harris als erster amerikanischer Vizepräsidentin mit südasiatischer Herkunft. Während die Zeremonie live auf ihre Smartphones übertragen wurde, zündeten die Bewohner ihres Heimatdorfes Thulasendrapuram, etwa 350 Kilometer von Chennai entfernt, Feuerwerkskörper an, verteilten Süßigkeiten und Blumen als religiöse Gaben und beteten im örtlichen Tempel für ihr Wohlergehen.

Indiens Gabe, von außerhalb des Landes stammende Ideen anzunehmen und zu bewahren, hat Nehru einmal mit einem Palimpsest verglichen: einem alten Manuskript, das Schriftzeichen zeigt, die immer wieder neu überschrieben worden sind – durch die jüngste Schicht scheinen die vorherigen jedoch noch durch. Die folgenden Seiten dieser kurzen Geschichte Indiens sollen diese verborgenen Schichten zum Leben erwecken.

Kapitel 1

Untergegangene Zivilisationen

1856 fand ein Bauunternehmer namens William Brunton, der mit Arbeiten an der Eisenbahnlinie von Multan nach Lahore betraut war, den perfekten Ort, der ihm Gleisschotter zum Bau von Dämmen liefern konnte. In dem kleinen Dorf Harappā hatten Einheimische, die Baumaterial für ihre Häuser brauchten, in einer Reihe von Hügeln Tausende von gleichmäßig geformten, gebrannten Ziegeln freigelegt. Die Nachricht erreichte schließlich Alexander Cunningham (1814–1893), den Begründer der Forschungseinrichtung *Archaeological Survey of India*, der 1873 anreiste und ein ausgedehntes Areal mit Ruinen untersuchte, die sich fast einen Kilometer am Ufer des Flusses Ravi entlangzogen. Er nahm an, dass es sich dabei um die Überreste einer griechischen Siedlung handele, die von der Armee Alexanders des Großen im 4. Jahrhundert v. Chr. zurückgelassen worden war. Da schon so viel Schutt weggeräumt worden war, kam er zu dem Schluss, dass das Übrige nur wenig erhaltenswert sei, und überließ es zukünftigen Archäologen, die wichtigsten Funde zu machen.

Zu den Artefakten, die Cunningham dann doch einsammelte, gehörte ein kleines Siegel, nicht viel größer als eine Briefmarke, aus glattem schwarzem Speckstein, auf dem ein Stier sowie sechs Zeichen abgebildet waren. Da der Stier keinen Buckel hatte und die Schriftzeichen den Buchstaben keiner bekannten indischen Sprache ähnelten, nahm er an, das Siegel stamme von anderswo her. Nach und nach wurden jedoch weitere Siegel entdeckt, auf denen Tiere abgebildet waren: Elefanten, Ochsen oder Nashörner – und mysteriöse Schriftzeichen.

Einige der Siegel gelangten ins Britische Museum. In Neil MacGregors *Eine Geschichte der Welt in 100 Objekten* (englisch

Ursprünglich wurde das Tier auf diesem Siegel für ein Einhorn gehalten, heute wird vermutet, es handele sich um einen Stier. Auf den Siegeln der Harappā-Zivilisation ist die älteste Schrift in ganz Südasien verewigt – und sie wartet noch immer darauf, entziffert zu werden.

2010, deutsch 2011) ist eines zu sehen, das eine Kuh mit einem Horn auf der Stirn, einem Einhorn ähnlich, zeigt. Wie der ehemalige Direktor des Museums anmerkt, musste wegen dieses winzigen Siegels die Weltgeschichte neu geschrieben werden. Die Datierung der indischen Zivilisation musste um Tausende von Jahren korrigiert werden, da sie viel älter ist als bisher angenommen.

Es war Cunninghams Nachfolger, Sir John Marshall (1876–1958), der die Bedeutung der Siegel erkannte. In den 1920er Jahren ordnete er weitere Ausgrabungen in Harappā und an einer Stätte an, die unter dem Namen Mohenjo-Daro oder ›Hügel der toten Menschen‹ bekannt wurde. Sie liegt mehrere Hundert Kilometer südlich in einer Region, die damals Teil Britisch-Indiens war und heute zur pakistanischen Provinz Sindh gehört. Marshall war sofort klar, dass zwischen den beiden Stätten eine Verbindung bestand. An beiden Orten gab es zahlreiche künstlich angelegte Hügel, die die Überreste einst blühender Städte bedeckten. Als in einem Gebiet, das sich vom Yamuna-Fluss im Osten bis zum heutigen Afghanistan im Westen erstreckte, Dutzende ähnlicher Stätten ans Licht kamen, wurde deutlich, dass sich dort zwischen etwa 3300 v. Chr. und 1300 v. Chr. die flächenmäßig größte Zivilisation der Welt befunden hatte.

Bis zu Marshalls Entdeckungen gab es keine materiellen Beweise für die Existenz einer indischen Hochkultur, bevor Alexander der Große (356–323 v. Chr.) mit seinen Eroberungsheeren 326 v. Chr. die Ufer des Indus erreichte. Fast alle Funde aus dieser Zeit werden von Archäologen als buddhistisch eingeordnet, wobei ein großer Teil der Statuen griechische Einflüsse aufweist.

Als Marshall seine Ausgrabungen fortsetzte, war er von der Einzigartigkeit der Funde überwältigt. Zunächst einmal waren die wertvollen Ziegelsteine an allen ausgegrabenen Stätten bemerkenswert einheitlich. Die Siedlungen waren in einem ähnlichen Raster angelegt, wobei die Straßenbreiten jeweils im Ver-

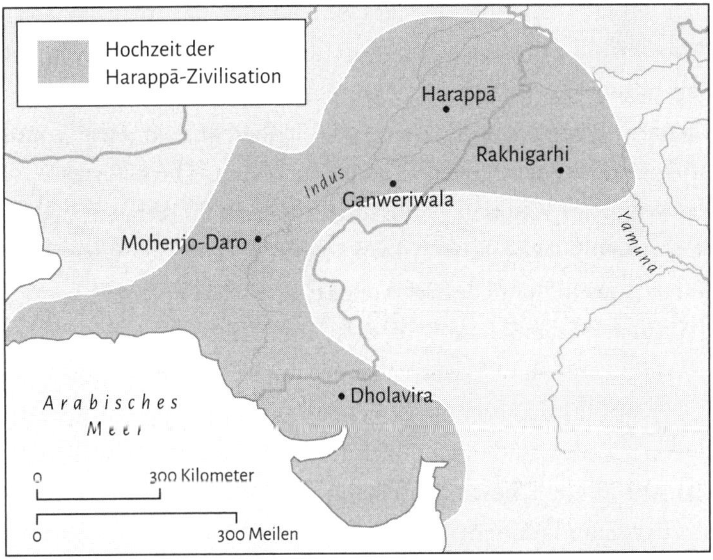

Ausdehnung der auch als Indus-Zivilisation bekannten Harappā-Zivilisation in ihrer Hochphase. Der nach der Stätte der ersten Funde geprägte Name wird heute bevorzugt verwendet, da das Siedlungsgebiet über das Indus-Tal hinausreichte.

hältnis zu ihrer Bedeutung zunahmen. Es gab imposante Gemeinschaftsgebäude, offenbar öffentliche Bäder und ein ausgeklügeltes Abwassersystem – Triumphe der Stadtplanung, die weit über alles hinausgingen, was aus der Antike bekannt war, und die in Indien erst mit den Plänen des Maharajas Jai Singh I. für Jaipur im frühen 18. Jahrhundert wiederkehren sollten. Selbst die im Handel verwendeten Gewichte und Maße waren bemerkenswert einheitlich.

An Dutzenden von Fundorten wurden Spielzeug und Figuren aus Ton und Bronze, Schmuck und Kochutensilien, rudimentäre landwirtschaftliche Geräte, Fragmente bemalter Töpferwaren, Pfeifen in Form hohler Vögel und sogar Mausefallen aus Terrakotta gefunden. Und dann waren da noch die Siegel – fast 5000 wurden bisher entdeckt – einige mit menschenähnlichen Figuren, andere mit Tierdarstellungen, darunter das mysteriöse Rind mit dem einen Horn auf der Stirn, das sich in der Sammlung des British Museum befindet. »Nicht oft ist es Archäologen vergönnt gewesen, wie Schliemann in Tiryns und Mykene oder Stein in den Wüsten Turkestans, die Überreste einer längst vergessenen Zivilisation ans Licht zu bringen. In diesem Augenblick sieht es jedoch so aus, als stünden wir in den Ebenen des Indus an der Schwelle zu einer solchen Entdeckung«, verkündete Marshall im September 1924 triumphierend.

Heute wissen wir, dass sich die Harappā-Kultur im Jahr 2500 v. Chr. auf ihrem Höhepunkt befand – also etwa zu der Zeit, als die Große Pyramide von Gizeh fertiggestellt wurde, und etwa ein Jahrhundert, bevor Stonehenge auf den Feldern von Wiltshire entstand. Zudem erstreckte sich die besiedelte Fläche über mehr als eine Million Quadratkilometer und umfasste damit ein größeres Gebiet als die Hochkulturen Ägyptens und Mesopotamiens zusammen. Doch im Gegensatz zu unseren Kenntnissen über ihre bekannteren Zeitgenossen ist das, was wir von dieser bedeutenden Zivilisation wissen, dürftig. Noch fehlt ein zu dieser Schrift passender »Rosetta-Stein«, um die Botschaften auf den allgegenwärtigen Siegeln zu entschlüsseln.

In den vergangenen anderthalb Jahrhunderten haben sich die Versuche, die Zeichen zu identifizieren, als erfolglos erwiesen, obwohl sie mit so unterschiedlichen Schriften oder Sprachen wie Brāhmī (dem Vorläufer der meisten modernen südasiatischen Schriften), Sumerisch, Ägyptisch, Altslawisch und sogar Rongorongo von den Osterinseln in Verbindung gebracht wurden. Angesichts der Kürze der meisten Inschriften (weniger als eines von 100 Objekten mit ›Schrift‹ trägt mehr als zehn Zeichen) haben manche Historiker und Linguisten spekuliert, auf den Siegel sei gar keine Sprache verewigt, sondern Markierungen, die den Besitz kennzeichnen sollen – wie eine primitive Form eines Strichcodes.

Sollte es sich um eine Form der Schrift handeln, muss die Harappā-Zivilisation als die größte und wohl auch fortschrittlichste Schriftgesellschaft der antiken Welt angesehen werden. Erst aus der Herrschaftszeit von Kaiser Aśoka im 3. Jahrhundert v. Chr. wurden auf dem indischen Subkontinent andernorts Hinweise auf Schrift gefunden. Doch solange die Archäologen nicht auf eine vergrabene Bibliothek oder ein Archiv stoßen, wird das Rätsel der Schrift, wenn es denn eine solche ist, wohl ungelöst bleiben.

Bei ihrem Versuch, eine Chronologie der Harappā-Zivilisation zu erstellen, sind die Archäologen noch kaum vorangekommen, auch die Regierungsform und Funktionsweise der Gesellschaft liegt noch im Dunkeln. Keines der Bauwerke scheint ein Palast oder eine Kultstätte gewesen zu sein. Befestigungsanlagen wurden erst in der späteren Phase der Zivilisation hinzugefügt, und es wurden nur wenige Waffen ausgegraben. Das Fehlen aufwändiger Grabstätten deutet auf ein Maß an sozialer Gleichheit hin, das in der antiken Welt nirgendwo sonst zu finden ist. Belege für eine herrschende Klasse mit Königen oder Königinnen sind noch nicht entdeckt worden.

Dass die Fundstellen einzelner Siegel vom Irak bis in den Oman und nach Zentralasien reichen, macht deutlich, dass wir es auch mit einem bedeutenden Handelsreich zu tun haben. Kupfer, Gold, Zinn, Elfenbein und möglicherweise Baumwolle wurden in Richtung Mesopotamien vermarktet, während Bronze, Silber und Edelsteine, etwa Lapislazuli, importiert wurden. Doch selbst nach einem Jahrhundert der Ausgrabungen herrscht immer noch große Ungewissheit darüber, wie diese blühende und hochentwickelte Zivilisation entstanden ist und warum sie verschwand.

In Ermangelung eindeutiger Beweise haben zahlreiche Theorien das Vakuum gefüllt. Der Wettlauf um die Entzifferung der Schrift hat zu Fälschungen geführt, wie z. B. der Verfremdung eines Bildes auf einem Siegel, um es wie ein Pferd aussehen zu lassen, ein Tier, das im vedischen Ritual von großer Bedeutung war. Die meisten dieser Fälschungen entstanden aus dem Bedürfnis heraus, eine durchgehende Linie zur Gründung des modernen indischen Staates zu schaffen. In jüngster Zeit haben hindu-nationalistische Historiker versucht, die Harappā-Zivilisation mit den Anfängen des Hinduismus in Verbindung zu bringen, der ihrer Meinung nach auf das 3. oder 4. Jahrtausend v. Chr. zurückgeht und damit die älteste Religion Südasiens wäre.

Die ersten Inder

Waren die archäologischen Entdeckungen der frühen 1920er Jahre ein Wendepunkt, an dem sich die Anfänge der indischen Zivilisation um Tausende von Jahren nach hinten verschoben, so werden die 2010er Jahre für die erstaunlichen Fortschritte bei der Ermittlung der Abstammungslinie der frühesten Inder in Erinnerung bleiben. Dank der Möglichkeit, genetische Informationen aus der DNS von Skelettresten zu gewinnen, konnten Wissenschaftler die Migrationsrouten nach Indien kartieren, die ersten Ackerbauern identifizieren und sogar die Anfänge der sozialen Schichtung, des Kastensystems, datieren.

Anhand archäologischer Funde, wie z. B. Mulden mit Überresten menschlicher Abfälle an Stränden in Eritrea, können wir die Auswanderung des modernen Menschen, des Homo sapiens, aus Afrika auf etwa vor 70 000 Jahren datieren. Sein Weg führte ihn über die arabische Halbinsel und durch den heutigen Irak und Iran, bis er vor etwa 65 000 Jahren den indischen Subkontinent erreichte. Dort traf er auf Gruppen von sogenannten »archaischen Menschen«. Da es außer einem am Ufer des Narmada-Flusses entdeckten Schädel, der auf ein Alter von rund 250 000 Jahren datiert worden ist, keine weiteren fossilen Funde gibt, wissen wir nicht, wer diese Menschen waren. Die Entdeckung von paläolithischen Werkzeugen in Südindien verschiebt den Eintrag auf der Zeitachse für diese archaischen Menschen auf die Zeit vor 1,5 Millionen Jahren, was sie zu einer der frühesten Populationen außerhalb Afrikas macht. Als sich der moderne Mensch in den fruchtbareren Gebieten des Subkontinents niederließ, wuchs die Gruppe rasch an, so dass in Indien in der Zeit von vor etwa 45 000 bis 20 000 Jahren der Großteil der Weltbevölkerung lebte.

DNS-Datierungen deuten auf eine zweite Welle von Migranten hin, die um 8000 v. Chr. aus der südlichen oder zentralen Zagros-Region im heutigen Iran nach Osten zogen. Spuren dieser Vorläufer der späteren Harappā-Zivilisation finden sich in einem Dorf, das so abgelegen und unbekannt ist, dass nicht einmal die Bewohner der Region von seiner Existenz wissen. Mehrgarh liegt in der pakistanischen Provinz Belutschistan, in einem gesetzlosen Stammesgebiet am westlichen Rand des indischen Subkontinents. In den späten 1970er Jahren fanden Archäologen bei Ausgrabungen an diesem Ort die frühesten Hinweise auf Landwirtschaft außerhalb des sogenannten Fruchtbaren Halbmonds. Getreidearten wie Gerste wurden dort angebaut, und Tiere wie Rinder, Zebus und möglicherweise Ziegen domestiziert. Es gab Gebäude mit vier Räumen und solche mit bis zu zehn Räumen, wobei die größeren wahrscheinlich zur Getreidelagerung genutzt wurden. Mit den Toten wurde Schmuck aus Muscheln, Lapislazuli und anderen Halbedelsteinen beigesetzt. Archäologen entdeckten zudem die weltweit frühesten Belege dafür, dass Baumwolle zu Stoffen gewebt worden war.

Bevor Mehrgarh irgendwann zwischen 2600 und 2000 v. Chr. zugunsten einer größeren Stadt in der Nähe aufgegeben wurde, hatte es sich zu einem wichtigen Zentrum für Innovationen nicht nur in der Landwirtschaft, sondern auch in der Töpferei, bei Steinwerkzeugen und der Verwendung von Kupfer entwickelt. Die landwirtschaftliche Revolution, die dem Zusammenleben dort entsprang, wurde zur Grundlage der Harappā-Zivilisation.

Der erste säkulare Staat der Welt?

Historiker unterteilen die Harappā-Zivilisation in drei Phasen. In der frühen, auf etwa 3300 bis 2600 v. Chr. datierten Harappā-Kultur gab es schon größere, noch locker strukturierte Siedlungen. Töpferwaren wurden auf der Scheibe hergestellt, Gerste und Hülsenfrüchte angebaut, und man hielt Rinder, Schafe, Ziegen, Büffel, Hirsche und Schweine. Die Zivilisation erstreckte sich über eine große Region – Überreste aus dieser Zeit wurden im Westen bis zur Indus-Ganges-Ebene und im Süden bis zu den Salzsumpfregionen des Rann von Kachchh im heutigen

Bundesstaat Gujarat gefunden. Vieles über diese Phase liegt jedoch im Dunkeln. An Stätten wie Mohenjo-Daro liegen die Ruinen bis zu mehreren Metern unter der derzeitigen Ausgrabungstiefe, aber da die Konservierung Vorrang vor der Ausgrabung hat, kann es noch viele Jahre dauern, bis sich ein endgültiges Bild dieser Periode ergibt.

Die Hochphase der Harappā-Kultur wird auf 2600 bis 1900 v. Chr. datiert und gilt als Höhepunkt der Urbanisierung, auch wenn es noch immer mehr Dörfer als städtische Zentren gegeben haben muss. Die Anordnung von Zitadellen, Getreidespeichern, öffentlichen und privaten Gebäuden variierte von Siedlung zu Siedlung, aber alle, von der größten bis zur kleinsten, wiesen ein gewisses Maß an Planung auf. Die Bewässerungsanlagen waren so ausgeklügelt, dass eine Reihe von Feldfrüchten angebaut werden konnte; die Felder wurden mit Pflügen bestellt. Skelettreste von Hunden deuten auf deren Domestizierung hin. Die Schätzungen zur Bevölkerungszahl für diese Hochphase reichen von 400 000 bis zu einer Million Menschen.

Auch wenn das Fehlen jeglicher Belege für große Königsgräber, Paläste oder Tempel, stehende Heere oder Sklaven gegen die Vorstellung eines zentralisierten Reiches spricht, so dürfte doch irgendeine Form von Staatsstruktur bestanden haben. Die Einheitlichkeit der Produkte bis hinunter auf die Dorfebene, die von Handwerksberufen wie der Töpferei und der Ziegelherstellung Zeugnis ablegen, lässt auf spezialisierte, von Generation zu Generation weitergegebene Überlieferungen innerhalb von Familienverbänden oder Zünften und ein gut entwickeltes System des Binnenhandels schließen. In der Hochphase der Zivilisation wurden auch die Symbole auf den Siegeln vereinheitlicht. Das Glücksspiel war weit verbreitet, wie Dutzende von Terrakotta-Würfeln belegen, die in Mohenjo-Daro und anderen Stätten gefunden worden sind. Zur Herstellung von Kleidung bestimmte

Baumwolle wurde angebaut und möglicherweise bis nach Westasien vertrieben.

Obwohl keine Bauwerke entdeckt wurden, die definitiv als Tempel klassifiziert werden können, gab es mit ziemlicher Sicherheit eine Art religiöser Ideologie – die Anknüpfungspunkte zwischen dem, was über die Glaubensvorstellungen der Harappā und die Entwicklung des Hinduismus bekannt ist, sind zu zahlreich, um sie zu ignorieren. Bilder von Gottheiten in Pepulbäumen (*Ficus religiosa*) mit davor knienden Gläubigen etwa waren weit verbreitet (der Baum gilt sowohl im Hinduismus als auch im Buddhismus als heilig). Auch das Baden, ein wichtiger Bestandteil der Harappā-Zivilisation, ist ein Kernstück des hinduistischen Rituals. Die Existenz von Feueraltären, der Nachweis von Tieropfern und die Verwendung des Swastikasymbols erinnern an hinduistische Zeremonien.

Der überzeugendste Beweis für eine Verbindung ist ein Siegel. Es zeigt eine in yogischer Haltung sitzende Figur, die einen gehörnten Kopfschmuck trägt und von einem Tiger, einem Elefanten, einem Büffel und einem Rhinozeros umgeben ist. Die Figur auf dem zentimeterhohen Siegel trägt den Namen Pashupati oder ›Herr der Tiere‹ und wurde von Marshall als »Proto-Shiva« oder früher Vorgänger Shivas beschrieben – einer Schlüsselgottheit im hinduistischen Pantheon, die als Gott der Schöpfung und Zerstörung gilt.

Doch wie die amerikanische Indologin Wendy Doniger betont, ist ein Bezug zu Shiva nur eine von mehr als einem Dutzend möglichen Erklärungen für die Figur, die »von den besonderen historischen Umständen und der Agenda des Interpreten inspiriert oder kanalisiert werden«. So könnten die kleinen Terrakottastatuetten draller Frauen gleichermaßen Prototypen hinduistischer Göttinnen sein – oder einfach Ausdruck der Bewunderung für die weiblichen Formen. Wir wissen jedoch, dass die einwan-

Die Interpretation des Herrn der Tiere auf diesem Siegel als Proto-Shiva wurde von Jawaharlal Nehru und später von hindu-nationalistischen Historikern begeistert aufgegriffen.

dernden Stämme aus Zentralasien auf bestehende Gottheiten und Glaubenssysteme zurückgriffen. Sobald diese angeblichen Götterprototypen anders interpretiert werden und der Beweis für ein zusammenhängendes religiöses System entfällt, eröffnet sich die verlockende Möglichkeit, dass die Harappā-Zivilisation der erste säkulare Staat der Welt gewesen sein könnte – damit wäre er der europäischen Aufklärung um vier Jahrtausende voraus gewesen.

Die Ursachen für den Niedergang der Harappā-Zivilisation bis zu ihrem Untergang im Jahr 1300 v. Chr. sind noch immer nicht geklärt. Spätere religiöse Texte lassen vermuten, dass kriegerische Hirtenvölker mit von Pferden gezogenen Streitwagen in die Region eindrangen und die Harappā-Städte verwüsteten. Sir Mortimer Wheeler, Generaldirektor des *Archaeological Survey of India* von 1944 bis 1948, war ein Befürworter dieser Theorie und prägte die bekannten Worte: »Aufgrund der Indizien wird gegen Indra Anklage erhoben« – eine Anspielung auf den āryanischen Kriegsgott.

Doch die archäologischen Funde stützen diese Theorie nicht mehr. Skelettreste lassen keine Spuren eines Angriffs auf eine der großen Städte erkennen. Ausgrabungen an mehreren Orten deuten auf eine Reihe von Überschwemmungen hin, die möglicherweise durch tektonische Aktivitäten verstärkt wurden, die das Bodenniveau anhoben. Weitere mögliche Ursachen für den Untergang der Harappā-Zivilisation sind veränderte Flussläufe, Abholzung, zunehmende Versalzung des Bodens und Krankheiten, die mit neuen Migrationswellen eingeschleppt wurden. Eine groß angelegte, 2012 veröffentlichte Studie eines Wissenschaftlerteams der Woods Hole Oceanographic Institution, des traditionsreichen ozeanographischen Forschungsinstituts in Massachusetts, hält eine langanhaltende Dürre, in deren Folge Flüsse austrockneten oder nicht mehr ganzjährig Wasser führten, für die wahrscheinlichste Ursache. Diese Theorie ist nicht unplausibel: 2018 haben Wissenschaftler ein neues geologisches Zeitalter, das Meghalayum, definiert, das um 2200 v. Chr. mit einer langanhaltenden Dürre begann, die das Ende der Zivilisationen nicht nur in Indien, sondern auch in Ägypten, Mesopotamien und China einleitete.

Die Veden

Solange wir die Zeichen der Harappā-Kultur nicht zu entziffern vermögen, werden die Geschichten und historischen Figuren, ja sogar eine zuverlässige Chronologie der Ereignisse bis 1300 v. Chr. im Dunkeln bleiben, doch unser Wissen über die folgenden anderthalb Jahrtausende ist (aus anderen Gründen) nicht unbedingt genauer. Mehrere Migrationswellen nomadischer Viehzüchter, die außer Werkzeugen, Waffen und Keramikfragmenten nur wenige Spuren hinterlassen haben, prägten das nächste Kapitel in der Geschichte der indischen Zivilisation. Der Mangel an archäologischen Funden wird jedoch durch einen riesigen Korpus an ausgefeilter religiöser Poesie mehr als wettgemacht.

Die Veden wurden in Sanskrit verfasst und ursprünglich mündlich von Priestern, den Brahmanen, weitergegeben. Sie bilden die Grundlage des Hinduismus. Die Mantras, die jeden Morgen rezitiert werden, um die Götter zu wecken, und die Gebete, die gesprochen werden, wenn ein Toter auf einen Scheiterhaufen gelegt wird, wurden über die Jahrhunderte hinweg wortwörtlich weitergegeben. Als sie eines Tages doch aufgezeichnet wurden, stellte sich heraus, dass die Überlieferung so präzise gewesen war, dass die Versionen aus dem nördlichen Kaschmir praktisch identisch waren mit denen aus Tamil Nadu, dem südlichsten Zipfel des Subkontinents. Seit dem 16. Jahrhundert hatten Europäer die Veden studiert, aber erst im späten 18. Jahrhundert wurde das Rätsel um die Urheberschaft dieser Hymnen gelöst. Es war die Linguistik, nicht die Archäologie, die die fehlenden Teile dessen, was wir heute über Indiens frühe Geschichte wissen, ergänzte.

William Jones war ein Universalgelehrter, der 1770 im Alter von 24 Jahren sein erstes Buch veröffentlichte, eine Übersetzung der Geschichte des persischen Regenten Schah Nader aus dem Persischen ins Französische. Ein Jahr später folgte seine *Grammatik der persischen Sprache*, die jahrzehntelang das Standardwerk blieb. Noch bevor er im September 1783 in Chandpal Ghat am Ufer des Hugli-Flusses in Kalkutta an Land ging, hatte sich Jones zum Ziel gesetzt, »Indien so genau kennenzulernen wie es noch kein anderer Europäer je kennengelernt hatte«. Ein Jahr nach seiner Ankunft gründete er die *Asiatic Society*.

Jones war nach Indien gereist, um eine Stelle als Richter am Obersten Gerichtshof von Bengalen anzutreten. Er war der Meinung, dass Richter, um gerecht zu urteilen, Zugang zu den Quellen des Hindu-Rechts haben müssten, und das erforderte das

Verständnis von Sanskrit-Texten. Die erste Hürde bestand darin, einen Lehrer zu finden. Die Vertreter der hochangesehenen Kaste der Brahmanen, an die er sich wandte, weigerten sich, einem Ausländer die heilige Sprache beizubringen, aber zu unserem Glück fand er einen Arzt, der Sanskrit gut beherrschte und sich bereit erklärte, ihn zu seinem Schüler zu machen. Beim Studium der Grammatik stellte Jones eine bemerkenswerte Ähnlichkeit zwischen Sanskrit und bestimmten europäischen Sprachen fest. Er fasste seine Erkenntnisse in einem Aufsatz zusammen und veröffentlichte ihn im ersten Forschungsband der *Asiatic Society* unter dem Titel »Zur Orthographie asiatischer Worte«. Darin identifizierte er die indoeuropäische Sprachfamilie. Der Sanskrit-Wissenschaftler Thomas Trautmann bezeichnete den Artikel als wichtigen Beitrag zum »Projekt, Indien einen Platz zuzuweisen«.

William Jones: »Die Sprache des Sanskrit, wie alt sie auch sein mag, hat eine wunderbare Struktur; sie ist vollkommener als die griechische, reichhaltiger als die lateinische und feiner als beide, weist aber zu beiden eine stärkere Verwandtschaft auf, sowohl in den Wurzeln der Verben als auch in den Formen der Grammatik, als dass sie auch nur annähernd durch Zufall entstanden sein könnte, [diese Verwandtschaft ist] so stark, dass kein Philologe sie alle drei untersuchen könnte, ohne zu dem Schluss zu kommen, dass sie aus einer gemeinsamen Quelle stammen müssen, die – gegebenenfalls – nicht mehr existiert. Ein ähnlicher Grund, wenn auch nicht ganz so zwingend, legt die Annahme nahe, dass sowohl das Gotische als auch das Keltische, wenn auch mit einem sehr unterschiedlichen Idiom vermischt, denselben Ursprung mit dem Sanskrit hatten; und das Alt-Persische kann möglicherweise zu derselben Familie noch hinzugefügt werden.«

Jones untersuchte außerdem die Ähnlichkeiten zwischen hinduistischen und europäischen Göttern und kam zu dem Schluss, dass es nicht nur eine Familie der Sprachen, sondern auch eine Familie der Religionen gibt. Der römische Gott Janus wird etwa zum elefantenköpfigen Ganeśa; Jupiter entspricht Indra. Der dionysische Krishna kann mit Apollo gleichgesetzt werden. Saturn, Noah und Manu sind alle Akteure innerhalb desselben Schöpfungsmythos. Für Jones war der Hinduismus eine lebendige Darstellung des antiken Heidentums in Griechenland und Rom.

Die einzige Erklärung für diese bemerkenswerten sprachlichen und religiösen Übereinstimmungen, so vermutete er, sei die Migration: Diejenigen, die indoeuropäische Sprachen verwendeten, hatten einst eine gemeinsame Heimat in der riesigen Steppe gehabt, die sich von Polen bis zum Transural erstreckte. Historiker haben einige der frühesten Verwendungen dieser indoeuropäischen Sprache bis nach Nordsyrien zurückverfolgt. In einem Friedensvertrag, der um 1380 v. Chr. zwischen einem mitannischen und einem hethitischen König geschlossen wurde, werden bestimmte Götter als Zeugen benannt. Mindestens vier davon – Uruvanass, Mitras, Indara und Nasatia – entsprechen den Hindu-Göttern Varuṇa, Mitra, Indra und Nasatya. Der Vertrag deutet darauf hin, dass die Mitanni zwar die lokale hurritische Sprache sprachen, ihre Herrscher aber indo-āryanisch klingende Namen trugen und indo-āryanische Götter anriefen.

Die nomadischen Viehzüchter, die von diesen Steppen aus loszogen, bezeichneten sich selbst als *Ārya*: der Name, den die alten Perser benutzten und von dem sich das Wort ›Iran‹ ableitet. *Ārya* ist auch die Wurzel von *Eire* (irisch für ›Irland‹), dem Begriff für das westlichste der Länder, die bei dieser großen Wanderung besiedelt wurden. Die Āryaner, die sich in Indien niederließen, zähmten Pferde und benutzten leichte Streitwagen, in die je drei Männer passten. Sie züchteten Rinder, schmolzen

Bronze, um daraus Werkzeuge und Waffen herzustellen, und spielten Glücksspiele wie die Menschen der Harappā-Kultur.

Vedische Texte berichten von einer plötzlichen Invasion, die die Harappā-Zivilisation dezimierte. Mit ihren Heeren an von Pferden gezogenen Streitwagen und angestachelt von ihren Kriegsgöttern wie Indra – der als Mars, Zeus oder Thor des Āryanischen Pantheons beschrieben wird – zerstörten die Āryaner die Reste der Harappā-Zivilisation und unterwarfen die Dāsa, die Nachkommen der ersten, sechzig Jahrtausende zuvor nach Indien gelangten Migranten.

Die Invasionstheorie entstand in der Zeit der britischen Herrschaft, als Gelehrte nach bequemen Wegen suchten, um die militärische Eroberung Indiens zu rechtfertigen. Diese Theorie hat aber zwei Haken: Es gibt keine archäologischen Beweise, die die Invasionshypothese stützen, und sie erklärt nicht die zwei Jahrhunderte lange Lücke in den archäologischen Befunden zwischen dem Untergang der Harappā und der Ankunft der Āryaner.

DNS-Tests an antiken Grabstätten bestätigen nun, was Archäologen schon lange vermutet hatten: Es hat sich nicht um eine einzige āryanische Invasion gehandelt, sondern um Wellen von Zuwanderern, die mit einer Vielzahl von in Indien koexistierenden Kulturen interagierten und nach und nach verschiedene indigene Kulturen in den āryanischen Schmelztiegel brachten.

Das vielleicht wichtigste Buch, das sich mit dieser Frage befasst, ist Tony Josephs 2018 erschienenes *Early Indians: The Story of Our Ancestors and Where We Came From* (›Die frühen Inder: Die Geschichte unserer Vorfahren und woher wir kommen‹). Aus seiner umfassenden Bewertung der jüngsten DNS-Auswertungen und genetischen Studien zieht er den Schluss, dass die heutigen Inder »ihre Gene mehreren Einwanderungswellen nach Indien verdanken; so etwas wie eine reine Gruppe, Rasse oder Kaste, die seit ›undenklichen Zeiten‹ existiert, gibt es nicht.« Hindu-nationalistische Historiker sehen dies als ketzerisch an. Joseph erklärt:

> Für viele auf dem rechten Flügel ist die Vorstellung inakzeptabel, dass sie von anderswo nach Indien kamen, weil [eine solche Vorstellung] Sanskrit und die Veden als die einzige und grundlegende Quelle der indischen Kultur entthronen würde, denn es würde bedeuten, dass die mächtige Harappā-Zivilisation, die einen unauslöschlichen Eindruck in der indischen Geschichte und Kultur hinterlassen hat, ihrer Ankunft vorausgegangen wäre.

Aufgrund der Lücken in den historischen Aufzeichnungen konnten selbst DNS-Beweise diejenigen nicht zufriedenstellen, die sich an dem Glauben festklammern, die vedische Zivilisation sei den Harappā vorausgegangen. Es ist schwer vorstellbar, wie diese Debatte jemals abgeschlossen werden kann. Das zwischen 1100 und 600 v. Chr. entstandene Schrifttum ist umfangreich, aber offen für Interpretationen. Wie so oft in der frühen Geschichte Indiens ist nur wenig davon eindeutig.

Entstehung der vedischen Gesänge und Aufstieg der Rajas

Von den vier Veden ist der *Ṛg Veda* (*Rigveda*) der älteste und wichtigste. Unter Historikern herrscht Einigkeit darüber, dass er um 1100 v. Chr. oder möglicherweise noch ein Jahrhundert früher zusammengestellt wurde. Er umfasst 1028 Hymnen an die Götter, die in zehn Büchern oder Mandalas von unterschiedlicher Länge angeordnet sind und über mehrere hundert Jahre hinweg verfasst wurden. Es gibt keine Hinweise darauf, dass die Āryaner Bildnisse ihrer Götter anfertigten. Um mit dem Göttlichen zu kommunizieren, war ein Abbild dank der Mantras augenscheinlich nicht vonnöten. Die Mantras wurden üblicherweise bei Opferritualen gesungen, während Soma, ein halluzinogenes Getränk, konsumiert wurde. Die Mantras selbst beschrieb der bengalische Nobelpreisträger Rabindranath Tagore (1861–1941) als »ein poetisches Zeugnis der kollektiven Reaktion eines Volkes auf das ehrfurchtgebietende Wunder der Existenz«.

Aus Strophen, die größtenteils dem *Ṛg Veda* entnommen und zum Singen arrangiert wurden, besteht der zweite, der *Sama Veda* (›das Wissen von den Gesängen‹). Der *Yajur Veda* stellt eine Sammlung von Opferformeln oder Mantras zur Durchführung von Ritualen dar. Der vierte Veda, der *Atharva Veda*, wird mit den Riten, dem Aberglauben und den magischen Zauberformeln der Bewohner des vorāryanischen Indiens in Verbindung gebracht. Bei einigen könnte es sich um die Vorfahren der steinzeitlichen Bewohner Indiens gehandelt haben, bei anderen um die Dāsa oder Stammesgemeinschaften, die bei den frühesten Wanderungen aus Afrika, der ›Wiege der Menschheit‹, gekommen waren. Sie alle glaubten an die Wirksamkeit von Zaubersprüchen und Beschwörungen sowie eine Praxis weißer (heilender) bzw. schwarzer (schadender) Magie, wobei Letztere den Menschen größere Kräfte als den Göttern verleihen konnte. Offensichtlich unterdrückten die Āryaner solche traditionellen Vorstellungen nicht, sondern übernahmen sie stattdessen in ihre Glaubenswelt.

Die Brahmanen, denen die Weitergabe der Veden oblag, nutzten ihr Wissensmonopol, um dafür zu sorgen, dass ihnen die Durchführung wichtiger Rituale vorbehalten war. Indra, der Gott des Krieges und des Regens, wird in fast einem Viertel der

Hymnen des *Ṛg Veda* erwähnt, gefolgt von Agni, dem Gott des Feuers, und Surya, dem Sonnengott.

Aus den in den vedischen Texten erwähnten Ortsnamen lässt sich schließen, dass sich die ersten zugewanderten Āryaner in einem Gebiet niederließen, das als Sapta Sindhu oder Sieben Flüsse bekannt ist. Der Name ›Sindhu‹ bezieht sich auf den Indus; zu den sieben zählen fünf seiner Nebenflüsse sowie der Saraswatī, der inzwischen ausgetrocknet ist. Die vedische Gesellschaft bestand aus Stämmen und Klans – etwa dreißig werden in den Texten erwähnt –, und in den zahlreichen Schlachtenbeschreibungen ist es fast unmöglich, zwischen realen und mythischen Gegnern zu unterscheiden. Nirgendwo kommt dies deutlicher zum Ausdruck als in der Schlacht der Zehn Könige, die einer altindischen Version von *Game of Thrones* gleicht. Die Schlacht fand an den Ufern des Flusses Ravi zwischen dem Āryaner-König Sudās und einer vage definierten Allianz von zehn Herrschern statt, bei denen es sich um ›abgefallene Āryaner‹ oder um Dāsa gehandelt haben könnte. Der Sieg wurde nicht etwa durch überlegene Waffen oder die bessere Taktik errungen, sondern durch das Rezitieren von Gebeten.

Als Agrargesellschaft waren die frühen Āryaner auf Pferde und Kühe angewiesen. Weideland war sehr begehrt. Und sie waren als Viehdiebe berüchtigt – die Religionshistorikerin Karen Armstrong vergleicht sie sogar mit Cowboys aus dem amerikanischen Wilden Westen. Der heilige Status der Kühe – fast schon ein Klischee im heutigen Indien, wo der Verzehr von Rindfleisch in den meisten Bundesstaaten verboten ist – war im vedischen Indien nicht so stark ausgeprägt. Obwohl ein Vers des *Ṛg Veda* den Verzehr verbietet, erlaubt ein anderer sehr wohl, das Fleisch von Kühen zu essen: nämlich bei Hochzeiten, sofern rituell und human geschlachtet wurde.

In der frühen Phase der vedischen Zivilisation standen in der auf Stämmen aufgebauten Gesellschaft Kriegerhäuptlinge an der

Spitze der sozialen Struktur, die im *Ṛg Veda* als *Rajas* bezeichnet werden, ein Wort, das mit dem lateinischen *Rex* verwandt ist. Ein *Raja* war kein absoluter Monarch; die einzelnen Stämme wurden von Räten, den *Sabhās* bzw. *Samitis* regiert. Die *Sabhās* waren Ältestenräte, die zusammentraten, um Gericht zu halten und Beschlüsse zu fassen, wobei sie in einer Art Konföderation organisiert waren; die *Samitis* waren die Zusammenkünfte aller freien Stammesangehörigen. Ein *Raja* brauchte, obwohl das Amt erblich war, grundsätzlich die Zustimmung beider Gremien, um den Thron zu besteigen. Wenn der *Raja* in die Schlacht ritt, wurde er vom königlichen Priester begleitet, der Gebete sang und die für den Sieg notwendigen Rituale durchführte.

Obwohl sie hauptsächlich religiöse Praktiken beschreiben, entwerfen die Veden – und spätere Texte wie das *Mahābhārata* – auch ein Bild dieser antiken Gesellschaft, wobei Fachleute wie der Historiker Arthur Llewellyn Basham zur Vorsicht mahnen: »Der Versuch, die politische und soziale Geschichte Indiens im 10. Jahrhundert v. Chr. aus dem *Mahābhārata* zu rekonstruieren, ist ebenso sinnlos wie der Versuch, die Geschichte Britanniens unmittelbar nach der Vertreibung der Römer ausgehend von Malorys *Morte d'Arthur* [›König Artus' Tod‹] zu schreiben.« Basham lässt eine wichtige Ausnahme gelten: die Hinweise, die sich im *Mahābhārata* auf die Schlacht von Kurukshetra finden. In dieser Schlacht besiegen die Pāṇḍavas, angeführt von fünf Brüdern und unterstützt von ihrem Cousin und Wagenlenker, dem Gott Krishna, die Kauravas, ebenfalls ihre Cousins, an einem Ort in der Nähe des heutigen Neu-Delhi. Archäologische Funde bestätigen, dass dort eine Schlacht stattgefunden hat, aber zu Beginn des 9. Jahrhunderts v. Chr. und nicht 3102 v. Chr., wie das *Mahābhārata* nahelegt. Ob es sich um einen großen Krieg gehandelt hat, wie in dem Text beschrieben, oder um ein kleines Scharmützel, das sich im Laufe der Niederschrift in eine epische

Schlacht verwandelt hat, wird wahrscheinlich nie geklärt werden (insbesondere nicht in der im heutigen Indien herrschenden politisch aufgeladenen Atmosphäre).

Das zwischen dem 4. Jahrhundert v. Chr. und dem 3. Jahrhundert n. Chr. verfasste *Mahābhārata* ist das bekannteste und längste der hinduistischen Epen – und etwa zehnmal so lang wie die Ilias und die Odyssee zusammen. Bildgewordene Szenen aus dem *Mahābhārata*, die den Kampf zwischen den rivalisierenden Clans des Kuru-Stammes darstellen, sind überall dort zu finden, wo sich der Hinduismus verbreitet hat: Die Skulpturenreliefs von Angkor Wat in Kambodscha und das Wayang-Puppentheater auf Java sind nur zwei Beispiele. In den späten 1990er Jahren wurde das Epos in 95 wöchentlichen Episoden im staatlichen indischen Fernsehsender Doordarshan ausgestrahlt, ein Ereignis, das das Land bei jeder Ausstrahlung fast zum Erliegen brachte.

Die berühmteste im *Mahābhārata* enthaltene Textpassage ist die *Bhagavad Gitā*, das ›Lied des Herrn‹, ein Gespräch zwischen dem Gott Krishna und dem Pāṇḍava-Prinzen Arjuna, der sich fragt, warum er gegen seine Cousins kämpfen soll. Krishna erklärt Arjuna, dass es seine Pflicht sei, seine Verwandten zu töten: »Zu sterben, während man seine Pflicht tut, bedeutet Leben; in der Verpflichtung eines anderen zu leben, bedeutet den Tod.« Nicht persönliche Interessen oder Gefühle, sondern die Umstände müssten die Handlungen leiten, koste es, was es wolle. Heute ist der Text unter Hindus so bekannt wie das Neue Testament unter Christen. J. Robert Oppenheimer, der Vater der Atombombe, zog einen Vers aus der *Gitā* heran, um seine Gefühle zu beschreiben, nachdem er 1945 den ersten Test der Waffe in New Mexico beobachtet hatte: »Jetzt bin ich der Tod geworden, der Zerstörer von Welten.«

Aus Texten wie dem *Śatapatha Brāhmaṇa*, in dem vedische Rituale beschrieben werden, wissen wir, dass sich das Kernland

Die *Bhagavad Gitā* ist ein im *Mahābhārata* enthaltener Dialog zwischen Krishna (stehend abgebildet) und Arjuna (kniend) vor dem Beginn der entscheidenden Auseinandersetzung in der Schlacht von Kurukshetra.

der Āryaner-Kultur und -Gesellschaft ab etwa dem 10. Jahrhundert v. Chr. nach Osten in den Doab, das Gebiet zwischen den Flüssen Ganges und Yamuna, zu verlagern begann. Wo heute einige der am schnellsten wachsenden Städte Indiens in eine Agrarlandschaft aus vielfältig kultivierten Flächen vordringen, war einst, wie der englische Historiker John Keay schreibt, eine »feucht-grüne Wildnis aus Wald und Sumpf, eine tropische Taiga von fast sibirischem Ausmaß«.

Die Dschungelgebiete waren zwar ertragreicher als die trockeneren Regionen in Westindien, aber schwer zu roden. Letzten Endes konnten sie jedoch eine viel größere Bevölkerung ernähren, was wiederum um 800 v. Chr. zur Gründung der ersten Städte wie Kashi (das heutige Varanasi) und Hastināpura führte. Auf der Grundlage geographischer Einheiten entstanden soziale

Gebilde, republikähnliche Zusammenschlüsse, dank einer fortgeschrittenen Technologie. Die Verwendung von Eisen ist für diese Zeit belegt, die Qualität war jedoch noch schlecht. Erst in der Mitte des Jahrtausends ermöglichten verbesserte Öfen den Einsatz von Pflügen mit Eisenbeschlag, was wiederum der Verbreitung des Ackerbaus zugutekam, so dass sich auch die Zahl der Landarbeiter erhöhte. Ein weiteres, mit der Ausdehnung nach Osten einhergehendes Phänomen war das Auftauchen anspruchsvollerer Töpferware, der sogenannten bemalten grauen Keramik. Anhand ihrer Überreste können wir die allmähliche Wanderung der Āryaner bis an die Grenzen des heutigen Bihar und die Region südlich des Flusses Narmada verfolgen.

Die soziale Schichtung auf dem indischen Subkontinent geht zwar auf die Harappā-Zivilisation zurück, erhielt aber eine tiefere Bedeutung, als sich die hellhäutigen, Sanskrit sprechenden Āryaner zunehmend mit den dunkleren Dāsas vermischten. Die Reinheit der Abstammung wurde wichtig. Mitte des 1. Jahrtausends v. Chr. hatte sich die soziale Spaltung zwischen Āryanern und Dāsas zu einem System von Klassen oder *Varṇas* ausgeweitet, dessen Regelwerk sich wie so viele Aspekte des heutigen Hinduismus in einem Vers der *Ṛg Veda* findet.

Das »Gedicht über den Urmenschen« postuliert eine zu Beginn der Zeit geschaffene Gesellschaftsordnung, die für immer Bestand haben soll. Es besagt, dass aus dem zerlegten Körper des Urmenschen die vier *Varṇas*, die Farben, hervorgingen. Aus dem Mund des Menschen entsprangen die Brahmanen, deren Macht auf ihrer Alleingewalt über Rituale wie das Feueropfer (*Yajna*) beruhte. Wie eine Art antiker Algorithmus mussten die heiligen Worte der vedischen Hymnen perfekt intoniert werden, schon ein Fehler machte sie wertlos. Diese Hymnen waren so mächtig, dass sie die Götter dazu bewegen konnten, Gutes oder Böses zu tun. Mit ihrem Wissen über diese Hymnen und

Rituale leiteten die brahmanischen Priester, genannt *Purohitas*, Gebete an, um eine reiche Ernte, die Geburt eines Sohnes oder den Sieg im Krieg zu sichern.

Aus den beiden Armen gingen die *Kṣatriya*, die Herrscher und die Kriegerklasse, hervor. Die *Vaiśya*, zu denen Bauern, Kaufleute, Händler und Landwirte zählten, basierten auf dem Rumpf. Der untersten *Varṇa*, die auf den Füßen beruhte, entstammten die *Śūdras*, die Diener: Nicht-Āryaner und Dāsa-Āryaner mit gemischter Abstammung. Noch weiter unter ihnen befanden sich die ›Unberührbaren‹, diejenigen, die keiner Kaste angehörten und die niedrigsten, als entwürdigend angesehenen Arbeiten verrichteten, wie z. B. Straßen fegen und Exkremente beseitigen.

Angehörige der ersten drei *Varṇas* wurden als *Dvija*, ›Zweifachgeborene‹, bezeichnet; mit der ›zweiten Geburt‹ war eine Initiation in den rituellen Status gemeint. Damit standen die *Śūdras* außerhalb des Kastensystems und waren auf ewig in ihrem niedrigen Status gefangen, ohne die Möglichkeit, in die Reihen der Zweifachgeborenen aufzusteigen. Die *Varṇas* waren der Vorläufer des Kastensystems, das ab dem 1. Jahrhundert n. Chr. verankert wurde. Obwohl von der indischen Verfassung verboten, ist Diskriminierung aufgrund der Kastenzugehörigkeit noch heute ein wesentliches Merkmal der Gesellschaft.

Die grundlegenden gesellschaftlichen Konturen, die sich in der Āryaner-Kultur in der spätvedischen Periode (1100–500 v. Chr.) herausgebildet hatten, lassen sich wie folgt charakterisieren: Verwendung des Sanskrit, wenn auch noch als mündliche Sprache; ein System der sozialen Schichtung, das die Priesterschaft über die Könige stellte; eine Ökonomie, die hauptsächlich auf Viehzucht basierte; ein Pantheon von Göttern, von denen die meisten Ähnlichkeit mit westlichen Gottheiten hatten; der Rückgriff auf die Veden, die mittels bestimmter Rituale jeden Aspekt des Lebens regelten, vom Glücksspiel bis hin zur Ehe und dem Tod.

Der Bevölkerungsanstieg in den Städten führte zu einer Zunahme des Warenaustauschs, allerdings blieben die Handelsverbindungen in der überwiegend agrarisch geprägten Gesellschaft rudimentär. Bis zum 6. Jahrhundert v. Chr. gibt es keine Belege dafür, dass Geld verwendet wurde oder sich eine Berufsgruppe von Händlern herausgebildet hätte. Auch die Schrift wird in den Veden nicht erwähnt, obwohl es sich dabei auch um eine bewusste Auslassung handeln kann, da die Priesterschaft sie möglicherweise als anstößige Neuerung ansah. Im Todesfall wurde der Einäscherung Vorrang vor der Bestattung gegeben, wahrscheinlich aufgrund der engen Verbindung von Feuer und ritueller Reinheit. Das Konzept der Reinkarnation, wonach die Seelen je nach ihren Handlungen in früheren Leben im nächsten Leben Glück oder Leid erfahren würden, setzte sich erst nach der Abfassung der *Upanịshaden* durch.

Trotz allem, was man aus Tausenden von Strophen in den Veden und epischen Texten wie dem *Mahābhārata* herauslesen kann, bleibt die Geschichte Indiens bis zur Mitte des 1. Jahrtausends v. Chr., wie Basham beklagt, »ein Puzzle mit vielen fehlenden Teilen, […] ohne die interessanten Anekdoten und Persönlichkeiten, die das Studium der Vergangenheit für Profi- und Hobbyhistoriker gleichermaßen beleben«. Divergierende Ansichten, manche auf der Interpretation historischer Fakten beruhend, andere durch rein ideologische Zielsetzungen motiviert, erschweren es ebenfalls, sich ein klareres Bild von dieser Zeit zu machen.

Die späte vedische Periode markiert allerdings auch eine Schwelle zu einer neuen historischen Epoche: Zum ersten Mal sollte das Zeitalter der Mythen und Legenden einem Zeitalter der Königreiche und visionären Führer weichen. Zu ihnen gehörte vor allem Gautama Buddha, den Rabindranath Tagore später als »den größten Menschen, der je auf Erden geboren wurde«, bezeichnen sollte.

Kapitel 2

Religiöse Revolutionäre

Am 14. Oktober 1956 trat Bhimrao Ramji Ambedkar (1891–1956) – Verfasser der indischen Verfassung, vor allem aber Anführer der Unberührbaren – in der Stadt Nagpur vor fast eine halbe Million Menschen, schwor dem Hinduismus, der Religion seiner Geburt, ab und konvertierte zum Buddhismus. Die meisten der Anwesenden taten es Ambedkar gleich, so dass es sich wohl um den größten Massenreligionswechsel der Geschichte handelte. In den folgenden Monaten und Jahren folgten mehr als drei Millionen Unberührbare seinem Beispiel und wandten so von einem Moment auf den anderen der Kastenordnung, die sie auf die unterste Stufe der hinduistischen Gesellschaft gestellt hatte, den Rücken zu. Bei der Volkszählung 1961 war die Zahl der Buddhisten in Indien innerhalb eines Jahrzehnts um 1671 Prozent gestiegen.

In dem Land, das der Welt den Religionsstifter Buddha (ca. 563–483 v. Chr.) geschenkt hatte, war seine Anhängerschaft bis Mitte des 20. Jahrhunderts so gut wie nicht mehr vorhanden gewesen, einzig das abgelegene Königreich Ladakh und einige wenige Gemeinschaften im Nordosten Indiens waren noch buddhistisch. Die Wiederbelebung des Buddhismus in Indien durch Ambedkar war ebenso sehr ein soziales wie ein religiöses und ethisches Phänomen. Bevor er konvertierte, hatte Ambedkar eine neue Lehre – den Navayana-Buddhismus – entwickelt, der Konzepte wie Entsagung, Wiedergeburt und das Mönchtum abschaffte, aber Begriffe wie Mitgefühl und Gleichheit beibehielt, die er in eine Form von sozialem Aktivismus umdeutete.

Die Änderungen, die Ambedkar vornahm, waren nicht so radikal, wie es klingt. Als der Buddhismus in Indien aufgekommen war, war er eine Reaktion auf die strenge Orthodoxie des vedischen Brahmanismus gewesen. Dem Buddha zu folgen, stand hingegen Menschen aller Glaubensrichtungen und Gesellschaftsschichten sowie Männern wie Frauen frei.

Siddhārtha Gautama, so der Name des historischen Buddha, wurde zwischen 566 und 563 v. Chr. als Sohn adliger Eltern in Südnepal geboren, er wurde etwa 80 Jahre alt. Die buddhistische Überlieferung schreibt die Geburt des Buddha einer göttlichen Intervention zu: Seine Mutter Māhāmāya träumte von einem großen weißen Elefanten, dem Symbol königlicher Majestät und Autorität, der in ihren Schoß eindrang; Siddhārtha entstieg daraufhin schmerzlos ihrem Körper und wurde in einem goldenen Netz aufgefangen, das von Halbgöttern, den Devas, gehalten wurde. Während er noch seine Umgebung betrachtete, verkündete er: »Ich bin das Oberhaupt der Welt.« Die um die Deutung dieses Wunders gebetenen Weisen entdeckten die Abdrücke von Rädern auf den Händen und Füßen des Kindes und sagten voraus, dass es zu einem mächtigen König oder einem großen Religionslehrer heranwachsen würde.

Die Mitte des 1. Jahrtausends v. Chr. war eine Zeit des Aufbruchs – nicht nur in Indien, sondern auch in anderen Teilen der zivilisierten Welt. In China formulierte Konfuzius seine Lehren, in Griechenland erforschten frühe Philosophen wie Sokrates den Begriff der Wahrheit, und im Nahen Osten verbreiteten hebräische Propheten das Wort des Alten Testaments.

In Indien wich die hauptsächlich von Viehzucht und halbnomadischer Lebensweise geprägte Stammeskultur der Aryaner damals einer auf Landwirtschaft basierenden Gesellschaft, die in städtischen Zentren lebte. Die Geburtenrate stieg sprunghaft an. Im 5. Jahrhundert v. Chr. beschrieb der griechische Historiker Herodot Indien als das bevölkerungsreichste Land der Erde. Es entstanden »Republiken«, die sich um Stammesgruppen herum bildeten, sowie regionale Königreiche. Die größten von ihnen waren Kosala, das im östlichen Teil des heutigen Bundesstaates Uttar Pradesh lag, und Magadha im heutigen Bihar. Die Steuereinnahmen, die sie ihrer fügsamen Bevölkerung verdankten, versetzten die Herrscher dieser Königreiche in die Lage, riesige Armeen aufzustellen und effiziente staatliche Strukturen zu schaffen. Die Stärke eines Herrschers beruhte nun nicht mehr auf der übernatürlichen Hilfe seines vedischen Brahmanen-Beraters, sondern auf seinen politischen Fähigkeiten und der Stärke seines Militärs.

Auch neue Glaubensrichtungen kamen auf, die den Vorrang der Veden und die gesellschaftliche Vorherrschaft der Brahmanen nicht gelten ließen. Für Nicht-Brahmanen war ein Großteil der hinduistischen Religion unverständlich. Die Hymnen der Veden waren komplex, und ihre Lehren hatten wenig Bedeutung für das tägliche Leben. Die vedischen Götter konnten nicht mit den lokalen Natur- und Fruchtbarkeitsgöttern konkurrieren, die seit langem in kleinen Schreinen am Wegesrand verehrt wurden. Als die Opferrituale, insbesondere solche, bei denen Tiere geschlachtet wurden, mehr und mehr ins Abseits gerieten, schwand damit auch die Grundlage der brahmanischen Autorität. Die Rolle der Kaste im spirituellen Leben wurde in Frage gestellt, und die weniger Privilegierten strömten zu neuen Sekten, die die starre Hierarchie der vedischen Zeit ablehnten.

Die *Upaniṣhaden*, eine Reihe vedischer Texte, die zwischen 800 und 300 v. Chr. verfasst wurden, führten das Konzept des *Saṃsāra* ein, des Kreislaufs von Geburt, Tod und Wiedergeburt. Den *Upaniṣhaden* zufolge hing die Form, die eine Seele bei der Reinkarnation annahm, von den Handlungen des Einzelnen ab. Tugend wurde belohnt und böse Taten bestraft. Die Erlösung (das *Nirvāṇa*) erwirkte die dauerhafte Befreiung aus dem Kreislauf der Wiedergeburt. Angesichts solcher Vorstellungen begann

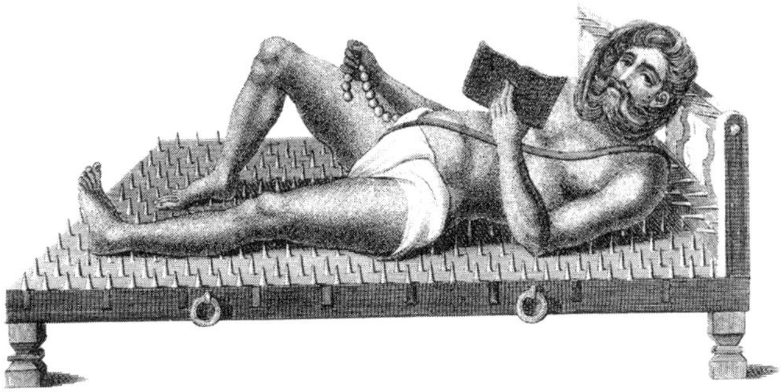

Das stereotype Bild des fast nackten Asketen, der auf einem Nagelbett liegt, hat seinen Ursprung wahrscheinlich in der Zeit zwischen 800 und 300 v. Chr., als der Verzicht dank der *Upaniṣhaden* zu einer zentralen Prämisse wurde.

zwangsläufig die Suche nach einem Weg zur Erlösung. Die Idee der Entsagung wurde zur Grundlage einer Reihe neuer Religionen, eine Entwicklung, die sowohl für Indien als auch für weite Teile Asiens weitreichende Folgen haben sollte.

In den weiten Wäldern der Gangesebene manifestierte sich die Suche nach Erlösung und der Widerstand gegen den Ritualismus und die Exklusivität der Brahmanen in Form von wandernden Asketen und Bettlern, oft nackt und mit verfilztem Haar. Einer bemühte sich, den anderen mit seiner Duldsamkeit zu übertrumpfen, wobei sie sich, stets um neue Konvertiten werbend, gegenseitig ihre religiöse Glaubwürdigkeit streitig zu machen suchten. Aus dieser metaphysischen Kultur des Protests und des Widerstands entstanden wieder neue Glaubensrichtungen, die die brahmanischen Lehren und Ansprüche auf göttlich legitimierte Autorität anzweifelten.

Siddhārtha Gautamas Vater war der Fürst des unter der Hegemonie des Königreichs Kosala stehenden Shakya-Stammes. Siddhārtha wuchs im Palast seines Vaters in Kapilavastu auf, der heutigen Stadt Lumbini im nepalesischen Tiefland Terai. Als Fürstensohn führte er ein privilegiertes Leben, abgeschirmt von den harten Seiten der Außenwelt und mit »stündlich neuen Freuden«. Eines Tages, er war etwa 18 Jahre alt und neugierig auf das, was jenseits der Palastmauern lag, betrat er einen Garten, in dem er zum ersten Mal mit menschlichem Leid konfrontiert wurde – und zwar in vier Gestalten: der eines alten Mannes, eines kranken Mannes, eines Leichnams und eines Wanderasketen. Der Anblick der ersten drei – Alter, Krankheit und Tod – machte Siddhārtha die Unvermeidlichkeit des Leidens und die Vergänglichkeit der Existenz deutlich, unabhängig von Reichtum und Herkunft des Einzelnen. Der Asket bot ihm eine Lösung an, indem er einen Weg aufzeigte, der das Zeitliche übersteigt.

Siddhārtha schwor, dem Beispiel des Asketen zu folgen. Er gab das Leben mit seiner Frau und seinem Sohn, seinen Palast, seinen Reichtum und seine königlichen Gewänder auf und zog sich aus der Welt zurück. In den nächsten sechs Jahren schloss er sich den Wanderbettlern in der Gangesebene an, praktizierte deren auf strenge Entbehrungen ausgerichtete Lebensweise und versuchte, auf verschiedenen Wegen Erlösung zu finden.

Am Ende war es nicht die Entbehrung, sondern die Meditation, die ihm den Weg zur Erleuchtung offenbarte. Schon als Kind hatte sich Siddhārtha von körperlichen Gelüsten und bösen Gedanken befreit, indem er sich in den Schatten eines Rosenapfelbaums gesetzt hatte. Als er sich daran erinnerte, begann er unter einem heiligen Pepulbaum zu meditieren und gelobte, dort so lange zu bleiben, bis er diesen Zustand des glückseligen Friedens wieder erreicht habe.

Nach mehreren Tagen der Meditation erkannte er schließlich die wahre Natur des Leidens und der Vergänglichkeit, formulierte eine Lehre zu deren Überwindung und wurde so zum Buddha – zum Erleuchteten. Heute ist der Ort der Erleuchtung, Bodhgayā, an dem der historische Buddha seine Wandlung erfuhr, eine Pilgerstätte.

Nach seiner Wandlung machte sich Buddha auf den Weg zu einem königlichen Wildpark in Sarnath, in der Nähe der heiligen Stadt Kashi. Dort sprach er zu fünf seiner vormaligen Gefährten. Mit dieser Predigt, die als »Rede, die das Rad der Lehre in Gang setzt«, bekannt ist, begann er, sich für den »mittleren Weg« einzusetzen: Sowohl strenge Askese als auch weltliche Genüsse seien gleichermaßen zu vermeiden, ebenso Hass, Neid und Ärger. Dann verkündete er die »Vier Edlen Wahrheiten« über das Lei-

In der Legende von den vier Phänomenen, die vor seinen Augen vorbeizogen, schildert Buddha, dass er während einer der Übungen zur Enthaltsamkeit so wenig gegessen habe – nur sechs Reiskörner am Tag –, dass sein »Körper extrem mager wurde«. Er schreibt: »Als ich dachte, ich würde die Haut auf meinem Magen berühren, fasste ich tatsächlich an meine Wirbelsäule.«

den, genauer über dessen Natur, Ursprung und Beendigung. Wer das Leiden beenden wolle, müsse den »edlen achtfachen Pfad« einschlagen, nämlich sich um aufrichtige Ansichten, aufrichtige Entschlossenheit, aufrichtige Rede, aufrichtiges Verhalten, aufrichtige Lebensweise, aufrichtige Anstrengung, aufrichtige Achtsamkeit und aufrichtige Meditation bemühen.

In dieser Predigt legte er die Grundlagen der buddhistischen Weltanschauung dar, eine Reihe miteinander verbundener Thesen, die besagen, dass Unwissenheit die Ursache des menschlichen Elends ist. Diese Unwissenheit entspringe unserem Unvermögen, die Natur der Welt zu verstehen, nämlich die Unvermeidlichkeit dessen, dass jeder Aspekt des Lebens von Leid durchdrungen und alles im Universum vergänglich sei. Unser Unvermögen anzuerkennen, dass nichts existiere, das überdauere, verursache unser Leiden.

Schließlich predigte er, dass das Universum seelenlos sei. Das Wesen der Seelenwanderung bestehe darin, dass nichts von einem Leben in ein anderes übergehe. Sobald Menschen ihre Genusssucht zügelten und ihr Verlangen beherrschten, könne das menschliche Dasein erträglich werden. Wenn es einem Menschen im Laufe seines Lebens gelänge, sich genügend Verdienste zu erwerben, könne er oder sie den Zustand des *Nirvāṇa* oder der Auslöschung erreichen und sich vom endlosen Kreislauf der Wiedergeburt befreien.

Von einem Schöpfer oder Erlöser sprach er nicht. Der Buddha beanspruchte keine spirituelle Autorität, und er verbot die Anbetung von Bildnissen. Insofern ergänzte der Buddhismus die bestehenden Religionen, anstatt sie zu verdrängen. Auch die Debatte darüber, ob der Buddhismus eine Religion oder eine Philosophie darstellt, ist noch nicht abgeschlossen.

Die Lehren des Buddha wurden als *Dharma* bekannt, ein Wort, das mehrere verwandte Bedeutungen wie ›Gesetz‹, ›Pflicht‹,

Frühe Darstellungen des Buddha erfolgten in Form von Symbolen wie dem *Chakra* (dem ›großen Rad‹), dem Pepulbaum, einer nach oben gerichteten Hand oder einem Fußabdruck.

›Rechtschaffenheit‹, ›Moral‹, ›Frömmigkeit‹ und so weiter umfasst. In Buddhas Lehren bezog sich *Dharma* auf eine Reihe von Grundsätzen, die Menschen in ihrer Lebensführung befolgen sollten und die dezidiert auf einer philosophischen Ebene angesiedelt sind. Es waren erst seine Anhänger, die den Buddha später in den Rang einer Gottheit erhoben.

Die fünf in Sarnath anwesenden Schüler bildeten den Kern der ersten buddhistischen Mönchsgemeinschaft, der *Saṅgha*. Die Mönchsgemeinschaften verbreiteten sich schnell in ganz Nordindien und standen allen Menschen offen, unabhängig von ihrem Geschlecht oder ihrer sozialen Stellung. Da spirituelles Ansehen durch Spenden von Geld und weltlichen Gütern erworben werden konnte, wurden die Klöster reich, so dass sie mehr missionarische Aktivitäten finanzieren konnten.

Der historische Buddha war nicht der einzige spirituelle Lehrer, dessen Vermächtnis eine religiöse Revolution auslösen soll-

Religionsanhänger in Indien, Zensus 2011		
Hindus	827 578 868	80,5 %
Muslime	138 188 240	13,4 %
Christen	24 080 016	2,3 %
Sikhs	19 215 730	1,9 %
Buddhisten	7 955 207	0,8 %
Jainas	4 225 053	0,4 %
Sonstige/keine Angabe	7 367 214	0,7 %

te. Die Grundsätze des Jainismus, *Ahiṃsā* (›Gewaltlosigkeit‹) und *Satya* (›Wahrheit‹), wurden von Mahatma Gandhi in Indiens Unabhängigkeitskampf angewendet. Wie Buddha stammte auch der Begründer des Jainismus, Vardhamāna (ca. 599–527 v. Chr.), von einem *Kṣatriya*-Kriegerclan ab. Im Alter von 30 Jahren begann er als Bettelmönch umherzuwandern, etwa zur gleichen Zeit wie der Buddha; Vardhamānas Wanderschaft dauerte allerdings mit zwölf Jahren doppelt so lange. Auch seine Bußübungen, zu denen ein sechsmonatiges Fasten gehörte, waren noch strenger, und als er die Erleuchtung fand, saß er nicht gemütlich im Schatten eines Baumes, sondern hatte zweieinhalb Tage lang auf seinen Fersen hockend in der prallen Sonne ausgeharrt. Nach der Lehre des Jainismus besaß er das absolute Wissen (*Kevalin*) und wurde so zum Eroberer (*Jina*), wobei der letztgenannte Titel eine Ableitung vom Namen der Jain-Religion ist.

Mahāvīra, wie er nun genannt wurde, reiste die nächsten drei Jahrzehnte unablässig mit einer Gruppe von Anhängern durch Nordindien. Aufgrund der von ihnen praktizierten strengen Askese und der geringeren Bedeutung, die sie der Missionierung beimaßen, verbreitete sich der Jainismus jedoch langsamer als der Buddhismus. Auf Mahāvīra folgten nach dessen Tod (ca. 527

v. Chr.) eine Reihe angesehener Lehrer, die von bedeutenden Herrschern, etwa von Chandragupta Maurya (Regierungszeit 321–297 v. Chr.), gefördert wurden.

Wie der Buddhismus lehnte auch der Jainismus bestimmte Aspekte des Brahmanismus ab. Die Grundlage des Jainismus ist der Glaube, dass alle Formen der Existenz, vom Menschen bis hin zu den kleinsten Insekten, eine Seele oder Lebenskraft besitzen. Auf der Anerkenntnis dieser Lebenskraft, des *Jiva*, basiert *Ahiṃsā*, das Gebot, andere Wesen nicht zu verletzen. Die Digambara-Sekte treibt den Jainismus auf die Spitze. Ihre Mönche gehen nackt umher und besitzen nichts außer einem aus einem Kürbis gefertigten Gefäß für Wasser, einem Bündel Pfauenfedern zum Säubern des Bodens und einer Gaze-Maske, um sich das Gesicht zu bedecken, damit sie nicht versehentlich ein Insekt einatmen. Nachts dürfen sie keine Kerzen anzünden, da sonst eine Motte in die Flamme fliegen könnte. Nach den strengsten Jain-Traditionen können nur diese »mit nichts als Luft Bekleideten« die Erleuchtung erlangen.

Da die Bearbeitung des Bodens Insekten töten kann, haben die Jainas die Landwirtschaft zugunsten des Handels aufgegeben. Heute sind sie eine der reichsten Gemeinschaften Indiens und spielen eine führende Rolle im Bankwesen wie im Schmuckhandel. Ein ausgedehntes Netzwerk von Jainas aus der kleinen Stadt Palanpur in Gujarat kontrolliert rund 90 Prozent des weltweiten Handels mit geschliffenen und polierten Diamanten.

Mit dem Aufblühen des Buddhismus und des Jainismus begannen auch die Staaten zu florieren, in denen sie begründet worden waren. Zu Beginn des 5. Jahrhunderts v. Chr. entwickelte sich Magadha unter der Herrschaft von Ajātaśatru (Regierungszeit 492–461 v. Chr.) zum führenden Königreich des Subkontinents. Seinen Vater Bimbisara (Regierungszeit 544–492 v. Chr.), einen erleuchteten Führer und glühenden Verehrer des Buddha, hatte

Ajātaśatru ermordet, um den Thron zu besteigen. Er besiegte die rivalisierenden Königreiche Kosala und Videha und unterwarf ein riesiges Gebiet, das sich vom nepalesischen Himalaya bis zum Golf von Bengalen erstreckte. Vor allem aber verlegte er seine Hauptstadt nach Pāṭaliputra am Ganges, einem Knotenpunkt für den lukrativen Handel entlang der Flüsse Nordindiens. Ajātaśatrus Nachfolger, von denen die meisten durch die Ermordung ihrer Väter auf den Thron kamen, begründeten im frühen 4. Jahrhundert v. Chr. die mächtige Nanda-Dynastie.

Indiens »Julius Cäsar«

Wenn schon die geographische Ausdehnung des Territoriums der Nanda-Dynastie in der indischen Geschichte beispiellos war, so wurde sie von dem rasch expandierenden Reich Alexanders des Großen (356–323 v. Chr.) noch in den Schatten gestellt. Seit er mit seiner Armee von Athen aus aufgebrochen war, hatte er einen Großteil Westasiens unter seine Kontrolle gebracht. Im Jahr 331 v. Chr. marschierte er in Persien ein und besiegte Dareios III., den Letzten der Achämeniden. Anschließend überquerte seine Armee den Hindukusch und besetzte die Gegend um Kabul, bevor sie 326 v. Chr. den Indus überquerte. Doch die Truppen stellten keine unbesiegbare Eroberungsmacht mehr dar. Jahrelange Gewaltmärsche und harte Feldzüge, gepaart mit der Sorge, was noch vor ihnen liegen mochte, hatten die Soldaten körperlich und geistig zermürbt. Als die Truppen den Fluss Beas erreichten, musste Alexander sich dem Rat seiner Generäle beugen, die ihm dringend empfahlen umzukehren, da sie eine Meuterei befürchteten.

Welche Bedeutung es hatte, dass Alexander der Große nach Indien einmarschierte, ist umstritten. Als erster »Vertreter des

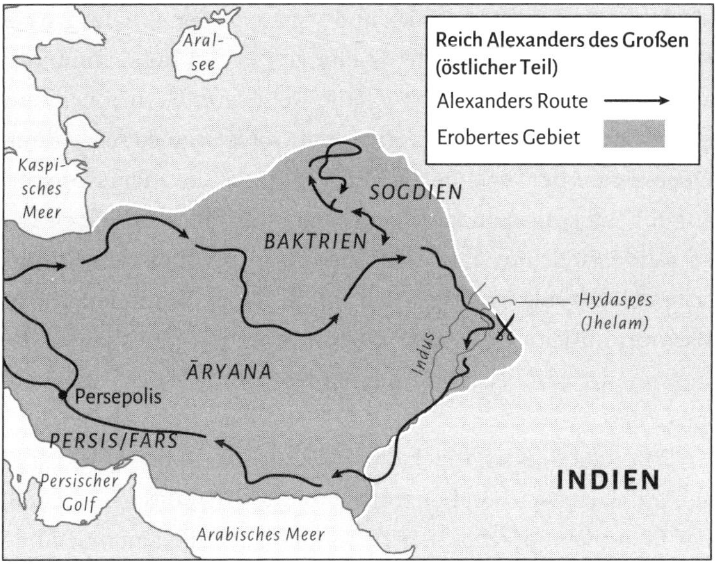

Alexander der Große stieß mit seiner Armee bis zum Fluss Beas im heutigen indischen Bundesstaat Punjab vor, dort wurden die Truppen zum Rückzug gezwungen.

Abendlandes«, der einen Teil Indiens unterwarf, hatten ihn die britischen Kolonialherren des 19. Jahrhunderts schnell als Vorreiter ausgemacht: als großen imperialen Helden, der Asien für die westliche Zivilisation geöffnet habe. Alexanders überlegene Militärtaktik und sein teils rücksichtsloses Draufgängertum waren auch für spätere indische Herrscher eine Inspiration, doch da er bei seiner Invasion weder auf eine übergreifende Strategie zum weiteren Vorgehen zurückgreifen konnte, noch in der Lage war, dauerhafte Verwaltungsstrukturen aufzubauen, »wurde Indien nicht hellenisiert«, wie der irische Indologe Vincent Smith betont. Im Gegenteil, »Indien lebte weiterhin ein Leben in ›vortrefflicher Isolation‹ und vergaß bald, dass der mazedonische Sturm vorbeigezogen war«.

Alexander zog sich zurück und segelte an den geheimnisvollen Überresten der Harappā-Städte vorbei den Indus hinunter; alles, was er hinterließ, waren eine Reihe von Garnisonen und einige Satrapen, die in den eroberten Gebieten regieren sollten. Doch abseits der Legenden, die sich bald um Alexanders Vorstoß auf den Subkontinent zu ranken begannen, machte die Invasion so wenig Eindruck, dass Alexander in der überlieferten altindischen Literatur keine Erwähnung findet. Nach Alexanders Tod in Babylon im Jahr 323 v. Chr. wurden innerhalb eines Jahres die meisten der verbliebenen Außenposten durch lokale Aufstände ausradiert.

Einer derjenigen, die darauf gehofft hatten, dass Alexander seinen Marsch nach Indien fortsetzte, war ein indischer General, der in antiken griechischen Texten unter dem Namen Sandrokottos firmiert. Die Identität dieser semi-mythischen Figur war ein Rätsel, bis William Jones bei der Übersetzung eines Sanskrit-Textes aus dem 1. Jahrhundert n. Chr. auf Spuren eines indischen Herrschers namens Chandragupta Maurya (Regierungszeit ca. 322–297 v. Chr.) stieß, der den Thron eines Rivalen bestiegen hatte und dessen Hauptstadt Pāṭaliputra war, wo er Gesandte aus fernen Ländern empfing. Bei Sandrokottos und Chandragupta, so schloss Jones, handelte es sich um ein und dieselbe historische Figur. Mehr noch, indem Jones' Zuordnung die Datierung der Herrschaft Chandraguptas ermöglicht hatte, gelang es endlich, einen bedeutenden Teil der Geschichte des antiken Indiens zu rekonstruieren.

Chandragupta war Mitte zwanzig, als er vom Herrscher von Magadha ins Exil geschickt wurde. Gerüchte über die Stärke der Armee von Magadha waren einer der Gründe dafür, dass Alexander der Große seinen Vormarsch in Indien beendete. Chandragupta drängte Alexander jedoch, den Fluss Beas zu überqueren. Er schwor, die Eroberung von Magadha wäre ein Leichtes, da davon auszugehen sei, dass sich das Volk gegen den König erheben werde. Der Herrscher werde »wegen seiner Niedertracht und niedrigen Geburt gehasst und verachtet«.

Nachdem er sich bei Alexander eine Abfuhr geholt hatte, begann Chandragupta, eine eigene Armee aufzustellen. Seine Truppen, die hauptsächlich aus Soldaten verschiedener an der nordwestlichen Grenze Indiens beheimateter Stämme bestanden, machten kurzen Prozess mit den verbliebenen griechischen Garnisonen. 321 v. Chr. besiegten sie den Regenten von Magadha, Nanda, besetzten dessen Hauptstadt Pāṭaliputra und übernahmen die Kontrolle über die Armee des Königreichs, die 200 000 Infanteristen, 80 000 Pferde und 6000 Kriegselefanten umfasste.

Bei einem Vorstoß nach Westen fügte Chandragupta auch einem von Alexanders Generälen, Seleukos I. Nikator (ca. 358–281 v. Chr.), eine demütigende Niederlage zu. Der griechische General, der versucht hatte, die von Alexander eroberten, aber in der Zwischenzeit verlorenen Gebiete zurückzugewinnen, war gezwungen, einen großen Teil des heutigen südlichen und östlichen Afghanistans preiszugeben – im Tausch gegen gerade einmal 500 Elefanten. Besiegelt wurde die Übereinkunft, mit der die beiden Anführer den Konflikt beilegten, wohl durch eine Eheschließung.

Als Zeichen seines guten Willens schickte Seleukos seinen Botschafter Megasthenes (ca. 350–290 v. Chr.) nach Pāṭaliputra. Auf seiner Reise durch Indien verfasste Megasthenes die erste detaillierte, von einem ausländischen Reisenden verfasste Beschreibung des Landes. Der Originaltext seiner *Indiká* ist nicht überliefert, allerdings sind Fragmente in den Schriften von Strabon, Plinius, Arrian und anderen erhalten. Wie er »dieses mystische und magische Land« beschrieb, war nicht immer an Fakten orientiert, denn das, was Megasthenes nicht mit eigenen Augen beobachtet hatte, entlehnte er überlieferten Legenden – und darin war von Menschen die Rede, die keinen Mund besaßen und sich allein vom Duft ernährten, der beim Braten von Fleisch entstand oder gar Früchten und Blumen entströmte, von den Hyperboreern, die tausend Jahre alt wurden, sowie von anderen mit so großen Ohren, dass sie sich in die Ohrmuscheln wie in eine Decke einwickeln konnten.

Für Historiker durchaus von Wert sind jedoch die von Megasthenes verfassten Schilderungen des Lebens am Hof des Herrschers ›Sandrokottos‹, das nach seinen Worten »von der Zurschaustellung von Barbarei und Verschwendung« geprägt war. Auch wenn wir miteinrechnen, dass er dann und wann übertrieben haben mag, geht aus seinen Schriften doch deutlich hervor, dass Pāṭaliputra eine der größten Städte der antiken Welt war. Ganz anders als die hektische und überfüllte moderne Stadt Patna, die auf ihren Ruinen steht, hatte die antike Stadt Seen und Gärten zu bieten, deren Springbrunnen für angenehme Kühle sorgten, und üppig blühende Lotusblumen, Jasmin und Hibiskus. In Chandraguptas ganz aus Holz gebautem Palast gab es »Becken und Kelche aus Gold, von denen einige sechs Fuß breit waren, reich geschnitzte Tische und Thronsessel, Gefäße aus indischem Kupfer, die mit Edelsteinen besetzt waren, und prächtig bestickte Gewänder waren in Hülle und Fülle zu sehen und trugen zum Glanz der öffentlichen Zeremonien bei«. Zu den Vergnügungen gehörten Gladiatorenkämpfe, Ochsenrennen und königliche Jagden.

Megasthenes beschreibt eine gut funktionierende staatliche Verwaltung, vom Herrscher selbst geleitet, der so sehr in die Organisation des Staatswesens – und seiner eigenen Sicherheit – eingebunden war, dass er pro Nacht kaum mehr als vier Stunden Schlaf bekam. Wachen begleiteten ihn auf Schritt und Tritt. Sein bevorzugtes Transportmittel war eine von Elefanten getragene

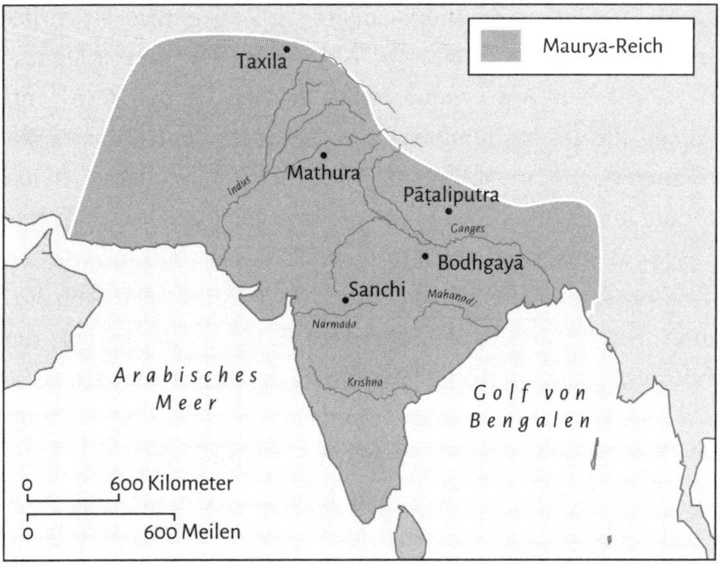

goldene Sänfte, beschattet von Sonnenschirmen, die weibliche Bedienstete aufgespannt darüber hielten. Obwohl er nur 25 Jahre regierte, wurde Chandragupta als Indiens »Julius Cäsar« bekannt, als ein Mann, der kein Blutvergießen für seine Kriegsziele scheute und mit eisernem Willen regierte. Nachdem er die griechischen Garnisonen aus dem Nordwesten vertrieben hatte, dehnte er sein Territorium auf den größten Teil Nordindiens aus, vom Arabischen Meer bis zum Golf von Bengalen. Da das Maurya-Reich nun ein derart großes Territorium umfasste, wurde es zum ersten multiethnischen Königreich in Indien. Unter Chandraguptas Enkel Aśoka dehnte es sich so weit aus, dass es im 3. Jahrhundert v. Chr. beinahe den gesamten Subkontinent umfasste und den modernen Grenzen Indiens schon recht nahekam, auch wenn es bis zur Herrschaft des Großmoguls Aurangzeb im späten 16. Jahrhundert dauern sollte, bis sich wieder so ein großer zusammenhängender Herrschaftsbereich ausbilden sollte.

Megasthenes und einige andere antike griechische Schriftsteller waren lange die einzigen Autoritäten zur Maurya-Dynastie, abgesehen von vereinzelten indischen Dramatikern – bis Anfang des 20. Jahrhunderts ein Brahmanengelehrter aus Tanjore mit einem Manuskript aus getrockneten Palmblättern in der Orientalistik-Bibliothek der Regierung von Mysore auftauchte. Dieses Manuskript entpuppte sich als das *Arthaśāstra*, dessen Titel unter anderem mit »Lehrbuch der Politik« oder »Abhandlung über den Erfolg« übersetzt wird. Es ist eine der wichtigsten Informationsquellen über Verwaltung, Recht und Handel sowie Krieg und Frieden im Indien vor unserer Zeitrechnung und wird Chandraguptas brahmanischem Berater Kauṭilya (375–282 v. Chr.) zugeschrieben, dessen Name mit ›krumm‹, ›verbogen‹ oder ›verschlagen‹ übersetzt werden kann. Neuere Forschungen legen nahe, dass das *Arthaśāstra* im 2. oder 3. Jahrhundert n. Chr. von mehreren Autoren umfassend überarbeitet wurde.

Als klaren Leitsatz des *Arthaśāstra* identifiziert der indische Wirtschaftswissenschaftler und Nobelpreisträger Amartya Sen: »Macht ist Recht«. Andere haben die Schrift mit *Die Kunst des Krieges* von Sunzi verglichen und sehen darin ein Handbuch für aufstrebende Unternehmer, die »in einem wettbewerbsorientierten und sich dem Welthandel öffnenden Land Reichtum anhäufen wollen«. Wer einem anderen Fürsten vertraue, beschwöre den eigenen Tod herauf. Die Staatskunst dürfe sich niemals Moralvorstellungen unterordnen. Sich auf Intrigen zu verstehen, sei eine weitaus bessere Qualifikation für die Königswürde als Macht oder Leidenschaftlichkeit. Für die Staatskunst sah Kauṭilya Intrigen als so grundlegend an, dass er empfahl, Kurtisanen als Spione oder Informanten einzusetzen. Durch Spione ließen sich auch Fehlinformationen streuen und Panik unter den feindlichen Truppen verbreiten oder Zuversicht bei den eigenen Soldaten wecken – indem Berichte über Siege lanciert würden oder das Gerücht, dass Astrologen die angebliche Allwissenheit des Königs verkündet hätten.

Der Soziologe Max Weber fand angesichts der Radikalität des *Arthaśāstra* sogar Machiavellis Traktat *Der Fürst* »harmlos«. Nirgendwo wurde dies deutlicher als in Kauṭilyas Ratschlägen für das Streben nach Macht. Der Begriff, den er für den König beziehungsweise den Machthaber wählt, ist *Vijigīṣu*, was so viel bedeutet wie ›der von Expansionsdrang Getriebene‹. Doch auch wenn expansive Politik den Kern von Kauṭilyas Vision ausmacht, sah sich der König stets mit dem Dilemma konfrontiert, dass er versuchen musste, seine Macht mit der religiösen Autorität zu verbinden, die der Priesterorden der Brahmanen für sich beanspruchte. Der Politikwissenschaftler Sunil Khilnani schreibt: »Um Legitimität zu erlangen, muss ein Herrscher zeigen, dass er sich nicht für weltliche Macht um ihrer selbst willen interessiert, und eine entsagende Haltung an den Tag legen – aber niemals so sehr, dass sein Streben nach Macht behindert wird. Der nicht enden wollende Kampf um dieses Gleichgewicht ist auch heute noch eine Herausforderung für die indischen Machthaber.«

Kauṭilya über Korruption: »So wie man nicht wissen kann, ob Fische, die sich im Wasser bewegen, Wasser trinken, so kann man auch nicht wissen, ob Beamte, die mit der Ausführung von Aufgaben betraut sind, Geld veruntreuen.«

Kauṭilya über Macht: »Ein Herrscher sollte sein Volk durch Verführung für sich gewinnen: Ein König sollte wissen, wie man Zaubertricks vorführt und sich mit einer Aura von Wunderkräften umgibt, und sollte großzügig Gebrauch von Manipulation machen.«

Die Legende besagt, dass Chandragupta um 297 v. Chr. abdankte. Warum er dies auf dem Höhepunkt seiner Macht tat, dazu gibt es unterschiedliche Überlieferungen. Nach einer Jain-Legende besteht ein Zusammenhang mit einer Prophezeiung seines spirituellen Beraters, wonach sein Königreich als Vergeltung für die während seiner Herrschaft verübte Gewalt von einer zwölfjährigen Hungersnot heimgesucht werden würde. Dieser Legende zufolge konvertierte Chandragupta zum Jainismus und reiste zusammen mit einer Gruppe von Mönchen nach Südindien, bis sie schließlich in Śravaṇa Beḷagoḷa Halt machten, wo er der Legende nach den letzten Akt der Entsagung vollzog und bis zum Tod fastete.

Aśoka: der »größte aller Könige«

Was wir über das nächste Kapitel der indischen Geschichte wissen, verdanken wir vor allem der forensischen Arbeit der Nachfolger von William Jones in der *Asiatic Society*. Im Jahr 1837 entzifferte James Prinsep (1799–1840) bei der Untersuchung von Inschriften auf den Steingeländern eines buddhistischen Stupas in Sanchi zwei Buchstaben eines Alphabets. Sie reichten aus, um die Sprache als Pāli zu identifizieren. Danach begann er, weitere Inschriften zu entziffern, die über den ganzen Subkontinent verstreut waren. Einige befanden sich auf Felsblöcken, andere an Felswänden. Am beeindruckendsten waren jedoch diejenigen auf massiven zylindrischen Säulen. Die Theorien zur Bedeutung der Inschriften reichten von obskuren vedischen Beschwörungsformeln bis hin zu eigentümlichen indischen Versionen der Zehn Gebote. Für Prinsep war jedoch bald klar, dass es sich um Edikte handelte, die die Anweisungen eines einzigen Herrschers verkündeten. Die meisten begannen mit den Worten »So spricht

Devanāmpiya Piyādassi«. In den buddhistischen Chroniken Ceylons war von einem König Sri Lankas namens Piyādassi die Rede und davon, dass es einen indischen Herrscher gleichen Namens gebe, der den Buddhismus verfechte und über ein riesiges Königreich herrsche. Doch erst zu Beginn des 20. Jahrhunderts wurde Devanāmpiya Piyādassi, der »von den Göttern Geliebte und den Menschen Gnädige«, als der imperiale Herrscher Aśoka identifiziert.

In der *Geschichte unserer Welt* von H. G. Wells firmiert Aśoka als »der größte aller Könige«, weil er dem Krieg abschwor, den Buddhismus annahm und erklärte, dass alle seine Eroberungen »fortan nurmehr Eroberungen der Religion sein sollten«. Für den Historiker A. L. Basham überragt Aśoka »die anderen Könige des alten Indiens, und sei es nur aus dem Grund, dass er der einzige unter ihnen ist, dessen Persönlichkeit mit einem gewissen Grad an Sicherheit rekonstruiert werden kann«. In seiner Charakterskizze beschreibt Basham Aśoka als einen Mann, der »ein wenig naiv, oft ziemlich selbstgerecht und aufgeblasen, aber unermüdlich, willensstark und autoritär« gewesen sei.

Als Aśoka um 268 v. Chr. den Thron bestieg, erbte er ein Reich mit einer geschätzten Bevölkerung von 50 Millionen Menschen samt einer erheblichen sozialen, religiösen und ethnischen Heterogenität. Das Gebiet um Magadha und die westliche Gangesebene standen weitgehend unter dem Einfluss der āryanischen Kultur. Die weiter westlich und nördlich gelegenen Gebiete pflegten Kontakt mit der hellenisierten Kultur Afghanistans, während der Süden seine einzigartige vor-āryanische dravidische Zivilisation hatte. Größe und Vielfalt des Reiches erforderten einen starken Regierungsapparat, der mit der entsprechenden Autorität auftreten konnte. Es wurden Straßen gebaut und mit schattenspendenden Bäumen gesäumt, auch für Brunnen und Raststätten im Abstand von einem Tagesmarsch war gesorgt.

Aśoka ordnete auch den Anbau von Heilkräutern an. Um ein so großes Reich zu verwalten, ernannte er *Dhamma mahāmāttas*, ›Aufseher des Gesetzes‹, die durch sein Reich reisten und sicherstellten, dass die lokalen Beamten ihre Pflicht erfüllten. Ein wesentlicher Bestandteil des imperialen Projekts waren seine Edikte. Sie wurden in oder in der Nähe wichtiger Bevölkerungszentren angebracht, und ihre Botschaften sollten fortbestehen, »solange meine Söhne und Urenkel regieren, [und] solange die Sonne und der Mond fortbestehen«.

Obwohl Aśoka vor allem dafür in Erinnerung geblieben ist, dass er in der Politik auf Überzeugung anstatt auf Zwang setzte, begann seine Herrschaft gewaltsam. In Girnar in Westindien schildert ein in den Fels gehauenes Edikt, dass bei der Eroberung des Königreichs Kalinga durch Aśoka 100 000 Menschen abgeschlachtet wurden. Viele weitere starben wahrscheinlich an Hunger und Krankheiten, eine Katastrophe, die in Aśoka Gefühle der »Reue, der tiefen Trauer und des Bedauerns« weckte, wie es in dem Edikt heißt.

Die meisten der 33 bisher entdeckten Edikte sind in Prākrit verfasst, das die Dialekte der mittelindischen Volkssprachen umfasst und für die breite Bevölkerung leichter verständlich war als das literarische Sanskrit oder das Pāli, das in den buddhistischen Texten Ceylons verwendet wurde. Im westlichen Teil Indiens sind die Edikte in Griechisch oder in Aramäisch geschrieben, der Verkehrssprache des persischen Reiches. Die unter Aśoka aufgestellten Säulen sind auch aufgrund ihrer künstlerischen Schönheit bemerkenswert. Sie sind mit lebensechten Abbildungen von Löwen und Stieren gekrönt, hergestellt wahrscheinlich von versierten Steinmetzen, die nach dem Fall des Achämenidenreiches aus Persien nach Indien eingewandert waren. Einige der aus einem einzigen Stein gehauenen Säulen sind 12 oder sogar 15 Meter hoch. Abgebaut wurden die Steine in Chunar in der

Nähe von Varanasi, von dort wurden die bis zu fünfzig Tonnen schweren Säulen Hunderte von Kilometern zu geographisch wichtigen Orten transportiert.

Die Säulen und die in den Fels gehauenen Edikte waren wahrscheinlich durch die monumentalen Inschriften von Darius I. von Persien inspiriert, doch preisen sie nicht den Herrscher und seine Größe, sondern erläutern seine Dharma-basierte Politik. Das wichtigste Prinzip des *Dharma* war Toleranz, sowohl gegenüber den Menschen als auch gegenüber ihren Überzeugungen und Ideen. Wie Aśoka erklärte, bedeutete dies »Rücksichtnahme gegenüber Sklaven und Dienern, Gehorsam gegenüber Mutter und Vater, Großzügigkeit gegenüber Freunden, Bekannten und Verwandten sowie gegenüber Priestern und Mönchen«. Ein weiterer Grundsatz war die Gewaltlosigkeit. Wo immer möglich, sollten Eroberungen mit Milde durchgeführt werden. Indem er ein Beispiel für eine aufgeklärte Regierung gab, glaubte Aśoka, werde er die benachbarten Königreiche von den Vorzügen seiner Politik überzeugen und sie veranlassen können, sich

Die berühmteste Säule aus Aśokas Regierungszeit ist in Sarnath entdeckt worden und zeigt ein Kapitell mit Löwendarstellungen: Vier Löwen blicken in alle Richtungen und stehen dabei auf dem *Dharma Chakra* (sprich dem ›Rad des Gesetzes‹). Das Chakra wurde zum offiziellen Emblem des unabhängigen Indiens und ziert Münzen, Banknoten, Briefmarken und Siegel. Auch auf der indischen Flagge ist es zu finden.

seinem Reich anzuschließen, um eine Art aufgeklärte Konföderation zu bilden.

Die indische Staatskunst, die bis dahin auf der Doktrin der Ausdehnung eines Reiches durch gewaltsame Eroberungen beruht hatte, erfuhr eine grundlegende Revision. Beeinflusst von buddhistischen Ideen kam Aśoka zu der Überzeugung, dass Eroberungen auf dem Gesetz der Frömmigkeit fußen sollten. Er schaffte Tieropfer ab und schränkte den Fleischkonsum ein. Die königlichen Jagden wurden eingestellt. Explizit vom Schlachten ausgenommen wurden u. a. Sittiche, Tauben, Fledermäuse, Ameisen, Schildkröten, Eichhörnchen, Kühe, Nashörner und Ziegen. Da er das Prinzip der *Ahimsā* derart propagierte, entschlossen sich viele seiner Untertanen zu einer vegetarischen Lebensweise.

Zweites frühes Felsenedikt: »Vater und Mutter ist zu gehorchen; der Respekt vor den Lebewesen muss durchgesetzt werden; es muss die Wahrheit gesagt werden. Nach dem Gesetz der Pflicht sind dies die Tugenden, die praktiziert werden müssen. In ähnlicher Weise muss der Lehrer vom Schüler verehrt werden, und den Verwandten gegenüber muss angemessene Höflichkeit gezeigt werden. Dies ist die uralte Norm der Pflichterfüllung, die zu einem langen Leben führt, und danach müssen die Menschen handeln.«

Aśokas Vermächtnis besteht vor allem darin, dass in seiner Herrschaftszeit der Buddhismus von einer lokal begrenzten indischen Sekte zu einer Weltreligion wurde. Er ließ die acht Stupas in der Region Bihar öffnen, in denen die Asche Buddhas beigesetzt worden war, und ordnete an, die Asche solle über sein ganzes Königreich verteilt aufbewahrt werden. Schlussendlich kam viel davon nach Taxila, das durch eine der während Chandraguptas Herrschaft errichteten imperialen Landstraßen mit

Pāṭaliputra verbunden war. Aśoka ließ auch Höhlen an mehreren über sein Reich verstreuten Orten anlegen, die als Meditationsorte für buddhistische und Jain-Mönche dienten. Die Höhlen in den Barabar-Bergen in der Nähe von Bodhgayā kamen später zu internationalem Ruhm, als sie E. M. Forster in seinem 1924 erschienenen Roman *Auf der Suche nach Indien* als »Klausen von Marabar« zu einem zentralen Ort der Handlung machte. Um 250 v. Chr. berief Aśoka ein großes Konklave in Pāṭaliputra ein, auf dem der Pāli-Kanon kodifiziert wurde. Die Mitglieder des *Saṇgha* wurden beauftragt, den Buddhismus in ganz Indien und darüber hinaus zu verbreiten.

Dass es in dieser Zeit tatsächlich zu einer solchen Verbreitung des Buddhismus kam, belegt eine von indischen Kaufleuten im 2. Jahrhundert v. Chr. in Alexandria gegründete blühende buddhistische Kolonie. Angesichts dieser Kolonie klagte der Gouverneur der Stadt, dass »die Griechen ihre Philosophie von den Barbaren gestohlen« hätten. Neuere Forschungen weisen auf verblüffende Ähnlichkeiten zwischen den buddhistischen Jātaka-Erzählungen und christlichen Gleichnissen sowie Wundergeschichten hin. In einer Jātaka-Erzählung wandelt etwa ein frommer buddhistischer Schüler auf dem Wasser – allerdings nur so lange, bis ihn sein Glaube verlässt. In einer anderen Legende speist der Buddha 500 seiner Anhänger mit einem einzigen Stück Brot aus seiner Bettelschale. Ein weiteres buddhistisches Werk weist große Ähnlichkeiten mit der alttestamentarischen Geschichte vom verlorenen Sohn auf. Vincent Smith schreibt dazu: »Das aufkeimende Christentum traf in den Akademien und Handelsplätzen Asiens und Ägyptens auf den ausgereiften Buddhismus, wobei beide Religionen den Einflüssen des sie umgebenden Heidentums in vielfältiger Form ausgesetzt waren, darunter die zahllosen Kunstwerke, die den verschiedenen Spielarten des Polytheismus Ausdruck verliehen.«

Frieden und Wohlstand, wie sie sich unter Aśokas Herrschaft herausgebildet hatten, waren nur von kurzer Dauer. Obwohl er zur Verbreitung der Lehren des Buddha ›Beauftragte für Rechtschaffenheit‹ einsetzte, begann die in der indischen Gesellschaft tiefverwurzelte Schichtung allmählich seine Botschaft zu untergraben. Als Aśoka um 232 v. Chr. starb, zeichnete sich ab, dass das Maurya-Reich zerbrechen würde. Seine Söhne stritten um die Nachfolge. Dass Aśoka sich für den Verzicht auf weitere Eroberungen starkgemacht hatte, geriet in Vergessenheit, und der Krieg wurde wieder zur Norm. »Grob gesagt«, stellt A. L. Basham bedrückt fest, »ist die Geschichte Indiens nach der Maurya-Zeit eine Geschichte der Kämpfe zwischen der einen und anderen Dynastie um die Vorherrschaft in der Region, und so ging die politische – wenn auch nicht die kulturelle – Einheit Indiens für fast 2000 Jahre verloren.«

Die Gründe für den Niedergang des Maurya-Reiches sind nach wie vor umstritten. Einige Historiker argumentieren, Aśokas Sympathie für den Buddhismus sei bei der brahmanischen Priesterkaste auf Ablehnung gestoßen. Andere meinen, dass seine Politik der Gewaltlosigkeit die Wehrkraft seines Staates geschwächt und sein Reich für Invasoren aus dem Westen verwundbar gemacht habe. Die Schwierigkeit, in einem so großen Gebiet ein Nationalgefühl zu schaffen, wird als weiterer Grund angeführt. Letztlich könnte es durchaus an ganz simplen gesamtwirtschaftlichen Problemen gelegen haben, denn Historiker verweisen auf die Entwertung der Silbermünzen in der späteren Maurya-Periode, die sie als Anzeichen dafür sehen, dass es der weitgehend auf Landwirtschaft basierenden Ökonomie nicht mehr möglich gewesen sei, die noch auf Chandragupta zurückgehende Streitmacht und die massiv ausgebaute Bürokratie zu finanzieren.

Das Zeitalter der Übergriffe von außen

Die Epoche nach der Maurya-Ära wird oft als Indiens »dunkles Zeitalter« bezeichnet – ein ziemlich hartes Urteil. Zwar verwüsteten Nomadenkrieger aus Zentralasien sowie griechische Abenteurer in wiederkehrenden Wellen Indiens Städte und Ortschaften, aber es gab in dieser Zeit auch aufgeklärte Herrscher. Der Buddhismus prosperierte in der Region, in der er entstanden war, und breitete sich in die Nachbarländer aus. Und die griechisch-baktrischen Könige brachten westliche Theorien zu Astrologie und Medizin in die Region. Der indische Handel mit Vorderasien und dem Mittelmeerraum florierte dermaßen, dass sich die Senatoren im alten Rom beschwerten, die Frauen würden ihr ganzes Geld für indische Luxusgüter wie Seide und Schmuck verschwenden. Indien sei zum »Abfluss für das Gold der Welt« geworden, klagte etwa Plinius der Ältere im Jahr 77 n. Chr. Ein Großteil dieses Goldes stammte ursprünglich aus den sagenumwobenen Minen von Kolar in Südindien. Von dort aus hatte es seit den Tagen der Harappā-Zivilisation seinen Weg nach ganz Asien, Europa und Afrika gefunden.

Auch Ereignisse, die sich Tausende von Kilometern nordöstlich von Indien abspielten, begannen nun, sich auf die Geschichte des Subkontinents auszuwirken: In China war der erste Abschnitt der Großen Mauer errichtet worden, um eine Reihe von marodierenden Stämmen abzuwehren. Einer dieser Stämme, die um 165 v. Chr. zur Umkehr gezwungen wurden, waren die Yuezhi. Auf ihrem Weg nach Westen verdrängten sie andere Stämme, bis sie sich in Baktrien niederließen, wo zuvor der Stamm der Saken die Reste der griechischen Siedler vertrieben hatte, die nach Alexanders Rückzug zunächst in der Region geblieben waren.

Nach dem Verlust ihrer Festungen in Baktrien blieb den griechischen Siedlern nichts anderes übrig, als sich mit den überwiegend buddhistischen Bewohnern der Gandhāra-Region im Norden Pakistans rund um die Stadt Taxila zu arrangieren, während weiter südlich buddhistische Gelehrte zu Beratern der dortigen griechischen Herrscher ernannt wurden. Diese für beide Seiten vorteilhafte Verbindung stellte sicher, dass die spirituellen, sozialen, wirtschaftlichen und kulturellen Belange der buddhistischen Gemeinschaft Berücksichtigung fanden. Offizielle Dokumente wurden in griechischer Sprache verfasst und griechische Münzen eingeführt. Eine einzigartige Schule der Bildhauerei begann zu florieren, die die griechische Ästhetik mit spezifisch indischen Motiven verband.

Im späten 1. Jahrhundert zog einer der Yuezhi-Clans, die Kuschāṇ, nach Gandhāra und dann nach Nordwestindien, wodurch sie die Kontrolle über zwei wichtige Handelsrouten nach Asien erhielten. Wie die Āryaner eineinhalb Jahrtausende zuvor waren sie hervorragende Reiter. Ob sie von einem der etablierten Herrscher als Verbündete gerufen worden waren oder als Invasoren oder gar als Flüchtlinge kamen, ist aufgrund der spärlichen historischen Quellen umstritten.

Die Kuschāṇ-Herrscher nannten sich selbst »Söhne des Himmels« und übernahmen den Titel von chinesischen Herrschern dieser Zeit. Als um 127 n. Chr. mit Kaniṣka (Regierungszeit 127–150 n. Chr.) ihr berühmtester Herrscher an die Macht kam, regierte er ein Reich, das sich von Kashgar bis zum Gangesbecken erstreckte. Seine beiden Hauptstädte waren Puruṣapura, das heutige Peschawar, und Mathura am Ufer des Yamuna in Nordindien.

Wie Aśoka konvertierte auch Kaniṣka zum Buddhismus. Er berief ein großes buddhistisches Konklave in Kaschmir ein, an dem mehr als 500 Mönche teilnahmen, die sich den buddhistischen Kanon in einer gründlichen Überprüfung vornahmen. Die Klöster entwickelten sich zu blühenden Wirtschaftsunterneh-

Im Jahr 1911 entdeckten Archäologen eine Statue von Kaniṣka, der jedoch der Kopf fehlte. Erkennbar war, dass die Figur einen Kuschāṇ-Kaftan und Reitstiefel trug sowie einen Zeremonienstab in der einen, ein Breitschwert in der anderen Hand. Eine fast identische Statue, die sich im Museum von Kabul befunden hatte, wurde 2001 von den Taliban zerstört.

men, die vom Handel bis hin zum Brauen und Destillieren von Alkohol jedes Vorhaben angingen, das es ihnen ermöglichte, ihre Mission zur Verbreitung der buddhistischen Lehre in ganz Zentralasien und China zu finanzieren. In der zweiten Hälfte seiner Regierungszeit ließ Kaniṣka Münzen prägen, die sowohl eine griechische Inschrift als auch das Bild Buddhas zeigten, auf weiteren Münzen waren Gottheiten aus Persien, Rom und Griechenland sowie aus dem indisch-brahmanischen Kosmos abgebildet.

Ein weiterer Beitrag Kaniṣkas zur indischen Zivilisation war seine Förderung der Kunst graeco-buddhistischen Stils und der buddhistischen Architektur. In der Gandhāra-Region zeugen stehende Buddha-Figuren in fließenden, togaähnlichen Gewändern sowie mit ausgeprägt mediterranen Frisuren und Gesichtszügen vom Einfluss der griechisch-römischen Kunst.

Angefertigt wurden die Skulpturen wahrscheinlich von römischen Bildhauern, die über die Seidenstraßen eingewandert waren, die im Nordwesten Indiens zusammenliefen. Die Region um Taxila wurde zum Kernland des Buddhismus. Die Landschaft war von Hunderten von Stupas geprägt, von kleinen Andachtsschreinen bis hin zum höchsten Gebäude der antiken Welt, einem 170 Meter hohen Turm, der mit 13 abgetreppt übereinander gesetzten Schirmen, vergoldet und mit Juwelen besetzt, die Besucher in Puruṣapura schon von Weitem begrüßte.

Neben der Förderung des Buddhismus hat die indische Zivilisation abgesehen vom Einsatz berittener Kavallerie in der Kriegsführung wenig von diesen nomadischen Eindringlingen übernommen. Über Kaniṣkas unmittelbare Nachfolger ist fast nichts bekannt, und das von ihm gegründete Reich zerfiel schließlich. Der Verbreitung des graeco-buddhistischen Kunststils tat das jedoch in Afghanistan und Kaschmir keinen Abbruch. An der Karawanenroute zwischen Baktrien und Taxila lag das im 2. Jahrhundert gegründete buddhistische Klosterzentrum von Bamiyan. Die heiligen Grotten, die als klösterliche Rückzugsorte in die Felswände des engen Tals von Bamiyan gegraben worden waren, existieren noch immer, aber die drei kolossalen Buddhastatuen, von denen die größte eine Höhe von 53 Metern erreichte, fielen den Taliban-Ikonoklasten zum Opfer und wurden im März 2001 in die Luft gesprengt – ein Ereignis, das den Tiefpunkt eines noch weit dunkleren Zeitalters markierte, als Indien es in der ersten Hälfte des 1. Jahrtausends erlebt hatte.

Kapitel 3
Das klassische Zeitalter

»Vollendung ist erreicht«, lautet eine Inschrift aus dem 5. Jahrhundert, die auf dem Geländer eines buddhistischen Stupas in Sanchi in Zentralindien eingraviert ist. Die Inschrift entstand auf dem Höhepunkt dessen, was heute nostalgisch als Indiens Goldenes Zeitalter (320–550 n. Chr.) bezeichnet wird. Diese auch als klassisches Zeitalter bezeichnete Epoche war eine Periode beispiellosen wirtschaftlichen Wohlstands. Die Wissenschaft blühte auf, der Handel florierte und die Kriminalität war minimal. Eine aufgeklärte Bürgerschaft finanzierte kostenlose Krankenhäuser für die Armen. Die einer Person auferlegte Pflicht, das *Dharma*, wurde im *Manusmriti*, dem ›Gesetzbuch des Manu‹ festgelegt. Sobald die Pflicht erfüllt war, wurde der Weg zum Vergnügen in Texten wie dem *Kāmasūtra* aufgezeigt. Spirituelle Anleitung fand man in leichter zugänglichen Hindu-Texten wie den *Purāṇas*, einer Sammlung von Legenden und moralischen Geboten, sowie in epischen Gedichten, etwa dem *Mahābhārata* und dem *Rāmāyaṇa*.

Den Grundstein für dieses ideale Zeitalter legte Chandragupta I. (Regierungszeit 319–350 n. Chr., nicht zu verwechseln mit dem Maurya-Herrscher gleichen Namens), als er 319 n. Chr. den Thron von Magadha bestieg. Die Ursprünge der Gupta-Dynastie, des ersten panindischen Reiches seit den Zeiten der Maurya-Dynastie, sind unklar. Die wenigen vorhandenen Quellen legen nahe, dass Chandragupta I. aus einer reichen Großgrundbesitzerfamilie stammte, eine Prinzessin aus dem gut vernetzten Stamm der Licchavi heiratete und Herrscher von Magadha wurde, als Pāṭaliputra noch die Hauptstadt des Reiches war. Diese Vernunftehe wurde durch die Ausgabe von Münzen zelebriert, auf denen der neue König und seine Königin abgebildet waren, was in den Annalen der indischen Numismatik beispiellos ist.

Es war sein Sohn und Nachfolger Samudragupta (Regierungszeit 350–375), der das Reich vergrößerte und einen Regierungsapparat einrichtete, der es prosperieren ließ. Den Großteil der Informationen zu seinen Eroberungen verdanken wir einer langen Inschrift auf einer Steinsäule, die zu Beginn des 19. Jahrhundert in Allahabad (heute amtlich Prayagraj) entdeckt wurde. Die Inschrift listet die Eroberungskriege auf, mit denen er seine Herrschaft im Norden bis zu den Ausläufern des Himalaya und im Süden bis nach Kanchipuram, der Hauptstadt des Pallava-Königreichs in Südindien, ausdehnte. Demographen schätzen die Bevölkerung des Subkontinents zu dieser Zeit auf etwa 75 Millionen Menschen. Einer seiner Beinamen tituliert Samudragupta als »Eroberer der vier Viertel der Erde«, eine Anspielung auf Herrscher in Nepal, Sri Lanka und möglicherweise Südostasien, die seine Macht anerkannten. Von Münzen, die während seiner Herrschaft geprägt wurden, wissen wir, dass Samudragupta sich selbst als eine lebendige Manifestation des Gottes Viṣṇu sah. Andere Münzen zeigen ihn, wie er einen Löwen tötet, wie er mit Pfeil und Bogen kämpft oder die Laute spielt. Hofchronisten, die in der Regel aufgrund ihrer Bereitschaft ausgewählt wurden, hagiographische Texte anzufertigen, lobten seine Poesie und seine Kenntnis der Hindu-Schriften. Sein Eintreten für den Hinduismus und sein Streben nach *Dharma* machen ihn bei den heutigen Hindu-Nationalisten beliebt, die in ihm das klassische Ideal des Königtums verkörpert sehen. Die Ausdehnung seines Reiches wird als Beweis dafür angeführt, dass nicht nur Ausländer Indien erobern konnten.

Abgelöst wurde Samudragupta von Chandragupta Vikramaditya (Regierungszeit 375–415), der sich wie sein Vater als Förderer der Künste und Wissenschaften betätigte. Während seiner Herrschaft wurde die buddhistische Universität in Nalanda gegründet, und er unterstützte Dichter wie Kālidāsa. Als Chandragupta II. regierte er etwa 35 Jahre lang und dehnte die Grenzen des Königreichs nach Westen in Richtung Sindh und der Küstenregion Konkan aus. Außerdem verlegte er seine Hauptstadt nach Ayodhya, an den legendären Geburtsort des Hindu-Gottes Rama.

Die Verwaltung war unter Chandragupta II. weitaus dezentraler organisiert als zur Zeit der Maurya-Dynastie; Beamten auf regionaler und lokaler Ebene wurden beträchtliche Befugnisse übertragen. Sobald ein Gebiet unter die Kontrolle der Gupta kam, wurden die vormaligen Fürsten in der Regel wieder eingesetzt und in Ruhe gelassen, solange sie dem imperialen Herrscher einen Tribut zahlten und ihm ihre künftige Treue schworen. Der Handel florierte: Gewürze, Textilien, Elfenbein, Edelsteine, Parfüm und Heilkräuter wurden auf dem Seeweg zu Häfen in Südostasien, an der ostafrikanischen Küste entlang sowie in die Golfregion gebracht, aber auch auf dem Landweg über die zum verzweigten Netz der Seidenstraßen gehörenden Handelsrouten transportiert.

Mit dem Handel kam der wissenschaftliche Austausch. Auf indische Mathematiker geht die Notation der Ziffern von eins bis neun und das Konzept der Null zurück – einer der bedeutendsten Beiträge Indiens zum Weltwissen. Āryabhata (476–550) stellte die Theorie auf, die Erde sei eine Kugel, die sich um ihre Achse drehe, und berechnete die genaue Länge eines Tages mit einer Abweichung von weniger als einer Sekunde. Außerdem deuteten für ihn alle Anzeichen darauf hin, dass die Ausrichtung von Sonne, Mond und Erde zu Sonnen- und Mondfinsternissen führe und dafür nicht der mythologische Dämon Rahu verantwortlich sei. Er führte auch die Leuchtkraft des Mondes sowie der Planeten korrekt auf das von ihnen reflektierte Sonnenlicht zurück und berechnete die Zahl Pi auf vier Dezimalstellen genau. Als Indien 1975 einen Satelliten in die Erdumlaufbahn schickte und damit in den Wettlauf um den Weltraum einstieg, benannte es den Raumflugkörper nach Āryabhata. Ein weiterer Mathematiker aus der Gupta-Zeit, Brahmagupta (598–665), definierte die Null als das Ergebnis der Subtraktion einer Zahl von sich selbst. Doch die Starrheit des Kastensystems hatte zur Folge, dass dieses Wissen nie über einen kleinen Teil der Gesellschaft hinaus verbreitet wurde.

Das Gupta-Gambit

Historiker datieren die Erfindung des Schachspiels auf die Gupta-Zeit. In einer ersten Version handelte es sich um ein Strategiespiel für vier Spieler namens *Chaturanga*, ein Sanskrit-Wort, das ›vier Gliedmaßen‹ bedeutet, aber auch der Name einer vierseitigen Schlachtformation ist, die im *Mahābhārata* erwähnt wird. Im 7. Jahrhundert hatte sich *Chaturanga* zu einem Spiel mit zwei Spielern entwickelt, das dem heutigen Schach ähnelte: Die Staffelung der Spielbefugnisse der Figuren entsprach ihrer Bedeutung in der Gesellschaft, und den Sieg hatte errungen, wer den König stürzen konnte. In der ursprünglichen indischen Version war der Läufer ein Elefant und die Königin ein königlicher Berater.

Die wachsende Macht der Brahmanen spiegelte sich in der zunehmenden Verwendung des Sanskrit bei der Münzprägung und in der Literatur wider. Das Wiederaufblühen der Sprache personifiziert niemand so sehr wie der Dramatiker und Dichter Kālidāsa, der wahrscheinlich im späten 4. Jahrhundert lebte. Sein berühmtestes Drama, *Śakuntalā*, basiert auf einem Teil des *Mahābhārata* und hat ihm den Titel ›Indiens Shakespeare‹ eingebracht. Als das Werk Ende des 18. Jahrhunderts von William

Jones aus dem Sanskrit übersetzt wurde, offenbarte es der Außenwelt den Reichtum des indischen Literaturkanons. Sanskrit wurde zur Sprache der Gelehrten, wo immer sich der indische Einfluss ausbreitete. Entsprechend stellte der Indologe Sheldon Pollock fest: »Es war nichts Ungewöhnliches, dass ein chinesischer Reisender im 7. Jahrhundert auf Sumatra die Sanskrit-Grammatik studierte, dass ein Intellektueller aus Sri Lanka im 10. Jahrhundert im nördlichen Dekkan eine Literaturtheorie auf Sanskrit niederlegte oder dass Khmer-Fürsten im 12. Jahrhundert politische Gedichte auf Sanskrit für die prächtigen Säulen von Mebon und Pre Rup in Angkor verfassten.«

Der bekannteste Text aus dieser Zeit ist das *Kāmasūtra*, die Abhandlung über die Kunst der Liebe. Über den Autor Vātsyāyana ist nicht viel bekannt, außer dass sein richtiger Name Mallanaga war und dass er Ende des 2. oder Anfang des 3. Jahrhunderts n. Chr. lebte, wahrscheinlich in Pāṭaliputra. Das *Kāmasūtra*, das er während einer Zeit des Zölibats und der tiefen Meditation verfasste, beschreibt eine idealisierte Welt, in der Vergnügen ein legitimer Genuss ist. Obwohl nur eines der sieben Bücher des *Kāmasūtra* sexuelle Stellungen beschreibt, erregte seine Erotik die Phantasie der Öffentlichkeit, als es erstmals im Westen präsentiert wurde. Die Übersetzung des britischen Forschers Richard Burton aus dem Jahr 1883 wurde zu dem Buch, von dem in der viktorianischen Ära die meisten Raubkopien zirkulierten.

Der größte Teil des *Kāmasūtra* handelt von der Kunst, einen Partner zu finden, eine Ehe aufrechtzuerhalten, mit einer Kurtisane zusammenzuleben und Ehebruch zu begehen, ohne entdeckt zu werden – obwohl davon abgeraten wird, den Partner zu betrügen. Das anvisierte Publikum war die reiche städtische Elite, die genügend Zeit und Geld hatte, um sich dem Vergnügen hinzugeben. In der idealen Welt des Textes würde ein wohlhabender Mann ein Haus in einer anständigen Gegend kaufen, vorzugsweise mit einem grünen Garten und in der Nähe eines Flusses. Sein Schlafzimmer wäre parfümiert und sein Bett mit frischen Blumen geschmückt. Jeden Morgen würde er seine Stirn und Schläfen mit Sandelholzöl einreiben sowie seine Augen mit Arzneiwasser pflegen. Seine Tage verbrächte er damit, Papageien das Sprechen beizubringen, bei Hahnenkämpfen zuzuschauen und Gasthäuser oder Vergnügungsetablissements zu besuchen, um über Kunst und Poesie zu sprechen oder Sängern zuzuhören. Später würde er in seinem Haus Weihrauch anzünden, um so seine Geliebte willkommen zu heißen. Wäre sie auf dem Weg zu ihm von einem Regenschauer überrascht worden und hätte sich dabei ihr Make-up verschmiert, würde er es erneut auftragen. Wäre ihr Rock nassgeworden, würde er ein Tuch zur Hand nehmen und sie abtrocknen.

Zum einen betont das *Kāmasūtra* die Zärtlichkeit des Liebesspiels, zum anderen veranschaulichen darin Kratz- und Bissspuren auf der Haut die Intensität der sexuellen Begegnungen. Neben der Beschreibung zahlreicher sexueller Stellungen werden nicht weniger als 26 Arten des Küssens angeführt. Homosexualität wird nur kurz und ohne große Begeisterung erwähnt.

Kāma war nur eine der für das Vergnügen notwendigen Formen von Verhaltensweisen und Wissen. Vātsyāyana bestand darauf, dass *Artha,* der Erwerb von Reichtum und eines der drei grundlegenden Ziele im Leben, zusammen mit *Dharma* (der religiösen Pflicht) vor dem Vergnügen komme. Von vornehmen Hindus wurde zudem erwartet, dass sie sich im Alter religiöse Verdienste erwarben.

Die hinduistische Renaissance

Indische Historiker betrachten das Gupta-Zeitalter als die »Hindu-Renaissance«. Der Buddhismus hatte in Indien seinen Höhepunkt bereits erreicht, auch wenn er sich in Teilen Kaschmirs und Afghanistans noch ausbreitete. Der vormals übliche Vorrang von Opferhandlungen wich neuen Formen der Hingabe, die als *Bhakti* bekannt sind und die eine emotionale Bindung an bzw. Liebe zu einer personifizierten Gottheit betonen. Die beliebtesten Gottheiten waren Brahmā, der Gott der Schöpfung, Viṣṇu und seine zehn Inkarnationen sowie Shiva in seiner Eigenschaft als Schöpfer und Zerstörer. Auch als Trimūrti (kosmische Triade) bekannt, stehen diese drei bis heute im Mittelpunkt des Hinduismus. Aus dem riesigen Pantheon der vedischen Gottheiten fand nur eine Platz in der neuen Ikonographie: Surya, der Sonnengott. Die Gupta-Steinmetze, die ihre künstlerische Ausdrucksfähigkeit bereits bei der Gestaltung von Buddha-Skulpturen und den als Yakshi bekannten weiblichen Figuren verfeinert hatten, schufen die wohl kunstvollsten bildhauerischen Darstellungen hinduistischer Götter, die je angefertigt worden sind.

Die frühesten erhaltenen freistehenden Hindutempel, erbaut als demonstratives Zeichen der Frömmigkeit von Herrschern und Adligen, stammen aus der Gupta-Zeit. Aber erst gegen Ende des 1. Jahrtausends erreichte die Anzahl der erbauten Hindutempel ein Niveau, das mit dem der buddhistischen Stupas vergleichbar war. Noch heute ist es vielen Hindus am liebsten, ihre Opfergaben an einem kleinen Schrein im Innenhof eines Hauses, unter den ausladenden Ästen eines Pepulbaums oder an den Ufern der heiligen Flüsse oder an geweihten Stufenbrunnen darzubringen.

Ungeachtet des rasanten Zulaufs, den der Hinduismus erfuhr, hatte die tolerante Haltung gegenüber anderen Religionen

Dieses in Udayagiri in der Nähe von Bhopal in den Fels gehauene Relief zeigt eine Szene, in der Viṣṇu in Gestalt des kosmischen Ebers Varāha die Erdgöttin vor einem Dämon in Schlangengestalt rettet, der sie im Moment der Schöpfung im kosmischen Ozean zu ertränken versuchte. Das Relief aus dem frühen 5. Jahrhundert gilt als eines der herausragendsten Beispiele für den szenischen Stil in der Gupta-Kunst.

»Alles in diesen Bildern«, so der niederländische Kunsthistoriker Alex Jarl zur Einordnung der Höhlenmalerei bei Ajanta, »von der Gesamtkomposition bis hin zur kleinsten Perle oder Blume, zeugt von tiefem Verständnis, gepaart mit höchstem technischem Können.«

wie dem Buddhismus und dem Jainismus Bestand. Im Jahr 1817 folgte eine Gruppe britischer Soldaten, die im nordwestlichen Dekkan auf Tigerjagd waren, einem Dorfjungen in eine hufeisenförmige Schlucht. Im dichten Unterholz, in das er sie führte, lag versteckt eine Reihe von Höhlen, 28 an der Zahl, in denen sich einige Musterbeispiele indischer Malerei befanden, die zu den ältesten erhaltenen Zeugnissen der Gupta-Kunst gehören. Die wiederentdeckten Bilder sind über mehrere Jahrhunderte hinweg geschaffen worden, die aus dem späten 5. Jahrhundert stammenden gelten dabei als die schönsten: Sie greifen Episoden aus den *Jātakas*, den Legenden über das Leben Buddhas, auf. Der Detailreichtum der Darstellungen lässt auch darauf schließen, dass die ausführenden Künstler große Unterstützung von ihren Mäzenen genossen.

Das Renommee der Periode des Gupta-Reiches als Indiens Goldenes Zeitalter beruht zu einem großen Teil auf den Schriften des chinesischen buddhistischen Pilgers Faxian (337–422), der sechs Jahre lang durch die von Chandragupta II. regierten Gebiete reiste. Faxian schildert eine friedliche und wohlhabende Gesellschaft, in der es, wenn überhaupt, nur wenig Kriminalität gab. Er spricht anerkennend über die zahlreichen wohltätigen Einrichtungen in Pāṭaliputra. Die Gupta-Hauptstadt verfüge über ein ausgezeichnetes Krankenhaus, das allen Patienten kostenlos zur Verfügung stehe und dessen Betrieb von wohltätigen Einwohnern finanziert werde. Vegetarismus werde beinahe allerorten praktiziert, allerdings sei der Verzehr von Zwiebeln und Knoblauch verpönt. Wein sei nicht zu haben, stellte er fest. Anders als in China gebe es nur wenige Vorschriften, auch ein Pass sei nicht erforderlich, um von einem Teil des Gupta-Territoriums in einen anderen zu reisen: »Wer weggehen will, kann gehen; wer bleiben will, kann bleiben.« Müsse Recht gesprochen werden, lasse man bei den Entscheidungen Milde walten; die

Amputation einer Hand sei die schwerste Form der Bestrafung und werde nur selten vollzogen. Erstmals werden Straf- und Zivilrecht offenbar voneinander abgegrenzt. Die Einmischung der Regierung in das tägliche Leben ist auf ein Minimum beschränkt, damit die Bürger in Ruhe ihren Geschäften nachgehen und vorankommen können.

Faxian, Bericht über die buddhistischen Königreiche

»Keiner seiner Untertanen [gemeint ist Chandragupta II.] fällt vom *Dharma* ab; es gibt niemanden, der in Not, in Armut, im Elend lebt, habgierig ist oder, wenn er Strafe verdient hat, übermäßig gequält wird.«

In Faxians Beschreibung einer Gesellschaft, die sich an den Lehren des Buddhismus orientiert, zeigt sich deutlich, dass er nicht religiös unvoreingenommen urteilt. Zwar gab es im Königreich zahlreiche buddhistische Klöster, darunter zwei in der Hauptstadt, die Hunderte von Studenten aus der ganzen buddhistischen Welt beherbergten, aber es hätten sich auch Anzeichen für den Niedergang des Buddhismus finden lassen. Bodhgayā, ein wichtiger Wallfahrtsort, an dem Buddha die Erleuchtung erlangt hatte, war dem Dschungel überlassen worden. Andere heilige Stätten, die mit Buddha in Verbindung gebracht wurden, wie Kapilavastu und Kuśinagara, waren verlassen; lediglich einige Mönche lebten noch dort, die bei gelegentlich vorbeikommenden Pilgern um Almosen bettelten. Faxians Schriften enthalten auch die ersten verschriftlichten Hinweise auf das Prinzip der Unberührbarkeit im Kastensystem. Mitglieder der untersten Kaste, so notierte er, mussten an ein Stück Holz klopfen, um ihre Ankunft anzukündigen, damit andere nicht durch sie rituell verunreinigt wurden.

Zu Beginn des Jahrtausends war die Zusammensetzung der vier *Varṇas* komplexer geworden, denn innerhalb der Gesellschaft hatten sich spezialisierte Gruppen entwickelt, die *Jātis*, die auf Berufen basierten. So wie sich europäische Nachnamen wie Bäcker, Schmied und Töpfer mit einem Beruf in Verbindung bringen lassen, sind indische Nachnamen in der Regel ein Hinweis auf die Kaste. So bezeichnete beispielsweise Bhat traditionell einen Gelehrten, während Yadav einen Viehhirten meinte. Der Einzelne hatte sein Verhalten an den Erwartungen auszurichten, die mit seiner Kastenzugehörigkeit einhergingen. Lebensmittel durften nur mit Mitgliedern der gleichen Kaste geteilt werden. Sexuelle Beziehungen und Eheschließungen zwischen den Kasten waren untersagt. Unberührbare lebten in der Regel auf Distanz zu den höheren Kasten. Selbst der Schatten eines Unberührbaren galt als verunreinigend. Unberührbaren war der Zutritt zu den Tempeln verboten, und sie mussten separate Brunnen benutzen.

Obgleich die rituelle Reinheit derart im Vordergrund stand, war das System nicht starr, und im Laufe der Zeit konnten die Kasten in der Hierarchie aufsteigen, indem sie Bräuche wie den Verzehr von Fleisch aufgaben oder religiöse Rituale besonders strenggläubig praktizierten. Die zahlreichen kriegerischen Auseinandersetzungen, die mit den muslimischen Invasionen ab dem 11. Jahrhundert einhergingen, ermöglichten es den unteren Kasten, ihren Status zu verbessern, indem sie als Soldaten in den Armeen bedrohter Regionen dienten. In jüngerer Zeit haben die Öffnung der Erwerbsmöglichkeiten, die größere Mobilität und die Abwanderung aus den Dörfern in die Städte dazu geführt, dass die Menschen nicht mehr so stark auf die Berufe ihrer Kaste festgelegt sind. Dagegen ist das Stigma der Unberührbarkeit heute auch in den im Ausland lebenden indischen Gemeinschaften verbreitet – ein Umstand, der beispielsweise in Großbritannien zu Forderungen nach einem Gesetz gegen Kastendiskriminierung geführt hat.

Das Zeitalter der Invasoren

Indiens Goldenes Zeitalter war nur von kurzer Dauer. Noch während der Sohn und Nachfolger Chandraguptas II., Kumāragupta (Regierungszeit 415–455), an der Macht war, tauchte – wie üblich auf den Bergpässen im Nordwesten – eine neue Bedrohung auf: die Hūṇas, die mit den barbarischen Horden von Attila dem Hunnen verwandt waren. Ein Trupp der Hunnen war aus der zentralasiatischen Steppe an den Oxus gezogen, ein anderer an die Wolga. Von dort aus fiel diese Gruppe 375 in Osteuropa ein und drängte die Goten südlich der Donau zurück. Diejenigen, die sich am Oxus niederließen, werden insbesondere in griechischen Quellen als die »Weißen Hunnen« bezeichnet. Anfang des 5. Jahrhunderts eroberten sie Kabul und drangen über den Chaiber-Pass nach Südosten vor. Obwohl Kumāraguptas Sohn und Nachfolger, Skandagupta (Regierungszeit 455–467), die erste Welle von Angreifern im Jahr 455 abwehren konnte, brach zwölf Jahre später nach seinem Tod die Zentralgewalt zusammen. Das Gupta-Reich zersplitterte in zahlreiche kleinere Königreiche, wobei einige Herrscher lieber den Invasoren die Treue schworen, als ihr Volk dem Ansturm der grausamen Hūṇa auszuliefern.

Indische Historiker gehen nur selten auf die 75 Jahre ein, in denen die Hūṇa mittels brutaler Unterdrückung herrschten. Die Invasoren nahmen keine Rücksicht auf die Kastenregeln, schändeten heilige Stätten und machten keinen Unterschied zwischen Brahmanen und Unberührbaren. Der skrupelloseste von allen war Mihirakula, der »Attila Indiens«, der ein krankhaftes Vergnügen daran fand, Elefanten die Berghänge hinunterrollen zu lassen. Die Hūṇas hatten eine besondere Abneigung gegen den Buddhismus. Wenn sie neue Gebiete eroberten, gehörten die Mönche zu den Ersten, die abgeschlachtet wurden, was dieser Religion in Nordindien einen fatalen Stoß versetzte, von dem sie sich nie mehr erholte. In buddhistischen Texten wird geltend gemacht, Mihirakula habe zur Strafe für seine Gräueltaten einen grausamen Tod erlitten. Im Moment seines »Abstiegs in die Hölle unendlicher Qualen« habe sich der Tag in die schwärzeste Nacht verwandelt, gefolgt von einem heftigen Sturm und einem Erdbeben.

Schließlich bildete Yaśodharman, ein zentralindischer Herrscher, eine Konföderation, die Mihirakula um 528 besiegte. Die überlebenden Hūṇa wurden in eine Gruppe professioneller Krieger integriert, die als Rajputen bekannt waren.

Im Übrigen liegt das 6. Jahrhundert im Dunklen, und ein klareres Bild der verschiedenen Herrscher, die um die Vorherrschaft konkurrierten, ergibt sich erst wieder in der Mitte des 7. Jahrhunderts. Auch in diesem Fall bieten die Schriften eines chinesischen buddhistischen Pilgers, der seine *Reise in den Westen* festhielt, eine unschätzbare Momentaufnahme dieser Epoche. Xuanzang (ca. 602–664) reiste von 640 bis 644 durch weite Teile Nordindiens, bevor er mit 20 Packpferden, beladen mit buddhistischen Reliquien und Texten, nach China zurückkehrte. Zu dieser Zeit befand sich ein Großteil des Nordens unter der Herrschaft Harṣas (Regierungszeit 606–647), der 606 im Alter von 15 Jahren den Thron bestiegen hatte. Obwohl er nur über eine relativ kleine Armee von 5000 Kriegselefanten und 20 000 Reitern verfügte, unterwarf er in kürzester Zeit sämtliche Feinde und stieg zum Herrscher über ein Gebiet auf, das sich von der Grenze des Punjab im Westen bis nach Bengalen im Osten erstreckte. Wie Aśoka lehnte auch er Eroberungen ab, so dass die übrige Zeit seiner drei Jahrzehnte währenden Herrschaft weitgehend friedlich verlief. Er verteilte sowohl an Hindus als auch an Buddhisten Almosen, bevorzugte in seinen letzten Jahren allerdings Letztere. Auf seinen Befehl hin wurden entlang des Ganges Tausende von Stupas errichtet, die zumeist aus Bambus und Holz bestanden – und von denen heute nichts mehr erhalten ist. Xuanzang erwähnt, Harṣa habe ein großes Interesse an Alchemie gehabt: Während seines Aufenthalts an Harṣas Hof lernte er einen Weisen namens Nāgārjuna kennen, einen Mann, der so geschickt in der Kunst der Zubereitung von Medikamenten war, dass er eine Pille hergestellt hatte, die angeblich sein Leben und das seiner Gefährten um Hunderte von Jahren zu verlängern vermochte. Als Harṣa die Mittel für den Bau eines Klosters für Nāgārjuna ausgingen, trat einer der Mönche vor und »verspritzte einige Tropfen numinosen und wundersamen Elixiers über ein paar große Steine, woraufhin sie sich alle in Gold verwandelten«.

Noch ein weiterer Chronist hat über Harṣas Herrschaft geschrieben: Banā, »ein verwegener Brahmane« mit einer »unglücklich verbrachten Jugend und einem vielfältigen Freundeskreis«. Sein Werk, die *Harṣacarita*, ist die erste authentische Biographie eines indischen Herrschers. Unter Harṣa finden wir Buddhisten und Brahmanen jeder Sekte, »die alle eifrig ihren eigenen Lehren folgen, darüber nachdenken, Einwände vorbringen, Zweifel erheben und diese lösen«. Mit der Beschreibung, die Banā von Harṣa gibt, erreicht die Hagiographie ein zuvor ungekanntes Niveau:

> »Seine Augen sind ungetrübt vom tödlichen Gift des Stolzes; seine Stimme erschallt, ohne dass die giftige Droge der Arroganz mit ihrer verkrampfenden Wirkung sie ersticken könnte; die natürliche Würde seiner Haltung droht niemals in der Hitze eines Moments der Selbstgefälligkeit plötzlich geistesabwesend in Nachlässigkeit abzurutschen; bei einem Wandel in seinen Gefühlsregungen wird sich nie durch feuriges Temperament ein unbeherrschbarer Gefühlsausbruch zusammenbrauen; seine Schritte setzt er, ohne dass sich von Einge-

bildetheit verursachte unnatürliche Bewegungen einschleichen; seine Stimme klingt niemals ungehobelt, denn kein unter dem Starrkrampf des Hochmuts ausgesprochenes Wort verzerrt seine Lippen.«

Über Harṣas Tod ist wenig bekannt; allerdings berichtet Xuanzang von einem fehlgeschlagenen Attentat, das gegen Ende seiner Herrschaft von unzufriedenen Brahmanen verübt worden sei. Sein Tod läutete das Ende des letzten nennenswerten Hindu-Reiches in Nordindien ein, lange vor den islamischen Eroberungen im 11. Jahrhundert. Für einen Großteil der nächsten 500 Jahre sank Indien auf das Niveau zurück, das seine antike Vergangenheit schon zuvor über lange Zeiträume charakterisiert hatte: mit ungleichen Machtzentren, die um die Vorherrschaft wetteiferten, und zahlreichen kleineren Königreichen, die ihre Loyalität ständig wechselnden Herrschern andienten, je nachdem, welche Allianz ihnen gerade vorteilhafter erschien.

Allerdings lassen sich in diesem chaotischen Flickenteppich doch Muster erkennen. Vier geographische und politische Hauptregionen schälen sich mehr oder weniger deutlich innerhalb Indiens heraus: der Norden, der sich vom Indus bis zu den Gangesebenen erstreckt; der Osten, der Bengalen und Assam umfasst; das Zentrum mit der landwirtschaftlich überaus ertragreichen zentralen Hochebene, dem erdgeschichtlich weit zurückreichenden Dekkan-Plateau; und die Südspitze des Subkontinents. In keiner dieser Regionen war die vorherrschende Macht stark genug, um eine der anderen drei längerfristig zu kontrollieren. Nichtsdestoweniger kam es oft zu massiven Konflikten zwischen den Herrschaftsgebieten, insbesondere im nördlichen und zentralen Raum.

Die Reiche des Südens

Südindien bietet ein einheitlicheres Bild. Auch wenn seine Wurzeln unbenommen im von den Āryanern geprägten Norden lagen, fand ab dem 7. Jahrhundert ein Großteil der Fortentwicklung des Hinduismus im tiefen Süden Indiens statt. Religiöse Literatur und Andachtstexte, die ihresgleichen suchen, entstanden dort in dravidischen Sprachen, vor allem in Tamil. Tempel mit überaus imponierender Architektur sowie beeindruckende Bronze- und Steinskulpturen wurden in dieser Zeit geschaffen.

Zu den bedeutendsten südlichen Königreichen und Herrscherdynastien zählen die Pāṇḍya, die Chera, die Pallava und die Chola. Griechische Schriften erwähnen die Pāṇḍya-Dynastie erstmals im 4. vorchristlichen Jahrhundert; ihre Hauptstadt befand sich in Madurai. Der Aufstieg der Chera wird auf das 1. Jahrhundert n. Chr. datiert, die Herrscherfamilie kontrollierte einen Großteil des heutigen Bundesstaates Kerala. Das erste Reich, das einen großen Teil der südlichen Regionen des Subkontinents umfasste sowie andere Regionen Indiens und Südostasiens beeinflusste, war das Pallava-Reich. Das 275 n. Chr. gegründete Königreich mit seiner Hauptstadt Kāñcī, dem heutigen Kanchipuram, erstreckte sich in seiner Blütezeit vom nördlichen Teil des heutigen Andhra Pradesh bis zum Fluss Kaveri im Süden. Von Kāñcī aus verbreiteten Kaufleute und Kolonisatoren den Hinduismus in Südostasien. Ein Beleg dafür ist etwa, dass die frühesten Khmer-Herrscher von Kambodscha genau wie die Pallava-Könige fast alle Nachnamen trugen, die auf -varman endeten. Die Khmer führen ihren Namen und den ihres Landes – Kambodscha (›Land von Kambuja‹) – auf Kambu, einen legendären Vorfahren, zurück, der in den *Purāṇas*, den hinduistischen Geschichtserzählungen, erwähnt wird.

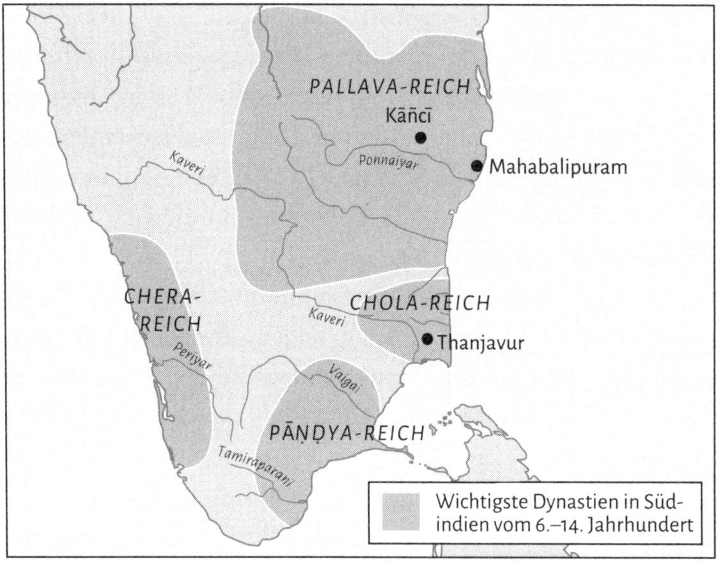

Die Pallava-Familie kontrollierte ein bedeutendes Handelsimperium und schickte indische Waren auf dem Seeweg in Richtung Persien, Rom, Sumatra und Malaiische Halbinsel. Sie war tolerant gegenüber allen Religionen, einer ihrer Könige konvertierte sogar vom Jainismus zum Hinduismus, und förderte Musik, Malerei und Literatur. Um die wachsende Nachfrage nach hinduistischer Kunst und Architektur in den tamilischen Königreichen zu befriedigen, zogen Bildhauer und Maler, die zuvor an Stätten wie den Ajanta-Höhlen gearbeitet hatten, in den Süden. In der Hafenstadt Mahabalipuram gab der Gründer der Dynastie, König Simhavishnu, das riesige Relief des Aus-dem-Himmel-Herabsteigens der »Mama Ganga« in Auftrag, das darstellt, wie der heiligste Fluss Indiens vom Himmel herabkommt und seitdem vom Himalaya zum Meer fließt. Einer seiner Nachfolger erbaute den Kailasānāthar-Tempel in Kāñcī, einen der ältesten Shiva-Tempel Indiens.

Im 9. Jahrhundert hatte sich das Machtgleichgewicht zugunsten der Chola-Dynastie verschoben. Erstmals erwähnt wird sie in den unter Aśoka formulierten Inschriften. Die Vorfahren der Chola hatten die Region des Kaveri-Deltas wahrscheinlich bereits in prähistorischer Zeit besiedelt. Während der Herrschaft der Pallava-Dynastie war ihre Bedeutung auf die eines Nebenreiches zurückgegangen. Als sich die Pallava-Herrscher mit der Dynastie der Chālukya samt ihrem Hindu-Königreich mit Sitz in Bādāmi befassten und ihr Hauptaugenmerk darauf richteten, mit diesen generationenübergreifenden Feinden abzurechnen, griffen die Chola nach der Macht, nutzten eine schwelende Nachfolgekrise in der Pallava-Familie und übernahmen die Kontrolle über Kāñcī und Mahabalipuram.

Der berühmteste Chola-Herrscher, Rājarāja (Regierungszeit 985–1014), dessen Name ›König der Könige‹ bedeutet, war in Fragen der Verwaltung des Gemeinwesens ein regelrechtes Genie. So legte er den Grundstein für ein Reich, das sich gegenüber allen anderen frühen südindischen Staaten durch seine innere Stabilität, seine hervorragende Administration und seine Dauerhaftigkeit auszeichnete.

Manche Autoren erinnert Rājarāja an Aśoka, da er es ebenfalls hervorragend verstand, ein Reich aufzubauen, die Künste förderte, andere Religionen akzeptierte und einige der prächtigsten Monumente Indiens errichten ließ. Insbesondere der Rājarājeshvara-Tempel in Thanjavur zählt dazu, der aufgrund seiner herausragenden sakralen Architektur zentrale Bedeutung in der hinduistischen Welt erlangt hat. Der 1010 geweihte Tempel, der sich 60 Meter über der Tiefebene von Tamil Nadu erhebt, war drei- bis viermal so hoch und dazu weitläufiger als jedes andere Gebäude im Süden Indiens. Sein alles überragender Schlussstein wiegt 80 Tonnen und wurde wahrscheinlich mittels einer Erdrampe an Ort und Stelle gebracht. Der Tempel, zum Gedenken an Rājarājas Sieg über die Chālukya erbaut, ist Shiva gewidmet, dessen massiver Liṇgam bis heute dort das Hauptobjekt der Verehrung ist. Für den Bau des Tempels stiftete Rājarāja 230 Kilogramm Gold und noch mehr Silber, größtenteils Kriegsbeute – die Dorfbewohner in der Umgebung wurden besteuert, um den Unterhalt des Heiligtums zu finanzieren. Wohlhabende Pilger füllten die Kassen des Tempels, der bald wie eine Bank Investitionen tätigte und Gelder an dieselben Dorfbewohner verlieh, von denen auch die Steuern eingezogen wurden. Die Stiftungsgelder wurden auch zur Entlohnung von Hunderten von Bediensteten, Handwerkern, Schneidern und Verwaltern – nicht zuletzt der 400 Tänzerinnen – verwendet.

UNESCO-Weltkulturerbe: Der Rājarājeshvara-Tempel in Thanjavur (auch als Brihadishwara-Tempel bekannt). Als einer der größten Tempel der Region spiegelt er vor allem mit seinem charakteristischen, steil pyramidenförmigen Tempelturm den in Südindien vorherrschenden architektonischen Stil wider.

Ein Porträt von Rājarāja – der auf einer der Wandmalereien des Tempels Shiva demütig Blumen darbringt – ist das früheste bekannte Porträt eines Königs in der indischen Kunst. Die Verehrung von Rājarāja und sein Ruf als wohltätiger Herrscher weisen Parallelen zu dem Personenkult auf, der heute in Südindien weitverbreitet ist. So zieht etwa Sunil Khilnani einen Vergleich zwischen Rājarāja und der ehemaligen Ministerpräsidentin des Bundesstaates Tamil Nadu, Jayalalithaa, die erfolgreich das Image ihrer Freigebigkeit pflegte und an ihre Anhänger Geschenke wie Fernsehgeräte, Motorräder und Schulgeld für Mädchen verteilte. Als sie 2014 infolge von Korruptionsvorwürfen inhaftiert wurde, sollen mehr als 150 Menschen entweder an dem Schock oder durch Selbstmord gestorben sein.

Nachdem er die Dynastien der Chālukya, Pāṇḍya und Chera besiegt hatte, eroberte Rājarāja den größten Teil von Sri Lanka und plünderte 993 die alte Hauptstadt Anuradhapura. Anschließend besetzte er die Malediven, von wo aus viele der Handelsrouten mit der arabischen Welt kontrolliert wurden. Nach Rājarājas Tod im Jahr 1014 erweiterte sein Sohn Rājendra I. (Regierungszeit 1014–1044) das Chola-Reich nach Norden. Seine Generäle konzentrierten sich hauptsächlich auf die Küstenregion, wo sie Elefanten in den Flüssen aufreihten und so Brücken für die Infanterie schufen. Nachdem Rājendra die buddhistische Pāla-Dynastie von Bengalen unterworfen hatte, erreichte seine Armee 1023 die Ufer des Ganges. Große Krüge mit dem Wasser des heiligen Flusses wurden nach Süden transportiert, wo es in seiner neuen Hauptstadt Gaṅgaikoṇḍa Choḷapuram, wörtlich ›die Stadt des Chola, der den Ganges besiegt hat‹, in ein riesiges Zeremonialbecken gegossen wurde. Der Tempel, den Rājendra zur Erinnerung an seinen Sieg errichten ließ, ist dort noch immer zu finden, aber von der Stadt, die er um ihn herum gründete, steht nichts mehr.

Nachdem er alle Königreiche Südindiens unterworfen hatte, nahm Rājendra ein, was von dem buddhistischen Königreich Mahindas V. (982–1029) in Sri Lanka noch übrig war, und machte Polonnaruwa zur neuen Hauptstadt der Insel. Danach unternahm er etwas, was kein anderer indischer Herrscher ihm je gleichtun sollte: Er ließ eine Flotte bauen. Nach einem Jahrtausend freundschaftlicher Beziehungen zu den Staaten Südostasiens, in dem der Handel floriert und der kulturelle Einfluss Indiens sich ausgebreitet hatte, beschloss Rājendra, »seiner Krone mehr Glanz zu verleihen«, wie es ein Historiker ausdrückte, und eroberte Teile von Birma, der Malaiischen Halbinsel und Sumatra. Im Jahr 1025 rückten Chola-Truppen auf Sumatra vor und fielen in das Königreich Srivijaya ein, das die Straße von Malakka kontrollierte. Es waren ehrgeizige Raubzüge. Ein zeitgenössischer arabischer Geograph schätzte, selbst das schnellste Schiff würde mehr als zwei Jahre brauchen, um alle Inseln anzulaufen, die von Rājendra kontrolliert wurden, und schrieb, der Herrscher sei der reichste Mann der Welt.

Die Chola-Armeen eroberten schließlich 14 Häfen, doch im Anschluss an die Überfälle verpuffte deren Wirkung schnell. Es gibt viele Theorien über die Gründe für das untypische Muster, das die Chola-Eroberungszüge ergeben: Womöglich sollte der Vorstoß nach Osten dazu dienen, die in der Region grassierende Piraterie zu unterbinden oder China die Kontrolle über die lukrativen Handelsrouten zu nehmen – oder es war ganz einfach die Verlockung des Plünderns übermächtig.

Gemessen an der Langlebigkeit dieses Reiches, das etwa drei Jahrhunderte überdauerte, und wenn wir die Weiterentwicklung der Architektur, der Literatur und der Kunst, den Stellenwert der Religion und die Ausgereiftheit ihrer Verwaltung mit einbeziehen, können die Jahre der Chola-Dynastie als das Goldene Zeitalter Südindiens bezeichnet werden. Hunderte von

Chola-Tempeln mit ihren majestätischen pyramidenförmigen Türmen erheben sich noch immer über den Reisfeldern von Tamil Nadu und Kerala. Sie waren nicht nur Kultstätten, sondern fungierten gleichzeitig auch als Gerichtsstätten und waren oft wie Paläste gestaltet. Ihre hohen Mauern umschlossen weitläufige Innenhöfe, in denen religiöse Zeremonien abgehalten werden konnten. »Tempel standen im Mittelpunkt der kaiserlichen Projekte der aufstrebenden Dynastien; jeder erobernde Monarch sah es als seine Pflicht an, einen Tempel zu bauen, um bekannt zu machen, was er erreicht hatte«, schreibt Wendy Doniger. Die zuvor privat abgehaltenen religiösen Rituale wurden mehr und mehr öffentlich zelebriert, und die Tempel entwickelten sich nicht nur zu Zentren für Pilgerreisen und religiöse Aktivitäten, sondern auch zu Treffpunkten; teils wurden dort wie auf einem Markt auch Devotionalien verkauft.

Der immense Reichtum, der sich in den Tempeln ansammelte, machte sie in der Folge auch zu einem bevorzugten Ziel für hinduistische Armeen aus dem Norden, noch lange bevor plündernde muslimische Invasoren die Tempelreichtümer in ihre Festungen in Afghanistan mit zurücknahmen. Ein Depot mit solchen Schätzen, möglicherweise das größte überhaupt, soll in einer Reihe von Gewölben verborgen sein, die unter dem geheiligten Padmanabhaswamy-Tempel am ehemaligen Sitz der königlichen Familie von Travancore in Trivandrum (heute Thiruvananthapuram und Hauptstadt des südlichen Bundesstaates Kerala) liegen. Selbst vorsichtige Schätzungen beziffern den Wert des dort vermuteten Goldes, des Silbers, der Schmuckstücke und der Münzen auf über 700 Milliarden US-Dollar. Es handelt sich wohl um einen Schatz, der dort seit 800 n. Chr. zusammengetragen wurde. Jahrelanges juristisches Gerangel darüber, ob die Könige von Travancore oder die indische Regierung die rechtmäßigen Verwalter des Tempels sind, hatte zur Folge, dass einige der Kammern versiegelt geblieben sind, aber vielleicht liegt es auch an den Gerüchten, dass riesige Kobras die innerste verborgene Kammer (von den Forschern Gewölbe B genannt) schützen sollen.

Auf die Zeit der Chola-Dynastie geht auch eine eigene Schule der Bronzeskulptur zurück. Der Kunsthistoriker James C. Harle beschreibt deren Stil als »den erlesensten, unübertroffen, an keinem Ort und in keinem Zeitalter«. Die bekanntesten Bronzen zeigen Shiva in seiner Gestalt als Gott des Tanzes, der das Universum erschafft und zerstört. Gebannt vom Klang der kleinen sanduhrförmigen Trommel, die er in seiner oberen rechten Hand hält, verharrt er in einer Tanzpose mit einem Knie in einer Aureole aus Flammen.

In gewissem Sinn kann die Figur des tanzenden Shiva auch als Allegorie für die Umwälzungen gesehen werden, die sich in Indien ankündigten und selbst im tiefen Süden spürbar werden würden. So schreibt John Keay:

> »Der Historiker, der ein klassisches Beispiel sucht für das *Mātsyanyāya* – den in den *Purāṇas* so gefürchteten Zustand der Anarchie, in dem ›der große Fisch den kleinen Fisch frisst‹ –, braucht nicht weiter zu schauen als bis zum Indien des 11. und 12. Jahrhunderts. Die kosmische Ordnung des *Dharma* scheint völlig durcheinandergeraten und die Geometrie des Mandalas hoffnungslos konterkariert worden zu sein. Kleinere Lehnsgüter knabberten an größeren Lehnsgütern, Königreiche schluckten Königreiche und Dynastien verschlangen Dynastien – und das alles mit einer unersättlichen Hingabe, die die haifischartige Präsenz, die im Punjab lauerte, bedauerlicherweise außer Acht ließ.«

»Der König des Tanzes ist ganz Rhythmus und Ekstase«, schreibt der französische Kunsthistoriker René Grousset. Während er tanzt, zeigt er »ein breites Lächeln. Er lächelt dem Tod und dem Leben zu, dem Schmerz und der Freude gleichermaßen, oder vielmehr, wenn wir es so ausdrücken dürfen, ist sein Lächeln beides, der Tod und das Leben, die Freude und der Schmerz.«

Was da im Punjab lauerte, würde das Gesicht Indiens für immer verändern, und nicht einmal die Geographie vermochte die Königreiche des Südens zu retten.

Kapitel 4

Die Ankunft des Islam

Es muss den Herren von der Britischen Ostindien-Kompanie wie ein guter Einfall vorgekommen sein: Sie hatten den katastrophalen Anglo-Afghanischen Krieg (1839–42) vor Augen und meinten nun, es bräuchte eine zündende Idee, um den Rückhalt ihrer Handelsgesellschaft bei der Bevölkerung in Indien zu verbessern. Britische Soldaten hatten zwei riesige, kunstvoll geschnitzte Holztore gefunden, vermutlich aus Sandelholz gefertigt und einst zu Beginn des 11. Jahrhunderts aus dem Somnath-Tempel in Gujarat geraubt. Die Tore waren den Soldaten 1842 während einer Vergeltungsaktion in die Hände gefallen, bei der sie die Zitadelle von Ghazni zurückerobert hatten. Der Generalgouverneur der Ostindien-Kompanie, Lord Ellenborough (1790–1871), witterte nun die Gelegenheit, mit der Rückgabe der Tore einen historischen Verlust wiedergutmachen zu können, den die Muslime Indien zugefügt hatten, und so das Image der Briten aufzubessern. »Die 800 Jahre währende Beleidigung ist endlich gerächt«, verkündete er. »Die Tore des Tempels von Somnath, für so lange Zeit das Mahnmal eurer Erniedrigung, sollen zum stolzesten Zeugnis eures nationalen Ruhms werden.« Leider stammten die Tore jedoch gar nicht aus Somnath. Sie waren keineswegs aus Sandelholz, sondern aus dem Holz der Himalaya-Zeder gefertigt und vor Ort von Handwerkern aus Ghazni geschnitzt worden. Auch in früheren muslimischen Chroniken findet sich kein Hinweis darauf, dass die Tore Teil der Plünderungen gewesen waren.

Anderthalb Jahrhunderte später stand Somnath erneut im Rampenlicht, als der Vorsitzende der Bharatiya Janata Party (BJP, ›Indische Volkspartei‹), L. K. Advani (geb. 1927), seine sogenannte *Rath Yatra* (Pilgerfahrt) an diesem Tempel begann. Auf einem Lastwagen, der wie ein hinduistischer Streitwagen aussah, machte er sich am 25. September 1990 auf den Weg und durchquerte Nordindien bis nach Ayodhya in Uttar Pradesh. Mit der *Yatra* wollte er erreichen, dass an der Stelle einer vom Großmogul Babur erbauten Moschee ein Tempel für den Gott Ram errichtet würde. Advani erlebte noch, wie die Moschee 1992 von Mitgliedern der sogenannten *Kar Sevaks* (›freiwillige Helfer‹), einer Gruppe fanatischer Hindus, zerstört wurde; als der Oberste Gerichtshof Indiens Ende 2019 entschied, dass an dieser Stelle ein Tempel gebaut werden dürfe, hatte er sich allerdings schon aus der Politik zurückgezogen.

Dass die Symbolik von Somnath eine derartige Anziehungskraft sowohl auf eine raffgierige, über nationale Grenzen hinweg operierende Handelsgesellschaft als auch auf eine bekennend nationalistische Hindu-Partei ausüben kann, hat mit der umstrittenen Figur des Mahmud von Ghazni zu tun: einem türkischen Herrscher aus dem 11. Jahrhundert, der mehr als ein Dutzend Überfälle auf Indien unternahm. Er wird von Hindu-Nationalisten und einigen indischen Historikern als der leibhaftige Teufel dargestellt und dominiert die historischen Darstellungen von der Ankunft des Islam auf dem Subkontinent und der nachfolgenden Ereignisse.

Der Shiva geweihte Tempel von Somnath wurde an den Ufern des Arabischen Meeres erbaut. Innerhalb eines Forts gelegen und auf drei Seiten von Wasser umgeben, wurde er lediglich von Brahmanen und gläubigen Hindus verteidigt, so dass Mahmuds im Jahr 1026 dort eintreffende Truppen leichtes Spiel hatten. Das Ausmaß des Gemetzels war so groß, dass selbst muslimische Chronisten bei dessen Beschreibung ein gewisses Unbehagen anklingen ließen. Nachdem seine plündernden Truppen sämtliches Gold aus dem Tempel geschafft hatten, soll Mahmud persönlich den riesigen *Liṇgam* zerstört haben, eine Darstellung des Phallus von Shiva, die als »das größte Idol von ganz Al-Hind [arabisch für ›Indien‹]« galt. Fragmente davon wurden angeblich nach Ghazni gebracht und in zur dortigen Moschee hinaufführende Stufen eingebaut, wo sie täglich von den muslimischen Gläubigen mit Füßen getreten und beschmutzt werden sollten.

Historiker beginnen jedoch inzwischen zu bezweifeln, dass Mahmud einen solchen Raum in der indischen Erinnerung einnehmen würde, wäre da nicht Ellenboroughs unkluge »Proklamation« gewesen. Binnen 26 Jahren unternahm Mahmud 17 Raubzüge nach Indien, wobei es ihm nicht um Gebietseroberungen, sondern nur um das Plündern ging. Und wie die indische Historikerin Romila Thapar feststellt, finden sich in den zeitgenössischen Quellen keine Hinweise auf die Überfälle, abgesehen von einer beiläufigen Erwähnung in einem Jain-Text. Zwei Jahrhunderte später wurde ein arabischer Kaufmann herzlich empfangen, als er die örtliche Verwaltung und die Priester von Somnath um Erlaubnis für den Bau einer Moschee in der Stadt bat. Eine Inschrift in Sanskrit beschreibt die Moschee in hinduistischer Sprache als einen Ort, »an dem die Menschen *Puja* [eine Andacht] verrichten, um sich [religiöse] Verdienste zu erwerben«, und beschreibt Shiva beziehungsweise Allah mit denselben Worten.

Mahmuds Überfälle werfen allerdings die Frage auf, warum die indischen Machthaber auf die ab dem 11. Jahrhundert einsetzenden Übergriffe von islamischer Seite nicht besser vorbereitet waren. Der Reichtum Indiens, der auf einer prosperierenden Agrargesellschaft beruhte, musste seinen Herrschern eigentlich mehr als genug Ressourcen zur Verfügung stellen, um eine ausreichende militärische Verteidigung des Landes zu gewährleisten. Trotzdem hatte es nie eine kollektive Initiative gegeben, entlang der Grenze Verteidigungsanlagen aufzubauen – etwa um die Passstraßen zu blockieren, über die aus Richtung Afghanistan über viele Jahrhunderte, bis in die Zeit Alexanders des Großen zurückreichend, Invasoren ins Land gezogen waren.

Was war also schiefgelaufen? Es lassen sich auf vielen Ebenen Schuldige ausmachen: raffgierige Herrscher, die die Bauern besteuerten, die Einnahmen aber lieber an weltliche und religiöse Nutznießer verteilten; lokale Anführer, die mit ihren eigenen internen Streitigkeiten beschäftigt waren und sich in falscher Sicherheit wiegten, weil sie die muslimischen Kontrahenten eher als Plünderer denn als potentielle Eroberer ansahen; eine zersplitterte politische Landschaft mit Dutzenden von regionalen Königreichen, in selbstzerstörerischen Kriegen gegeneinander gefangen, denen ihr vordringliches Interesse galt, weshalb sie kein nationales Bewusstsein entwickelten.

In seiner großartigen Studie über die Zivilisationen der Welt erweitert der britische Historiker Arnold Toynbee dies alles noch um das Kastensystem, das ebenfalls einem sozialen Vereinigungsprozess entgegenwirke. Das von der Hindu-Religion sanktionierte Kastensystem müsse zwangsläufig monströse Ausmaße annehmen, schreibt Toynbee. Die hinduistische Zivilisation, die sich selbst im Weg stehe, habe »ihren Anspruch auf die Mimesis der Gesellschaft als Ganzes verloren; dennoch bestand sie darauf, der Gesellschaft ihren Willen aufzuzwingen«. Dies war für Toynbee das »schicksalhafteste Ereignis« in der Geschichte des antiken Indiens.

Indische Historiker vergleichen die hinduistische Gesellschaft dieser Zeit gern mit einem Fürstengeschlecht, das in sich uneins ist. So schreibt etwa J. L. Gupta über die indische Bevölkerung: »Ihr sozialer und nationaler Blick war so eng geworden, dass sie sich nicht in der Pflicht sahen, selbst für die Verteidigung von Haus und Hof zu sorgen.« Die inneren Schwächen Indiens hätten »seine Vitalität ausgehöhlt«. »Sein sagenhafter Reichtum, seine schwache politische Struktur und seine ›versteinerte Gesellschaft‹ waren« laut Gupta »eine offene Einladung an die muslimischen Invasoren, Hand an die nur dürftig bewachten Schätze des Landes zu legen«.

Die Spaltungen in der indischen Gesellschaft spielten eine Rolle, aber die muslimischen Invasoren waren auch militärisch in mancher Hinsicht im Vorteil: Sie setzten Kavallerie auf schnellen zentralasiatischen Pferden ein und wendeten überlegene militärische Taktiken an, bei denen Wendigkeit wichtiger war als zahlenmäßige Überlegenheit. Außerdem verfügten ihre Armeen in der Regel über einen festen Kern an Berufssoldaten, die es gewohnt waren, gemeinsam zu kämpfen, während die indischen Streitkräfte meist aus separaten Einheiten bestanden, die einzelnen Fürsten unterstanden und die nur bei Bedarf zusammenkamen.

Vom Handel zur Eroberung

Indiens Kontakte zur arabischen Welt bestanden schon viele Jahrhunderte, bevor der Islam aufkam. Indische Kaufleute heuerten arabische Seeleute an. Arabische Kameltreiber transportierten Waren entlang der Seidenstraße zwischen dem Mittelmeer und dem Subkontinent. Arabische Handelsgemeinschaften waren an der Westküste Indiens bereits früh etabliert, und indische Waren wie Baumwolle und Seide, Elfenbein und Edelsteine, Gewürze und Zucker waren auf den Märkten von Bagdad und Kairo zu finden. Durch diese Verbindungen konnten sich auch die indische Kultur, Wissenschaft und Philosophie nach Westen ausbreiten. Die Erzählstrategie einer Geschichte innerhalb der Geschichte, wie wir sie von *Tausendundeiner Nacht* kennen, lässt sich auf die miteinander verwobenen Tierfabeln in der Pañcatantra-Literatur des vedischen Indiens und die buddhistischen Jātaka-Erzählungen zurückführen.

Der Tod des Propheten Mohammed im Jahr 623 löste einen Eroberungsfeldzug aus, der in der Geschichte nur wenige Parallelen aufweist. Innerhalb von zwanzig Jahren eroberten die muslimischen Armeen große Teile des Byzantinischen Reiches in Syrien und Ägypten sowie das Sassanidenreich im Irak und Iran. Nachdem sie den größten Teil Afghanistans eingenommen hatten, erreichten sie 712 Sindh, stießen aber nicht weiter nach Indien vor. In den nächsten drei Jahrhunderten verlief die Grenze zwischen Indien und seinen islamischen Nachbarn grob gesagt in einer Linie vom Indus bis nach Kabul. Erst Ende des 10. Jahrhunderts bedrohten islamische Heere Indien. Die Invasoren näherten sich dabei nicht über den bestehenden islamischen Vorposten in Sindh, sondern aus Zentralasien. Ein vormaliger Sklave namens Sabuktigin, inzwischen zum türkischen General aufgestiegen, machte sich um 986 auf, verließ seine Festung in der legendären Stadt Buchara, eroberte Kabul und marschierte im Punjab ein. Der dortige Regent aus der Shahi-Dynastie, Jayapāla, leistete heftigen Widerstand, doch als ein gewaltiger Sturm über das Schlachtfeld fegte, hielt er dies für ein Omen und bat um Frieden. Sabuktigin kontrollierte nun den strategisch wichtigen Chaiber-Pass – ein günstiger Ausgangspunkt für künftige Raubzüge. Doch anstatt weiter nach Osten vorzudringen, kehrte er nach Buchara zurück, wo er zum Kalifen ernannt wurde; die weiteren Eroberungen überließ er seinem Sohn Mahmud.

Nach Mahmuds eigener Aussage ließ seine »äußere Erscheinung zu wünschen übrig«. »Der Anblick eines Königs sollte die Augen seiner Betrachter erhellen, aber die Natur war in meinem Fall so launisch, dass mein Aussehen ein Bild des Jammers abgibt«, meinte er. Obwohl er vor allem für die Entweihung von

Hindutempeln bekannt ist, war sein erster Feldzug im Jahr 1004 gegen die Ismailiten von Multan in Pakistan gerichtet. Die Ismailiten gehören dem schiitischen Zweig des Islam an und wurden von den sunnitischen Muslimen als Ketzer betrachtet. Multan lag strategisch günstig in der Indusebene, wo sich wichtige Handelswege zwischen der Golfregion und Westindien kreuzten. Im Jahr 1007 wurde die Stadt ein zweites Mal von Mahmud geplündert. Im folgenden Jahr überrannte und zerstörte er die große Zitadelle sowie den Tempel von Kangra, dann kehrte er mit 180 Kilogramm Gold und 2 Tonnen Silber sowie Münzen im Gegenwert von 70 Millionen Dirham in seine Hauptstadt zurück. Ein ähnliches Schicksal ereilte den großen Tempel von Mathura, ein Zentrum der Verehrung des Gottes Krishna, im Jahr 1018. Im folgenden Jahr überfiel er Kanauj, wobei er alle sieben zur Verteidigung der Stadt errichteten Festungen an einem einzigen Tag eroberte.

Trotz all seiner Unbarmherzigkeit lässt sich Mahmuds Vermächtnis auch etwas Positives abgewinnen. Er nutzte die bei seinen Eroberungen erbeuteten Schätze, um in Ghazni eine der schönsten Moscheen seiner Zeit zu errichten und eine umfangreiche Bibliothek anzulegen. Er förderte den Dichter Ferdausi, den Verfasser des *Schahnamehs*, eines epischen Gedichts über die Herrscher des vorislamischen Persien, und schickte den Gelehrten al-Biruni zu einem zehnjährigen Aufenthalt nach Indien, wo er Sanskrit lernte und hinduistische Texte übersetzte. Das von al-Biruni verfasste *Kitab al-Hind* (›Buch von Indien‹), das sich weitgehend auf Sanskrit-Quellen stützt, ist die wohl ausgefeilteste zeitgenössische Beschreibung des Landes samt seiner Menschen, Philosophien und Religionen in der Vor-Mogulzeit.

Mahmuds Tod im Jahr 1030 löste einen Machtkampf aus, dessen Brisanz sich unter anderem daraus ergab, dass zwei seiner Söhne am selben Tag von unterschiedlichen Müttern geboren

Indische Elefanten wurden auf dem gesamten Subkontinent mehr als 2000 Jahre lang als wichtigste ›Kampfmaschine‹ eingesetzt und von den Herrschern weit mehr geschätzt als Streitpferde.

worden waren. Nachdem sein Nachfolger Mas'ud bei einem Palastputsch ermordet worden war, begann der Niedergang der Ghaznawiden-Dynastie. Im Jahr 1173 fiel Ghazni an die Ghuriden, die daraufhin die ghaznawidische Hauptstadt Lahore ins Visier nahmen, die sie im Jahr 1186 eroberten.

Im Gegensatz zu Mahmud hatte sich der Ghuriden-Anführer Muhammad von Ghur zum Ziel gesetzt, sein Gebiet nach Osten auszudehnen. Die Illusion, ein Sieg sei dort leicht zu erringen, zerschlug sich jedoch, sobald seine Armee 1191 bei Tarain nördlich von Delhi den Rajputen-Fürsten Prithviraj III. angriff. Die Chronisten der Rajputen feiern noch heute diese siegreiche Schlacht, in der sich die Ghuriden-Truppen ungeordnet zurückzogen, nachdem ihr Heerführer von einem Speer in den Oberarm getroffen worden war und einer seiner Soldaten ihn schnellstens vom Schlachtfeld fortbringen musste. Um sich für diese Demütigung zu rächen, bestrafte Muhammad von Ghur die Soldaten, die sich hatten in die Flucht schlagen lassen, indem er sie öffentlich vorführte: Sie mussten sich die Futtersäcke ihrer Pferde vors Gesicht binden und Spreu essen.

Und der Ghuriden-Anführer dachte nicht daran, sein Vorhaben aufzugeben. Nachdem er seine Truppen neu aufgestellt hatte, marschierte er erneut nach Osten. Obwohl Prithviraj III. die gewaltigste Rajputen-Streitmacht anführte, die je gegen Eindringlinge ins Feld gezogen war, und Hunderte von Kriegselefanten dabeihatte, war er dem Angriff nicht gewachsen. Einer Schilderung zufolge gaukelte Muhammad von Ghur den Rajputen vor, er stimme einem Waffenstillstand zu. Eingelullt durch das Gefühl der Sicherheit feierten die Rajputen des Nachts ein ausgelassenes Gelage. Von Wein und Opium benebelt, ließen sie sich von der nur leicht bewaffneten ghuridischen Kavallerie überrumpeln. Prithviraj III. wurde gejagt, gestellt und getötet.

Nach der Niederlage der Rajputen bei Tarain im Jahr 1192, die als »die entscheidendste Schlacht in der Geschichte Indiens« bezeichnet wird, lag der »Schlüssel zum Tor von Delhi« – und zu ganz Indien – in den Händen Muhammad von Ghurs und seiner siegreichen Soldaten. Der Islam war endgültig in Südasien angekommen.

Das Sultanat von Delhi

Muhammad von Ghur erlebte nicht mehr, wie seine Träume von einem Imperium in Erfüllung gingen. Er wurde 1206 von einem Mitglied einer rivalisierenden islamischen Sekte ermordet. Es war sein Vertrauter und vormaliger Stellvertreter Qutb-ud-Din Aibak, der in Indien eine Mamluken-Dynastie gründete – die erste von fünf aufeinanderfolgenden Dynastien, die das Sultanat von Delhi bildeten. Es folgten die Khalji-, die Tughluq-, die Sayyid- und die Lodi-Dynastie. Die Lodi regierten bis 1526, als ihr Sultan Ibrahim in einer Schlacht gegen Babur, den ersten der Moguln, getötet wurde. Jede dieser Dynastien hinterließ ihre Spuren in Delhi und schuf neue Stadtviertel, Moscheen und Grabanlagen, die noch heute in der indischen Hauptstadt zu finden sind.

Dynastien des Sultanats von Delhi

Mamluken- oder Sklaven-Dynastie (1206–90)
Khalji-Dynastie (1290–1320)
Tughluq-Dynastie (1320–1414)
Sayyid-Dynastie (1414–51)
Lodi-Dynastie (1451–1526)

Drei Themen ziehen sich wie ein roter Faden durch die Geschichte des Sultanats von Delhi: Mit jeder Thronfolge ging fast zwangsläufig Blutvergießen einher, der Widerstand der indischen Herrscher riss niemals ab und die militärische Bedrohung aus dem Westen war allgegenwärtig.

Delhi blickte bereits auf eine bis ins 6. Jahrhundert v. Chr. zurückreichende Geschichte der Prosperität zurück, als es Hauptstadt des Sultanats wurde; die Stadt galt als symbolisch und strategisch wichtig. Unter der Sultanatsherrschaft wurde sie zu einem Zentrum persischer Gelehrsamkeit. Die Einführung von persischen Institutionen und Praktiken bedeutete, dass in der Verwaltung festbezahlte Posten geschaffen und im Militär die Sklaverei etabliert wurde. Eine Tradition von spirituell mächtigen, heiligen Männern, den Sufis, die eine mystisch aufgeladene Form des Islam praktizierten, verlieh der Religion in Indien einen deutlich weicheren Charakter.

Für die Mamluken-Herrschaft wird auch der Begriff Sklavendynastie verwendet, da viele der Regenten vormals Gefangene ihrer türkischen Oberherren gewesen waren. Was unter einem ›Sklaven‹ zu verstehen war, war dabei sehr unterschiedlich. Die Gefangenen, ob selbst erbeutet oder gekauft, mussten (sofern sie nicht bereits Muslime waren) zum Islam konvertieren und wurden dann für Stellungen wie die des »Stallmeisters« oder »Hüters der Jagdleoparden« ausgebildet. Einige stiegen in hohe militärische und administrative Positionen auf. Ihre Ergebenheit gegenüber ihren Herren ließ ihre Loyalität gegenüber der eigenen Sippe und ethnischen Gruppe in den Hintergrund treten. Sie war sogar so stark, dass die hauptsächlich aus Turkvölkern stammenden Männer nicht davor zurückschreckten, gegen ihre eigenen Landsleute zu kämpfen, wenn sie gegen die in Indien regelmäßig einfallenden mongolischen Plünderer in die Schlacht ziehen mussten.

Qutb-ud-Din Aibak starb 1210 an den Folgen eines Reitunfalls beim Polo. Sein Nachfolger Iltutmish regierte 26 Jahre lang – Zeit genug, um seine Macht zu festigen. Er öffnete überdies die Tore seines Königreichs für Flüchtlinge, die Zuflucht vor der mongolischen Invasion in Persien suchten. Der Zustrom war so zahlreich, dass er die Qutb-Moschee zu dreifacher Größe erweitern und auf ihr Minarett drei weitere Stockwerke setzen ließ. Unter den Geflüchteten befanden sich die herausragendsten persischen Handwerker, Künstler und Gelehrten, die schnell Posten in der Verwaltung und im Gerichtswesen besetzten. Persisch wurde die Sprache der Regierung und der Diplomatie. Gleichzeitig bildete die mongolische Expansion im Westen eine Barriere zwischen den Herrschern in Delhi und ihren islamischen Gegenspielern in Mesopotamien sowie Nordafrika. Dadurch konnte das Sultanat ein unabhängiger Staat bleiben.

Das Minarett der Qutb-Moschee, das sich über die Ebene im Osten von Neu-Delhi erhebt, hat sich als das langlebigste Andenken an die Regierungszeit Qutb-ud-Din Aibaks erwiesen. Gebaut wurde das Minarett unter Verwendung von Säulen, Kapitellen und Türstürzen von Hindu- und Jain-Tempeln. Die Sultane von Delhi nutzten hinduistische Tempelbautechniken und beschäftigten hinduistische Handwerker, die ihre Moscheen errichteten.

An diesem Punkt nimmt die dynastische Geschichte Indiens, die bis dato ausschließlich von männlichen Königen, Fürsten und Sultanen handelt, eine unerwartete Wendung: Mit Raziyat al-Duniya (1205–1240) kommt in Indien zum ersten Mal eine Frau in einer islamischen Dynastie an die Macht. Iltutmish hatte erklärt, seine Söhne seien unfähig, die Herrschaft zu übernehmen. Auf dem Sterbebett ernannte er seine 31-jährige Tochter, die die gleiche Bildung wie ihre Brüder erhalten hatte, zu seiner Nachfolgerin. 1983 verewigte Bollywood ihre Geschichte in dem umstrittenen Film *Razia Sultan*; die Hauptrolle spielte die bekannte Schauspielerin Hema Malini (geb. 1948). Der Film, der zu einer Zeit veröffentlicht wurde, als selbst Küssen im indischen Kino noch tabu war, zeigt Razia in einer fiktiven lesbischen Beziehung mit Khakun (Parveen Babi), einer der Frauen in ihrem Harem. In der berühmtesten Szene des Films zieht Khakun eine Feder über ihr Gesicht und nähert sich Razia, um sie zu küssen oder ihr ins Ohr zu flüstern (eine solche Doppeldeutigkeit war notwendig, um die Zensur zu umgehen), während die Sultanin die Annäherungsversuche eines männlichen Verehrers zurückweist. Obwohl sie für die Rolle Urdu lernen, beim Dreh durch heißen Wüstensand laufen, auf Elefanten reiten und in überdimensionierten Kostümen Schwertkämpfe austragen musste, hat Malini nach Meinung der Kritiker in der Rolle der Sultanin eine ihrer besten Leistungen gezeigt.

Im Film wirft Razia das »Herrschergewand« ab, das sie für ein »Leichentuch« hält, weil sie damit nicht die wahre Liebe finden kann. Im wirklichen Leben war wohl ihre Motivation dafür, unverschleiert in der Öffentlichkeit aufzutreten, dass sie den Menschen nahbarer gegenübertreten wollte. Zunächst gelang es ihr, sich bei ihren Untertanen beliebt zu machen – nicht aber bei den *Ulama* und den übrigen Geistlichen von Delhi. Die Dinge wendeten sich zum Schlechteren, als ihre Liaison mit einem abessinischen Sklaven, dem Aufseher über den Pferdestall am Hof, bekannt wurde, was die Provinzgouverneure erzürnte. Bei dem Versuch, einen Aufstand in Lahore niederzuschlagen, wurde sie schließlich von einem der Rebellen, Altuniya, einem türkischen Sklaven, gefangengesetzt. Doch sie drehte den Spieß kurzerhand um, heiratete Altuniya und führte gemeinsam mit ihm eine Armee lokaler Clans an, um ihren Thron zurückzuerobern.

Ihre Soldaten ließen sie jedoch bald im Stich, und Raziyat al-Duniya wurde 1240 getötet. Obwohl ihre Regierungszeit nur kurz war, hinterließ sie ein bedeutendes Erbe. Nachdem sie an die Macht gekommen war, gab sie Münzen in ihrem Namen heraus, auf denen sie sich selbst als »Stütze der Frauen« und »Köni-

Die bei der Bevölkerung beliebte Raziyat al-Duniya trat unverschleiert auf. Da sie »sich unter den Menschen zeigen« wollte, ritt sie in Männerkleidung – mit Hut und Überzieher – aus.

gin dieser Zeiten« proklamierte, und gründete Schulen und Bibliotheken. Wie der Gelehrte S. A. A. Rizvi feststellt: »[Raziyat al-Duniya] bekämpfte kompetent Intrigen, zeigte ein bemerkenswertes Verständnis für militärische Taktiken, setzte ihre unabhängigen Entscheidungen einfallsreich um und erreichte mit diplomatischen Mitteln einen Ausgleich mit den aufbegehrenden Iqta-[Land-]Besitzern. Ihr größtes Verdienst bestand darin, dass sie sich über die Vorurteile ihrer Zeit erhob.«

Raziyat al-Duniyas Nachfolger wurde nach dem üblichen Gerangel um den Thron schließlich Ghiyas ud-Din Balban (Regierungszeit 1266–87), der von Iltutmish als Sklave gekauft worden war. Innerhalb des Militärs war er rasch aufgestiegen, bis er zuletzt zu einem exklusiven Kreis führender Soldaten gehörte, die alle von Turkvölkern abstammten und als »Die Vierzig« bekannt waren. Um seine niedrige Herkunft zu kompensieren, schuf er einen unvergleichlich prunkvollen und eleganten Hof. Der indische Historiker Jaswant Lal Mehta schreibt, Balban habe darauf bestanden, dass Besucher sich vor ihm niederwarfen und ihm die Füße küssten, was »den Adel und die Besucher völlig gedemütigt, entsetzt und sprachlos zurückließ«. Dem Hofchronisten Barani zufolge sahen ihn selbst seine Hausangestellten niemals in etwas anderem als den königlichen Gewändern, komplett mit Socken und Kopfbedeckung. Es heißt, er habe nie gelacht. Und bei Hofe durfte in seiner Gegenwart auch niemand sonst lächeln.

Trotz seines Rufs als Despot war Balbans Herrschaft eine wohltuende Phase der Stabilität in einer ansonsten turbulenten Zeit. Seine gütige Herrschaft schuf eine solche Atmosphäre der Eintracht und Zufriedenheit, dass zu hören war, der Gott Viṣṇu könne sich »in Frieden auf seinem Ozean aus Milch schlafen« legen. Dass Balban der politischen Stabilität Vorrang vor religiösen Geboten einräumte, spiegelte sich in seiner toleranten Haltung gegenüber Nicht-Muslimen wider. Darüber empörten sich muslimische Adlige wie Barani, die entsetzt darüber waren, dass Hindus Götzenanbetung und Untreue praktizieren durften. Mit Bezug auf Balban schrieb der Chronist: »Die muslimischen Könige erlauben nicht nur, dass Ungläubige, Polytheisten, Götzenanbeter und Kuhdunganbeter palastähnliche Häuser bauen, Kleider aus Brokat tragen und auf Pferden reiten, die mit Gold- und Silberschmuck aufgezäumt sind, sie freuen sich sogar noch darüber.«

Nach Balbans Tod im Jahr 1287 versuchte sein 17-jähriger Sohn erfolglos, in den internen Machtspielen am Hof zu bestehen, und ebnete so den Weg für den Heerführer Jalal ud-Din Khalji (ca. 1220–1296), der durch einen Staatsstreich die Macht übernahm und die Khalji-Dynastie gründete. Die Khalji stammten ursprünglich aus Afghanistan und hatten in der Armee der Ghuriden gedient. Die mongolische Invasion in Afghanistan hatte sie im 12. Jahrhundert dazu veranlasst, in großer Zahl als Soldaten und Siedler nach Nordindien einzuwandern, wo sie innerhalb der Verwaltungs- und Militärhierarchie allmählich aufgestiegen waren. Der größte Herrscher der Dynastie, Ala ud-Din

Khalji (Regierungszeit 1296–1316), dehnte die Grenzen des Sultanats südlich des Vindhyagebirges aus. Um eine Reihe von Verteidigungsbauten zu finanzieren, die sein Herrschaftsgebiet vor mongolischen Angriffen aus dem Norden schützen sollten, schickte Ala ud-Din Khalji seine Armeen unter dem Kommando seines afrikanischen Sklaven-Eunuchen Malik Kafur auf zahlreiche Raubzüge in die Region des Dekkan-Plateaus, deren Städte sie plünderten. Zum ersten Mal erreichten muslimische Invasoren den tiefen Süden Indiens: Sie plünderten Tempel in Madurai, Srirangam und Chidambaram und brachten Hunderte von Tonnen Gold, Silber und Edelsteine mit zurück. Der Somnath-Tempel wurde geplündert, sein Liṅgam erneut zertrümmert und die Scherben in die Stufen einer Moschee in Delhi eingebaut. Im Anschluss an jeden Überfall wurden die besiegten Hindu-Könige als regionale Regenten wieder eingesetzt, sofern sie die Oberherrschaft des Sultans von Delhi öffentlich anerkannten und ihm einen hohen jährlichen Tribut zahlten.

Ala ud-Din Khaljis Fanatismus ist das eine, seine gesellschaftlichen Reformen das andere. Er öffnete öffentliche Ämter für einfache Untertanen, darunter muslimische Einwanderer aus ärmeren Familien, indische Islamkonvertiten und sogar Hindus. Der Verkauf von Wein und Spirituosen wurde verboten. Harte Strafen trugen zur Eindämmung von Bestechung und Korruption bei. Außerdem führte er Agrarreformen durch, die die Macht der hinduistischen Mittelsmänner beim Eintreiben von Steuern einschränkten, und konfiszierte den gesamten Grundbesitz seiner Höflinge und Adligen – um ihnen den Reichtum zu entziehen, mit dem sie einen Aufstand hätten anzetteln können. Ein Handelsministerium legte die Preise fest; Ladenbesitzer, die zu hohe Preise verlangten, wurden öffentlich ausgepeitscht. All dem verdankten die Verbraucher eine sofortige Senkung der Getreidepreise, die auch in Dürrejahren beibehalten wurde.

Der Chronist Barani über die Herrschaft Ala ud-Din Khaljis: »Für ein Kamel musste ein Dang [eine kleine Münze] bezahlt werden, der Preis für eine Sklavin wurde auf 5 bis 12 Tanka [eine Goldmünze] und der für eine Konkubine auf 20 bis 40 Tanka festgelegt. Ein hübscher junger Mann war für 20 bis 30 Tanka zu haben, während der Preis für einen Sklaven zwischen 10 und 15 Tanka lag. Da Konsumgüter und Hausangestellte so billig waren, konnte sich ein Mann mit bescheidenen Mitteln ein glückliches und bequemes Leben mit ein bis vier rechtmäßigen Ehefrauen, einer Reihe von Konkubinen und einem Dutzend auf jeden Wink hin zur Verfügung stehenden Sklavinnen und Sklaven leisten.«

Das Sultanat auf dem Höhepunkt seiner Macht

Ibn Battuta (1304–1369) wird als der größte arabische Abenteurer aller Zeiten bezeichnet – er ist das marokkanische Pendant zu Marco Polo (und beinah sein direkter Zeitgenosse). Im Jahr 1325 brach der in Tanger geborene Jurist zu einer Pilgerreise nach Mekka auf. Anstatt anschließend nach Hause zurückzukehren, verbrachte er die nächsten drei Jahrzehnte damit, den größten Teil der bekannten Welt von Nordafrika bis Ostchina zu durchqueren. Zehn dieser Jahre verbrachte er in Indien, den größten Teil davon am Hof von Muhammad bin Tughluq (1290–1351). Bin Tughluq, bekannt als »die umstrittenste Figur, die Indien je regiert hat«, trug verschiedene Beinamen, so etwa »Muhammad der Blutige«, »Delhis ureigenster Nero« und »Indiens Iwan der Schreckliche«. Battuta, der diesem Mann acht Jahre lang diente, zunächst als Richter und dann als Botschafter, hat uns eine detaillierte Beschreibung des Regenten – samt seiner inneren Widersprüche – hinterlassen. Mehr als jeder andere, den Battuta kennengelernt hatte, war bin Tughluq zwei Dingen verfallen: »dem Verteilen von Geschenken und dem Vergießen von Blut«. An seinem Tor, schreibt Battuta, dauere es nie lange, bis einem, der arm ist, von seinen Reichtümern gegeben und einem anderen das Leben genommen werde. »Trotz alledem ist er von allen Menschen der bescheidenste und derjenige, der am ehesten bereit ist, Gerechtigkeit walten zu lassen und das Recht anzuerkennen.«

Battuta kam 1334 in Delhi an, als sich das Sultanat nach Ala ud-Din Khaljis Tod im Jahr 1316 in einer besonders blutigen Nachfolgekrise befand. Der berüchtigtste Herrscher, der in dieser Zeit auf dem Thron saß, war der brutale Transvestit Qutb ud-Din Mubarak, der von seinem vormaligen Lustknaben, dem Sklaven Khusrau Khan, ermordet wurde. Dieser wiederum blieb nur vier Monate auf dem von ihm im Anschluss usurpierten Thron – immerhin lange genug, um alle Söhne Ala ud-Din Khaljis zu massakrieren. Die Zeit genügte jedoch auch, um die Adeligen am Hof gegen ihn aufzubringen, die ihm die Gefolgschaft versagten und den 60-jährigen Heerführer Ghiyath ud-Din Tughluq unterstützten. Auch dessen Herrschaft war nur von kurzer Dauer. Im Jahr 1325 entledigte sich Muhammad bin Tughluq seines Vaters, indem er in Afghanpur am Ufer des Yamuna einen wenig vertrauenerweckenden hölzernen Empfangspavillon errichten ließ. Nach der offiziellen Version der Geschichte schlug ein Blitz in den Pavillon ein, während Vater und Sohn zu Abend aßen, und brachte das Dach zum Einsturz, wobei Ghiyath ud-Din Tughluq getötet wurde. Battuta aber behauptet, der Pavillon sei absichtlich so gebaut worden, dass er leicht zusammenbrechen konnte. Als alle anderen zum Gebet gegangen waren, habe Muhammad bin Tughluq befohlen, Elefanten über den Boden stampfen zu lassen, so dass die Erschütterungen das Gebäude zum Einsturz gebracht hätten.

Den Sultanen von Delhi lag es nicht gerade fern, Gewalt anzuwenden, doch bin Tughluq trieb das Ganze auf die Spitze, vor

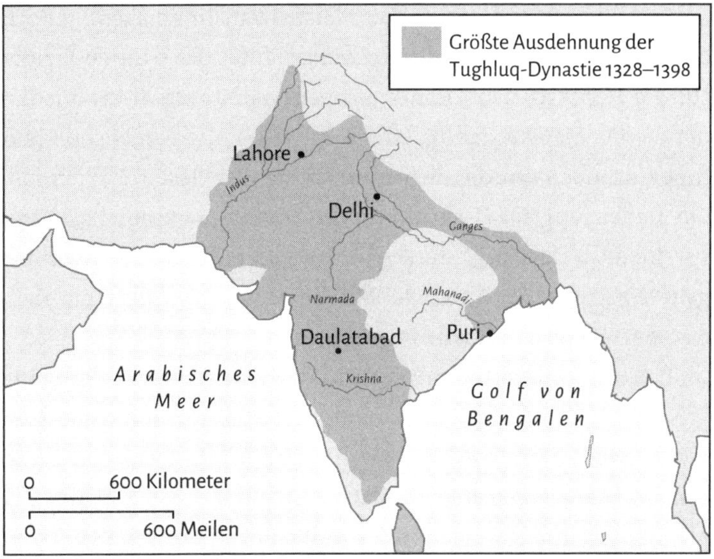

allem, wenn es ihm um Rache ging. Einen seiner Feinde ließ er bei lebendigem Leib häuten, seine Haut ausstopfen und zur Schau stellen, sein Fleisch hacken, mit Reis kochen und seiner Familie servieren. Seine Regierungspraxis war nicht weniger umstritten. Um seine riesige Armee zu finanzieren, erhob er von den Bauern so viele zusätzliche Steuern, dass viele gezwungen waren, ihr Land aufzugeben, was zu einer verheerenden Hungersnot führte. Sein vielleicht spektakulärster Misserfolg war der Versuch, die chinesische Idee des Papiergelds zu übernehmen. Er führte Messing- und Kupfermünzen ein, denen per Dekret ein höherer Wert zugewiesen wurde, als er ihrem Metallgehalt entsprochen hätte. Diese Münzen erwiesen sich als so leicht zu fälschen, dass der Sultan gezwungen war, sie aus dem Verkehr zu ziehen. Er musste echte und gefälschte Münzen in solchen Mengen zurückkaufen, dass sich »in Tughluqabad Haufen von ihnen wie Berge erhoben«.

In seinem Verhältnis zu den Nicht-Muslimen siegte jedoch der Pragmatismus über den religiösen Eifer. Es wurden Gelder für die Reparatur von Hindutempeln bereitgestellt, und jeder, der die *Dschizya* bezahlte, eine Kopfsteuer, die von Nicht-Muslimen erhoben wurde, durfte auch eine Gebetsstätte errichten. Die Bedeutung der *Dschizya* für die Staatseinnahmen ließ Konversionen weit weniger erstrebenswert erscheinen. Schließlich galt: Je geringer der Anteil der Muslime an der Bevölkerung, desto mehr Steuern wurden eingenommen.

Unter bin Tughluq erreichte das Sultanat von Delhi seine größte geographische Ausdehnung. Es umfasste einen Großteil West- wie Ostindiens und reichte tief in die Dekkan-Region hinein. Die Verlagerung des Machtzentrums – die Verlegung der Hauptstadt um 1400 Kilometer südlich nach Daulatabad – löste eine weitere Kontroverse aus. Battuta sah das als Strafe für die Einwohner von Delhi, die die Angewohnheit hatten, dem Sultan anonyme Schmähbriefe zu schreiben. Ein ausschlaggebenderes Motiv könnte sein Verdacht gewesen sein, dass die *Ulama*, die Geistlichen, einen Aufstand planten. Die Verlegung seines Hofes und seiner Administration nach Daulatabad (in die »Stadt der Regierung«, wie sie nun genannt wurde), das zudem eine 40-tägige und vor allem in der Hitze des Sommers zermürbende Reise von der derzeitigen Hauptstadt entfernt lag, brachte ihm nur wenig Zuspruch von Delhis Aristokratie, dem islamischen Klerus, den Händlern und Geschäftsleuten ein. Auch wenn Battuta festhielt, entlang der Route seien so viele Bäume gepflanzt worden, dass dort entlangzugehen wäre, als würde man »durch einen Garten wandeln«, machten am Wegesrand lauernde Banditen und bewaffnete Stammesgruppen die Reise zu einer gefährlichen Angelegenheit.

Bin Tughluq starb – für einen indischen Herrscher eine Seltenheit – eines natürlichen Todes: 1351 bei der Verfolgung von

Rebellen in der Wüstenregion von Sindh. Sein Nachfolger war sein Cousin Firuz Schah Tughluq (1309–1388). Das Reich, das er erbte, begann jedoch bereits zu zerfallen. In großen Gebieten in Bengalen, die unter der Kontrolle des Sultanats gestanden hatten, brachen Rebellionen aus, und die Regionen wurden von Delhi unabhängig, behielten aber ihre muslimische Identität. Firuz Schah Tughluq war ein schlechter Militärstratege, der kein Interesse am Aufbau eines Reiches zeigte. Er musste mit ansehen, wie sich Gujarat durch weitere Rebellionen eine Art Halbautonomie sichern konnte, während sich ein Großteil der Dekkan-Region unter der Bahmani-Dynastie völlig unabhängig machte. Wohl weil er unter Minderwertigkeitskomplexen litt, da er eine hinduistische Mutter hatte, nahm er seine Rolle als Herrscher eines islamischen Staates und Anführer der Gläubigen besonders ernst. In seiner Regierungszeit wurde der große Jagannath-Tempel in Puri geschändet, und die Brahmanen waren nicht länger von der Zahlung der *Dschizya* befreit. Einem bewährten Muster folgend, errichtete Firuz zum Ruhme seiner Herrschaft nördlich von Tughluqabad eine eigene Stadt namens Firozabad.

Der Tod von Firuz Schah Tughluq im Jahr 1388 löste eine weitere Nachfolgekrise aus, die das geschwächte Sultanat anfällig für Angriffe von außen machte. Als der zentralasiatische Kriegsherr Timur (Tamerlan) 1398 in Indien einfiel, konnte das Sultanat nur 10 000 Soldaten aufbieten und war nicht in der Lage, die Hauptstadt zu verteidigen. Timur befahl seinen Truppen, das Leben der Einwohner Delhis zu schonen, doch die Gnadenfrist war nur von kurzer Dauer. Nachdem einige der Eindringlinge beim Plündern erwischt worden waren, kam es zu Handgemengen, bei denen mehrere timuridische Soldaten getötet wurden. In den folgenden drei Tagen randalierten Timurs Truppen, töteten oder versklavten Hindus und plünderten ihr Hab und Gut. Wie er später in seiner Autobiographie, der *Tuzak-i-Timuri*, schrieb:

> »Die Beute war so groß, dass sich jeder Mann zwischen fünfzig und hundert Gefangene sicherte, Männer, Frauen und Kinder. Es gab keinen Mann, der sich weniger als zwanzig aussuchte. Zur übrigen Beute gehörten Rubine, Diamanten, Granate, Perlen und andere Kleinodien in Hülle und Fülle, dazu Zierrat aus Gold und Silber, goldene Ashrafi-Münzen, Tanka-Münzen aus Gold und Silber sowie Brokate und Seidenstoffe von großem Wert. Der Gold- und Silberschmuck der Hindu-Frauen wurde in solchen Mengen erbeutet, dass es jede Vorstellung übertrifft.«

Die unmittelbare Folge von Timurs Raubzug war eine weitere Zersplitterung des Sultanats. Neue halbautonome Machtzentren entstanden im Punjab und im östlichen Teil der Gangesebene, etwa in Jaunpur, wo ein in Äthiopien geborener Sklave, der an Firuz Schah Tughluqs Hof gewesen war, ein Sultanat gründete. Die Tughluq-Dynastie hatten die Sayyiden abgelöst, aber ihr Territorium war bis zur Bedeutungslosigkeit geschrumpft. Aladdin Alam Schah, einer ihrer letzten Herrscher, wurde verspottet, weil er sich »König der Welt« nannte, obwohl sein Herrschaftsgebiet gerade einmal bis zum Dorf Palam reichte, das sich heute in den Außenbezirken Delhis, in der Nähe des internationalen Flughafens, befindet.

Mit dem Beginn der Lodi-Dynastie im Jahr 1451 erfuhr das Sultanat noch einmal einen kurzzeitigen Aufschwung. Doch die Nachkommen afghanischer Kaufleute und Söldner herrschten über kaum mehr als eine Konföderation lose verbundener Staaten. Keiner ihrer Sultane errichtete für sich einen Thron, sie setzten sich üblicherweise auf einen Teppich mit ihresgleichen. Nicht alle Afghanen, die im Gebiet des Sultanats lebten, waren

Anhänger des Regimes, wie Ibrahim Lodi (1480–1526), der letzte Herrscher, 1526 feststellen musste. Die afghanischen Stammesoberhäupter im Punjab legten ihm keinen Willkommensteppich aus, als er um Unterstützung bat, weil Babur mit einem Überfall auf Delhi drohte. So hatte Ibrahim Lodi keine Chance gegen den zukünftigen Gründer des Mogul-Reichs.

In Städten wie Ajmer und Teilen von Sindh war das Aufblühen von Sufi-Gemeinschaften zu beobachten, die Freiheit von der Kastenzugehörigkeit und dem Götzendienst versprachen. Wie die Bhakti-Traditionen des Hinduismus trugen sie eine potentiell zerstörerische Kraft in sich, da sie die Ansicht vertraten, es sei möglich, eine persönliche Beziehung zwischen dem Einzelnen und Gott herzustellen, ohne die orthodoxen religiösen Praktiken bemühen zu müssen. Muslime, Christen, Juden, Zoroastrier und Hindus, so verkündeten die Sufis, »sie alle strebten nach demselben Ziel, und die äußerlichen religiösen Regeln, die sie voneinander trennten, seien falsch«. Sufi-Schreine, die Heiligen gewidmet waren, entstanden in ganz Nordindien und wurden von Hindus und Muslimen gleichermaßen besucht.

Ein Paradebeispiel für die Annäherung zwischen Sufi- und Hindu-Frömmigkeit ist das Werk des Dichters Kabir aus dem 15. Jahrhundert. Er wurde in eine muslimische Weberkaste hineingeboren und lebte in Varanasi, wo sein Schrein noch heute Anhänger aller Religionen anzieht. Die Legende besagt, sein Körper habe sich nach seinem Tod in Blumen verwandelt – damit er weder eine hinduistische Einäscherung noch ein muslimisches Begräbnis erhalten konnte. Heute hat er zwei Gräber, jeweils eines wird von einer Glaubensrichtung gepflegt. Für Kabir spielten weder Priester noch Mullahs eine Rolle. Jedes aufrichtige Glaubensbekenntnis, egal wie es ausgedrückt wurde, hatte seiner Ansicht nach mehr Chancen, bei Gott Gehör zu finden, als ein noch so präzise ausgeführtes Ritual.

Kabir:
»Hört gut zu,
Weder die Veden
Noch der Qur'an
Lehren dich dies:
Lege die Trense in sein Maul,
Den Sattel auf seinen Rücken,
Deinen Fuß in den Steigbügel,
Und dann reite deinen wilden, entlaufenen Geist
Den ganzen Weg bis zum Himmel.«

Die muslimischen Herrscher, die Indien von der Zeit des Sultanats von Delhi bis zum frühen 18. Jahrhundert regierten, waren zumeist Pragmatiker, denen nicht verborgen geblieben war, dass sie als eine Minderheit über eine große, hauptsächlich hinduistische Bevölkerung herrschten, die noch dazu über einen riesigen Subkontinent verstreut lebte. Die Armeen, die sie unterhielten, dienten in erster Linie dazu, Indien vor der ständigen Bedrohung durch eine mongolische Invasion zu schützen, und nicht dazu, Territorien zu erobern. Von Herrscher zu Herrscher, von Dynastie zu Dynastie schwankte die Art und Weise, wie der Islam vertreten wurde, zwischen integrativ und ikonoklastisch, aber zu keinem Zeitpunkt war ein Religionswechsel für weite Teile der Bevölkerung angestrebt.

Wenn hinduistische Tempel zerstört wurden, so geschah dies mit dem Ziel, die beträchtlichen Schätze zu konfiszieren und die politische Autorität der lokalen Herrscher zu untergraben. Im Großen und Ganzen durften Hindus, Jaina und religiöse Minderheiten wie die Juden und Parsen ihre Götter ungestört verehren. Da man Hindus für Verwaltungsämter und als Soldaten für die Armeen gewinnen musste, stellte man den Wunsch nach deren Bekehrung zurück. Die gesamte Wirtschaft lag in den Händen der Hindus, und Hindu-Bankiers machten riesige Gewinne, indem sie neuangekommenen Muslimen aus Zentralasien beim Kauf von Sklaven, Brokat, Juwelen und sogar Pferden halfen.

Bei Eroberungen ging es mehr um Handel als um Bekehrung. Jenseits des Indus-Flusses lag ein Land, das reich an Ressourcen war und über eine Volkswirtschaft verfügte, die weiter entwickelt war als die meisten anderen auf der Welt. Es war ein Land mit einer Fülle an Gold, Silber und Edelsteinen, Gewürzen und Sklaven. Die Straßen waren sicher, die Häfen effizient, die Zölle niedrig. Erst ab dem 19. Jahrhundert propagierten die Briten die Charakterisierung der muslimischen Herrscher als destruktiv und despotisch, um ihre Herrschaft davon als gerecht und wohlwollend abgrenzen zu können. Die Reibereien, die um die Zeit der indischen Unabhängigkeit zwischen den Glaubensgemeinschaften der Hindus und der Muslime ausbrachen und seither immer wieder aufflammen, hat es in der Zeit, als die muslimischen Dynastien die mächtigste Kraft in Indien waren, so gut wie nicht gegeben.

Die Stadt des Sieges

Obwohl die territorialen Gewinne von Herrschern wie Muhammad bin Tughluq in Südindien im Allgemeinen nur von kurzer Dauer waren, führten sie zur Zerstörung vieler bestehender Königreiche. Aus der sich daraus ergebenden unbeständigen politischen Landschaft sticht die Gründung des Vijayanagara-Reiches im Jahr 1336 heraus. Harihara (Regierungszeit 1336–56) und sein Bruder Bukka (Regierungszeit 1356–77), zum Islam konvertierte Hindus, die unter den Tughluqs gedient und dann gegen sie rebelliert hatten, waren die ersten Könige. Der Legende nach erkannte ein hinduistischer Weiser in Harihara eine Verkörperung des Gottes Virupaksha. Jener soll noch einmal die Religion gewechselt und dafür die Möglichkeit bekommen haben, ein Königreich nach hinduistischen Prinzipien zu errichten. Das nach seiner Hauptstadt Vijayanagara (›Stadt des Sieges‹) benannte Reich bestand drei Jahrhunderte lang und war auf dem Höhepunkt seiner Macht der größte Staat, der je in Südindien gegründet worden ist, mit einer Bevölkerung von rund 25 Millionen Menschen – zu einer Zeit, in der der gesamte Subkontinent etwa 150 Millionen Menschen zählte. Als der timuridische Botschafter Abd-ar-Razzagh (1413–1482) Mitte des 15. Jahrhunderts die Hauptstadt erreichte, bemerkte er: »Diese Stadt ist so, dass das geschulte Auge noch nie einen Ort wie diesen gesehen hat und der gebildete Verstand noch nie gehört hat, dass es auf der Welt etwas gibt, das ihr gleichkommt.« Im Juwelenbasar gebe es Perlen von solcher Qualität, »dass die Aureole des Vollmondes Feuer fing, wenn er nur einen seiner strahlenden Blicke darauf warf«. Die Herrscher beanspruchten universelle Souveränität – ihr Ziel sei es gewesen, »die Regentschaft der ganzen Welt unter einem einzigen Schirm« zu vereinigen.

Hauptkonkurrenten der Vijayanagara-Herscher waren die Bahmani-Sultane, die von Gulbarga (heute Kalaburagi) aus regierten, und die Gajapati, die Herren der Elefanten, die einen Großteil des heutigen Staates Odisha kontrollierten. Deva Rayā II., der pragmatische Herrscher des Vijayanagara-Reiches von 1432 bis 1446, baute sein Militär aus, indem er Fußsoldaten und Offiziere aus dem Bahmani-Reich in seine Armee aufnahm. Nachdem er 1509 den Thron bestiegen hatte, drängte Krishna Deva Rayā (1471–1529), der als der größte aller Vijayanagara-Könige gilt, die Herren der Elefanten in ihre Hauptstadt Cuttack zurück.

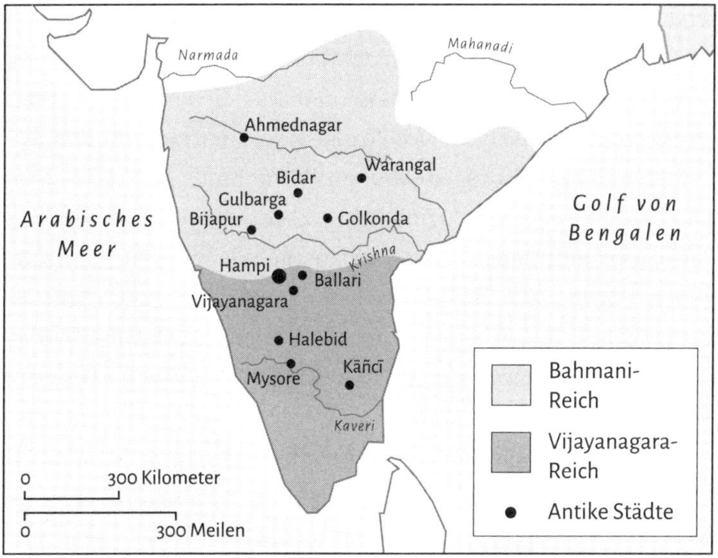

Krishna Deva Rayā herrschte über ein Reich, das sich von der Malabar- bis zur Koromandelküste erstreckte. Er glaubte, dass Handel der Schlüssel zu universeller Souveränität sei, und hieß als einer der ersten indischen Herrscher europäische Händler in seinem Reich willkommen. Ein guter Herrscher, so schrieb er, müsse den Ausbau der Häfen veranlassen, damit alle wichtigen Waren wie Sandelholz, Edelsteine und Perlen frei importiert werden könnten. Nach seinem Willen sollte für ausländische Seeleute, die an den Küsten seines Königreichs Schiffbruch erlitten, gesorgt werden: »Die Kaufleute aus dem fernen Ausland, die Elefanten und gute Pferde einführen, bindest du an dich, indem du ihnen eine tägliche Audienz und Geschenke gewährst und anständige Gewinne zugestehst. Dann werden diese Waren niemals an Deine Feinde gehen.« Portugiesische Kanoniere bildeten das Rückgrat seiner Armee.

Historiker haben die hinduistischen Herrscher von Vijayanagar lange Zeit als Bollwerk gegen die Ausbreitung des muslimischen Einflusses in Südindien betrachtet. Eine Untersuchung der Kultur, Gesellschaft und Architektur des Königreichs ergibt jedoch ein anderes Bild. Von Beginn ihres Reiches an bezeichneten sich dessen Herrscher als Hindu-rayā-suratrana, ›Sultan unter den indischen Königen‹, und sie übernahmen persische Ideen und Praktiken. Der als königliches Zentrum bekannte Bereich der Hauptstadt wies islamische Baustile wie Kuppeln, Spitzbögen, Kreuzgewölbe und Stuckreliefs auf. Türkische und iranische Soldaten wurden für die Armee rekrutiert. Skulpturen türkischer Soldaten standen sogar an einigen der Hindu-Tempel der Stadt Wache.

Abd-ar-Razzagh bemerkte, dass der König eine Tunika aus chinesischer Seide trug, die der Kleidung iranischer Herrscher aus dem 12. Jahrhundert nachempfunden war. Die Adligen trugen bei öffentlichen Anlässen eine krempenlose Kopfbedeckung, die ebenfalls aus Persien stammte, und wechselten bei religiösen Hindu-Zeremonien zur traditionellen südindischen Kleidung. »Für diese Eliten war ein wichtiges Zeichen der Kultiviertheit des Hofes insbesondere, an der Sphäre der großen islamischen Zivilisation teilhaben zu können und gleichzeitig weiterhin das zu unterstützen und zu fördern, was sich zu einer unverwechselbaren gesamt-südindischen Elitenkultur entwickeln sollte«, schreibt die Historikerin Rosalind O'Hanlon. Mit der Gründung des Mogul-Reichs erreichte dieser Austausch zwischen der hinduistischen und der islamischen Sphäre seinen Höhepunkt.

Kapitel 5

Die glorreichen Moguln

Wer um 1500 durch Südasien reiste, fand eine Region vor, die in Dutzende von rivalisierenden Königreichen aufgeteilt war – und ein multiethnisches Geflecht von Eliten, die um Macht, Prestige und einen Anteil an den riesigen Ressourcen Indiens wetteiferten. Ein Jahrhundert später war praktisch die gesamte nördliche Hälfte des Subkontinents unter dem Dach eines einzigen Staates vereint: dem Mogul-Reich. Die Großmoguln, wie die ersten sechs Kaiser der Dynastie genannt werden, hinterließen einige der exquisitesten Bauwerke in ganz Asien, darunter das in marmorner Pracht erstrahlende Taj Mahal in Agra, aber auch die Ruinen von Akbars kurzlebiger Hauptstadt Fatehpur Sikri verweisen noch heute auf den vormaligen Glanz. Für einige Gelehrte entsprechen die Großmoguln nach wie vor dem Inbegriff des orientalischen Autokraten: Ihre Herrschaft war von rücksichtslosen Erbfolgekämpfen und aggressiven militärischen Eroberungen geprägt. Andere betonen, was für eine hohe Intensität die kulturelle Begegnung zwischen dem Hof der Moguln und der Sanskrit-Kultur Indiens hatte. Nach allgemeiner Vorstellung beinhaltete der Nimbus der Moguln unglaublichen Reichtum, opulente Paläste und Schatzkammern voller Edelsteine. Zu Beginn des 20. Jahrhunderts erschien es dem deutschen Reiseschriftsteller und Philosophen Hermann Graf Keyserling so, als ob »die Großen unter den Großmoguln […] die größten Herrscher gewesen seien, welche die Menschheit hervorgebracht. Es waren Gewaltnaturen, wie es die Nachkommen eines Dschingis Khan und Timurs sein mussten, raffinierte Diplomaten, erfahrene Menschenkenner und gleichzeitig Weise, Ästheten und Träumer.« Eine solche »überlegene Menschheitssynthese« gehe über das hinaus, was ein »weltlicher Fürst des Westens je verkörpert« habe.

Eine Fülle an überlieferten Schriften verstärkt die Aura der Dynastie noch. Neben den persönlichen Memoiren der Großmoguln berichten die Annalen der Hofchronisten bis ins kleinste Detail über die tägliche Verwaltung ihrer Reiche. Der Aufstieg der Moguln fiel mit dem Zeitalter der europäischen Entdeckungen und des Expansionismus zusammen. Englische Gesandte, die Geschenke im Tausch gegen Handelsrechte mitbrachten, jesuitische Missionare auf der Suche nach potentiellen Konvertiten, französische Juweliere, die um Edelsteine feilschten, italienische Ärzte, die Quacksalberarzneien gegen Gicht und Impotenz anboten, sowie eine Vielzahl der unglaublichsten Abenteurer hinterließen freimütige Berichte über die einzelnen Herrscher, von ihrem Aussehen bis zu ihrer Exzentrik – und über die Pracht ihrer Höfe.

Moguln und Mongolen

Außenstehende bezeichneten die von Babur gegründete Dynastie als ›Moghul‹-Dynastie und verwendeten dabei das persische Wort für Mongolen. Babur zog es dagegen vor, die türkischen Wurzeln seines Vaters zu betonen. Im 15. Jahrhundert schwang im Begriff ›Mongole‹ die Konnotation ›barbarisch‹ mit. Oder wie Babur zu sagen pflegte: »Wären die Mongolen eine Rasse von Engeln, wäre es immer noch ein abscheuliches Volk.«

Die Geschichte der Moguln beginnt 1483 im heutigen Usbekistan mit der Geburt von Zahir ad-Din Babur (gest. 1530). Sein Vater, ein Ur-Ur-Ur-Enkel Timurs, war Herrscher von Ferghana, einer kleinen, aber außerordentlich fruchtbaren Provinz westlich von Samarkand, der alten Hauptstadt Timurs, in der sich auch dessen prächtiges Grab befindet. Baburs Mutter war eine direkte Nachfahrin von Dschingis Khan, dem Gründer des Mongolenreichs. Als sein Vater bei einem schrecklichen Unfall ums Leben kam, gelangte Babur 1494 im Alter von nur elf Jahren auf den Thron. Baburs Vater war Taubenzüchter gewesen und hatte seine Vögel in einem Taubenschlag an der Außenmauer seines Palastes untergebracht; er kümmerte sich gerade um sie, als der Vorsprung unter ihm nachgab – oder wie Babur es in seinen Memoiren so poetisch ausdrückt: »Umar Shaikh Mirza flog davon, mit seinen Tauben und ihrem Haus, und wurde ein Falke.«

Zwei Jahre nach Beginn seiner Herrschaft unternahm er den ersten von drei Versuchen, Samarkand zu erobern. Dieser erste Versuch scheiterte, doch im folgenden Jahr konnte er die Stadt einnehmen – für einige Monate. Während seiner Abwesenheit wurde Ferghana von seinem Halbbruder erobert, so dass Babur ohne Königreich dastand. Mittellos verbrachten Babur, seine Mutter und eine kleine Schar von Anhängern die nächsten Jahre damit, durch die Berge und Täler Zentralasiens zu ziehen. »Mir ging durch den Kopf, dass obdachlos und hilflos von Berg zu Berg zu wandern, wenig für sich hat«, schrieb er später.

Baburs Memoiren, die *Baburnama*, sind ein aufschlussreicher Bericht über diese »thronlosen Zeiten«, wie er sie nannte. Im Gegensatz zu den größtenteils von gedungenen Schreibern verfassten Hagiographien anderer Mogulherrscher ist Babur in seinen Memoiren beinahe beängstigend offenherzig. Er sei »sowohl ein Cäsar als auch ein Cervantes« gewesen, beurteilt der heutige indische Schriftsteller Amitav Ghosh sein Werk. Sein Ziel, so teilt Babur seinen Lesern mit, sei es, »in jeder Angelegenheit die Wahrheit zu finden und jede Handlung genauso aufzuzeichnen, wie sie geschehen ist«. Das *Baburnama* wurde als »eines der fesselndsten und romantischsten Werke der Literatur aller Zeiten« bezeichnet, was vor allem auf seine Freimütigkeit zurückzuführen ist. Es berichtet von der Schüchternheit des künftigen Großmoguln in sexuellen Belangen gegenüber seiner ersten Frau, von einer platonischen Liebesbeziehung zu einem Basarjungen in Andischan, von seiner Sehnsucht nach den Melonen von Kabul und sogar von der Farbe seiner Ausscheidungen nach einem Vergiftungsversuch – »eine extrem schwarze Substanz wie verdorrte Galle«.

1504, im Alter von 21 Jahren, gab Babur seinen Traum von der Eroberung Samarkands auf und nahm stattdessen Kabul ins Visier. Der despotische Herrscher der Stadt war gerade gestorben und hatte seinen kleinen Sohn als Erben hinterlassen. Die Eroberung Kabuls war ein Kinderspiel, und sein Erfolg brachte Babur die Kontrolle über mehrere strategische Knotenpunkte ein, die Indien mit Zentralasien verbanden. Ein Jahr später führte er die erste von fünf Expeditionen nach Indien durch. Zunächst handelte es sich um Plünderungszüge. Nachdem er 1514 einen letzten erfolglosen Versuch unternommen hatte, Samarkand zu erobern, begann er, Nordindien als das Gebiet zu betrachten, in dem die Macht der Timuriden wieder aufgebaut werden konnte. Obwohl er von einigen unzufriedenen Lodi-Adligen Unterstützung bekam, hielt er sie für unzuverlässig und gab seinen Invasionstruppen zwischen 1519 und 1524 dreimal den Befehl, umzukehren. Erst 1525 bereitete er sich darauf vor, es mit Ibrahim Lodi aufzunehmen. Auf seinem Vormarsch durch die Ebenen des Punjab, wo Lodis Autorität weitgehend zusammengebrochen war, stieß Babur – lediglich mit einer Streitmacht von 8000 Soldaten unterwegs – auf wenig Widerstand. Im April 1526 erreichte er Panipat im heutigen Haryana. Was Babur an zahlenmäßiger Truppenstärke fehlte, machte er mit der neuesten Ausrüstung wett: Seine Soldaten hatten Gewehre mit Luntenschloss und Kanonen. Außerdem stellte er seine Truppen in einer Formation auf, die derjenigen ähnelte, die amerikanische Pioniere im Wilden Westen im Konflikt mit indigenen Stämmen verwenden sollten. Ochsengespanne wurden in einem Kreis aufgestellt und bildeten eine eindrucksvolle Barrikade, hinter der seine Artillerie in Deckung lag. Als Lodis Truppen schließlich angriffen, wurden sie von Gewehrkugeln niedergemäht. Von den Flanken angreifende, zuvor in Reserve gehaltene Kavalleristen taten ein Übriges. Nach nur wenigen Stunden war alles vorbei.

Unter den Toten war auch Lodi, der einzige muslimische Herrscher von Delhi, der in der Schlacht fiel. Wie üblich trennten die Soldaten seinen Kopf ab und präsentierten ihn Babur. Er hob ihn feierlich hoch und rief aus: »Ehre deiner Tapferkeit.« Seine beiden ranghöchsten Amire hüllten den Leichnam in Brokat, dann badeten sie ihn und begruben ihn dort, wo er gefallen war. Zum Gedenken an seinen Sieg errichtete Babur eine Moschee, legte aber auch noch einen symmetrischen Garten mit ineinandergreifenden Kanälen und erhöhten Gehwegen an, der an eine zentralasiatische Oase erinnerte – etwas, das er in anderen Teilen Indiens wiederholen sollte.

Nach seinem Sieg ritt Babur nach Delhi und blieb gerade lange genug dort, um die *Chutba*, eine liturgische Ansprache während des Freitagsgebets, in seinem Namen verlesen zu lassen – ein Akt, der die stillschweigende Akzeptanz der Bevölkerung für ihren neuen Herrscher besiegelte. Anschließend marschierte er in die Lodi-Hauptstadt Agra, wo sein Sohn Humayun (1508–1556) die Familie des Rajas der wichtigen nordindischen Region Gwalior gefangengesetzt hatte. Dass er die neuen Herrschaftsverhältnisse akzeptiert hatte, zeigte der Raja, indem er Humayun einige Juwelen zum Geschenk machte, darunter ein Diamant, der so groß war, dass sein Gegenwert »zweieinhalb Tage lang Nahrung für die ganze Welt« bedeuten würde. Als sein Sohn ihm diesen Stein überreichen wollte, weigerte sich Babur, das Geschenk anzunehmen. Jahre später schenkte Humayun den

Stein, der als »Baburs Diamant« bekannt wurde, dem Herrscher von Persien. Einige Anhaltspunkte, etwa die Größe des Steins, legen nahe, dass es sich bei dem sagenumwobenen Diamanten um den Koh-i-Noor handeln könnte.

Auf Babur und seine kriegsmüden Soldaten, die sich nach den kühlen Gebirgspässen Afghanistans sehnten, machten die neueroberten Gebiete einen trostlosen Eindruck. Um sie davon abzubringen, sich auf den Rückweg zu machen, sprach er: »Sollen wir nach Kabul zurückkehren und weiter arm bleiben? Lasst niemanden, der mich unterstützt, in Zukunft noch einmal so etwas sagen. Sorgt dafür, dass niemand, der es nicht mehr aushält und entschlossen ist zu gehen, es sich noch einmal anders überlegt.« Indien, daran erinnerte er sie, sei groß und voller Reichtümer – auch wenn es sonst wenig zu bieten habe.

Auf dem Weg zu Baburs Ziel – die timuridische Herrschaft in Nordindien zu etablieren – gab es einige Hürden, angefangen bei der, wie er es nannte, »bemerkenswerten Abneigung und Feindseligkeit zwischen [Indiens] Volk und dem meinen«. Außerdem waren die Moguln weit davon entfernt, das Land zu dominieren. Seit dem Untergang des Sultanats von Delhi wurde ein Großteil Nordindiens von halbautonomen afghanischen Fürstentümern kontrolliert. Die aufeinanderfolgenden Dynastien des Sultanats von Delhi hatten sich alle auf Soldaten aus Afghanistan mit Pferden aus Zentralasien verlassen, die von afghanischen Händlern importiert worden waren, um ihre Armeen kampfbereit zu halten. Viele dieser Soldaten waren zu kleinen Provinzherrschern geworden.

Babur musste sich auch mit zahlreichen Rajputen-Clans auseinandersetzen, von denen die Sisodia die stärksten waren. Entschlossen, das Rajputen-Reich von Prithviraj Chauhan wiederherzustellen, stellte der Sisodia-Anführer Rana Sanga (1482–1528) ein großes Heer zusammen, verließ 1527 seine Hochburg

Babur über Indien (aus dem *Baburnama*): »Es gibt keine Schönheit unter den Menschen, keinen anmutigen gesellschaftlichen Umgang, kein poetisches Talent oder Feingefühl, keine Etikette, kein vornehmes Wesen und keine Mannhaftigkeit. Die Künste und das Handwerk entbehren der Harmonie oder Symmetrie. Es gibt keine guten Pferde, keine guten Hunde, keine Trauben, Zuckermelonen oder andere erstklassige Früchte, kein Eis oder gekühltes Wasser, kein gutes Brot oder gekochtes Essen auf den Basaren, keine heißen Bäder, keine Hochschulen, keine Kerzen, Fackeln oder Leuchter.«

Mewar und rückte rasch nach Norden vor, um den Eindringling abzuwehren, der ihn diesem Traum einen Schritt näher gebracht hatte, indem er so zuvorkommend gewesen war, die Lodi-Dynastie zu beseitigen. Die Moral von Baburs zahlenmäßig weit unterlegener Armee sank, als ein Astrologe darauf hinwies, dass der Mars in einer ungünstigen Position stand, ein sicheres Omen für eine Niederlage der Timuriden. Babur versuchte, dem Omen entgegenzuwirken, indem er einige unislamische Steuern abschaffte und schwor, keinen Wein mehr zu trinken. 300 seiner Befehlshaber schlossen sich diesem Gelöbnis an, und Dutzende von Krügen des neuesten Jahrgangs, die aus Kabul herbeigeschafft worden waren, wurden in einen eigens dafür gegrabenen Stufenbrunnen geschüttet. Die goldenen wie silbernen Weinkelche wurden zerbrochen und die Scherben an die Armen verteilt. Um die Moral seiner Soldaten weiter zu stärken, rief er den Dschihad, den heiligen Krieg, gegen den ungläubigen Rajputen-Herrscher aus und gab sich selbst den Titel eines *Ghazi*, eines heiligen Kriegers.

Die beiden Armeen trafen in Khanwa, etwa 70 Kilometer westlich von Agra, aufeinander. Die Rajputen wurden ihrem Ruf gerecht und kämpften mutig. Babur wiederholte seine bei

Panipat angewandte Taktik und errichtete eine Barrikade aus Wagen, hinter der seine mit Luntenschlossgewehren und Kanonen bewaffneten Truppen lagen. Sie dezimierten die Rajputen-Soldaten, bis seine Kavallerie die feindlichen Truppen einkesseln konnte. Die Taktik ging auf. Zum Gedenken an seinen Sieg ließ Babur abgeschlagene Köpfe turmhoch aufstapeln – als Warnung für andere, die es mit seinen Truppen aufnehmen wollten.

Mit Mitte vierzig ging es Babur gesundheitlich immer schlechter. Die Entbehrungen, die er zu Beginn seines Lebens hatte ertragen müssen, forderten ihren Tribut. Als Humayun hörte, dass sein Vater krank war, befürchtete er, dass Adlige am Hof eine Intrige anzetteln und einen seiner Onkel auf den Thron setzen könnten. Doch nachdem er von Badachschan nach Delhi zurückgekehrt war, erkrankte er selbst schwer. Eine Legende besagt, dass Babur dreimal um seinen Sohn herumging und für dessen Genesung betete. Durch dieses Ritual habe sich Humayuns Krankheit auf ihn übertragen, und er sei kurz darauf gestorben. Aus den historischen Aufzeichnungen geht jedoch hervor, dass zwischen diesem Ereignis und Baburs Tod mehrere Monate vergingen. Babur starb am 26. Dezember 1530, nur vier Jahre, nachdem er der erste Großmogul geworden war. Sein Leichnam wurde in einem der ebenen Gärten beigesetzt, die er in Agra angelegt hatte. Später wurde er in ein Grab gelegt, das sich auf einer Terrasse mit Blick auf Kabul befand, auf der er zu sitzen pflegte, um die Aussicht zu bewundern. Kein Bauwerk durfte darum errichtet werden, so konnten auch Schnee und Sonnenschein das Grab erreichen.

Niederlage und Verbannung

Baburs Nachfolge war nach einer von Dschingis Khan und Timur festgelegten Tradition geregelt. Humayun war von seinem Vater zum Erben bestimmt worden, doch seine Brüder Kamran, Askari und Hindal hatten trotzdem Anspruch auf einen Teil der Territorien des Reichs. Und jeder der drei war verbittert darüber, dass nicht er der neue Großmogul geworden war. Kamran, der glaubte, er sei bei der Verteilung der Herrschaftsgebiete zu kurz gekommen, weil er nur Kabul und Kandahar erhalten hatte, war der Erste, der sich gegen Humayun stellte und den Punjab annektierte. Humayun blieb keine andere Wahl, als sich mit der neuen Aufteilung abzufinden.

Eine noch größere Bedrohung für Humayuns Herrschaft ging von Bahadur Schah (1505–1537) aus, dem Herrscher über das wohlhabende Gujarat und die bedeutenden Seehäfen im Golf von Kachchh. Im Jahr 1535 marschierte Humayun nach Süden, um Bahadur Schah zu stellen, dessen Armee mit den neuesten Kanonen ausgerüstet war und portugiesische Kanoniere in ihren Reihen hatte. Eines Nachts gelang es Humayuns Truppen nichtsdestoweniger in einer gewagten Aktion, die Festung Champaner zu erobern, so dass sie Bahadur Schahs Schatzkammer plündern konnten. Anschließend eroberte Humayun die Hauptstadt Ahmedabad und die Bergfestung Mandu in Malwa, im zentralen Westen Indiens. Doch anstatt seine Eroberungen militärisch und verwaltungstechnisch zu konsolidieren, verbrachte er seine Zeit damit, prächtige Bankette zu geben und die Vergnügungen an seinem Hof zu genießen. So bemerkt der britische Autor Bamber Gascoigne treffend über Humayun: »Er zog es möglichen langfristigen Vorteilen stets vor, die Früchte eines Sieges direkt auszukosten, und machte es sich lieber monatelang gemütlich, indem er sich die Zeit mit Wein, Opium (das er in

Form von Kügelchen mit Rosenwasser einnahm) und Poesie vertrieb.«

Humayun kehrte nach Agra zurück, um sich einer neuen Bedrohung zu stellen. Sher Schah Suri (Farid al-Din Khan, 1486–1545), zunächst ein unbedeutender Gefolgsmann der Lodi-Dynastie, der über ein kleines Lehen in der Nähe von Varanasi verfügte, hatte sich an die Spitze des afghanischen Widerstands gegen die Mogulherrschaft in Ostindien gesetzt. Im Jahr 1537 fiel Farid al-Din in Bengalen ein und belagerte die Hauptstadt Gaur. Humayun musste reagieren und segelte – in Begleitung seiner Brüder Kamran und Hindal, mit denen er sich vorübergehend versöhnt hatte – mit einem Aufgebot an kleineren Kriegsschiffen den Yamuna und den Ganges hinunter. Doch anstatt nach Gaur zu ziehen, versuchte er sechs Monate lang vergeblich, die von Farid al-Din gehaltene Festung Chunar einzunehmen. Farid al-Din eroberte in der Zwischenzeit Gaur, plünderte die Schatzkammer und konnte mit dem Erlös eine der größten Armeen aufstellen, die es je in Nordindien gegeben hatte. Inzwischen vor Selbstbewusstsein nur so strotzend, ließ sich Farid al-Din zum Herrscher ausrufen und nahm den Titel Sher Schah an.

Als Humayun vom Fall Gaurs erfuhr, versuchte er, mit dem Sher Schah ein Abkommen zur Teilung der Macht auszuhandeln, aber es konnte keine Einigung darüber erzielt werden, wer zukünftig Bengalen regieren sollte. Als Humayun in Gaur ankam, fand er die Stadt allerdings weitgehend verlassen vor. Auch dort ließ sich der Großmogul lieber ablenken, als alle Energie darauf zu verwenden, wieder die Oberhand zu gewinnen – diesmal vor allem durch die »märchenhaft hübschen Gesichter der Mädchen und die hübschen Mägde, aber auch die erquicklichen Gärten und entspannenden Wasserbecken« in Gaur.

Während Humayun in seinem Harem in Gaur »jede Art von Luxus« genoss, stürmte sein Halbbruder Hindal Agra, die

Hauptstadt des Mogul-Reiches, und proklamierte sich selbst zum Herrscher. Kamran kehrte unterdessen in den Punjab zurück, doch anstatt Humayun bei der Unterwerfung seiner Gegner in Nordindien zu helfen, schmiedete er mit Hindal einen Plan, wie sie die Macht unter sich aufteilen wollten. Die Lage spitzte sich zu, als Sher Schah die Unruhen am Hof der Moguln ausnutzte, um 1539 Humayuns Streitkräfte noch während des Monsuns in Chausa anzugreifen. Kamran und Hindal schätzten die Situation ihres Bruders als hoffnungslos ein und ignorierten seine Bitten um Hilfe. Im Juni 1539 endeten die drei Monate, in denen Humayun und Sher Schah ihre jeweiligen Verteidigungsanlagen verstärkt, frische Truppen um sich versammelt und sich in Scheindiplomatie geübt hatten, mit einem Überraschungsangriff der afghanischen Truppen, die damit die Armee Humayuns überrennen konnten. Auf dem Rückzug über den vom Monsun angeschwollenen Ganges stürzte Humayun vom Pferd. Er drohte zu ertrinken, doch einer seiner Wasserträger rettete ihn, indem er einen der Ziegenlederbeutel aufblies und ihn Humayun wie eine Rettungsboje zuwarf. Der Diener wurde später damit belohnt, dass er für einen Tag den Regenten geben durfte.

Die nächste Begegnung zwischen den beiden Armeen fand in der Nähe von Kannauj in der Gangesebene statt. Demoralisiert und dezimiert, da bereits viele Soldaten desertiert waren, gerieten die Truppen des Großmoguln in Panik und flohen. »Es war kein Kampf, sondern ein einziges In-die-Flucht-Schlagen, denn nicht ein Mann, ob Freund oder Feind, wurde auch nur verwundet. […] Nicht eine Kanone wurde abgefeuert – nicht einmal ein Gewehr«, klagte später einer von Humayuns Generälen. Der Großmogul war erneut gezwungen, zu fliehen, diesmal überquerte er den Ganges auf einem Elefanten und zog sich nach Lahore zurück. Sher Schah hatte damit die Verluste der Schlacht bei Panipat wettgemacht. Nur elf Jahre nach ihrer glorreichen Ankunft auf dem Subkontinent schien es, als seien die Moguln am Ende.

Doch Humayuns Exil in Lahore war nur von kurzer Dauer. Nachdem Sher Schah zunächst mit der Einnahme der Stadt gedroht hatte, plante er, nach Kabul zu gehen, doch Kamran hatte die afghanische Hauptstadt fest unter seiner Kontrolle. So blieb Sher Schah nichts anderes übrig, als sich in den Süden in die Region Sindh zurückzuziehen – in der Hoffnung, seine Streitkräfte neu formieren und sein Stammland zurückerobern zu können. Während Kamran und Askari in Afghanistan blieben und ihren Widerstand gegen den im Exil lebenden Großmogul unerbittlich fortsetzten, fand Humayun in Hindal nun einen Verbündeten. Im Jahr 1541 heiratete Humayun die Tochter von Hindals Hauslehrer, Hamida (1527–1604). Ein Jahr später, nachdem sie im Hochsommer die Wüste Thar durchquert und Umerkot in Sindh erreicht hatte, brachte sie einen Jungen namens Akbar zur Welt, der der größte unter den Großmoguln werden sollte. Humayun ließ den Säugling in Kandahar zurück und zog weiter westwärts durch Afghanistan bis nach Herat – eine Stadt, die vom Schah von Persien, Tahmasp I., einem Vertreter der Safawiden-Dynastie, gehalten wurde. Im Juli 1544 erreichte er den Hof von Tahmasp I. in Ghazwin im heutigen Iran, wo der Schah ihm unter der Bedingung Schutz gewährte, dass er mitsamt seinem Gefolge zur schiitischen Glaubensrichtung innerhalb des Islam konvertierte. Im zu zahlenden Schutzgeld inbegriffen war zudem der Koh-i-Noor-Diamant.

Im September 1545 führte Humayun eine für die neue Allianz zwischen der Safawiden-Dynastie und dem Großmogul kämpfende Streitmacht nach Kandahar – Schah Tahmasp I. hatte dafür Truppen und Gelder bereitgestellt – und nahm Askari dessen Herrschaftsgebiet ab. Drei Monate später besiegte dieselbe Armee Kamran in Kabul. In den folgenden acht Jahren versuchte

Kamran viermal erfolglos, die Stadt zurückzuerobern. Bei seinem letzten Versuch wurde er gefangengenommen und zu Humayun gebracht, der ihn blenden ließ. Kamran soll seine Kerkermeister angefleht haben, ihn lieber zu töten. Als sie sich weigerten, ertrug er stoisch, dass sie ihm die Augen ausstachen. Anschließend bat er um die Erlaubnis, eine Pilgerreise nach Mekka machen zu dürfen, wo er 1557 starb.

In Humayuns Abwesenheit hatte sich Sher Schah als fähiger Regent erwiesen, indem er ein stabiles, wohlhabendes und gut verwaltetes Reich führte. Er hatte die Armee neu organisiert, das System der Steuererhebung rationalisiert und feste Steuersätze auf die landwirtschaftlichen Produkte eingeführt; außerdem war er gegen die Korruption vorgegangen. Er erneuerte und erweiterte die Fernhandelsstraße, die Sadak-e-Azam (›große Straße‹, Vorläufer-Chaussee zur heutigen Grand Trunk Road) und übertrug die Sicherheit entlang der Route den jeweiligen Regionalherren. Es wurden schattenspendende Bäume angepflanzt und für Hindus wie Muslime Karawansereien und Raststätten im Abstand von je einer Tagesreise errichtet. Außerdem führte er eine standardisierte Silbermünze ein: die Rupiya, die die heutige Währung im modernen Indien und Pakistan vorwegnahm. Einzig seine Pläne, afghanische Kolonien in Rajasthan, Malwa und Bundelkhand zu errichten, konnte er nicht verwirklichen. Als er 1545 versuchte, die Rajputen-Festung Kalinjar einzunehmen, explodierte ein Munitionslager in seiner Nähe; er war sofort tot. Noch zu Lebzeiten hatte er in Sasaram sein Mausoleum errichten lassen, das an Größe alle bis dato in Indien errichteten Gräber anderer muslimischer Herrscher übertraf.

Die Führungskrise nach Sher Schahs Tod, in deren Verlauf fünf Herrscher in kurzer Folge kamen und gingen, ermutigte Humayun zu einem Versuch, sein Herrschaftsgebiet zurückzuerobern. Im Jahr 1555 besiegten seine Truppen die Armee von

Sher Khans dreistöckiges, 46 Meter hohes Mausoleum liegt inmitten eines Sees. Um ihre afghanischen Feinde zu übertreffen, bauten die nachfolgenden Großmoguln immer größere und aufwändigere Grabmäler, was seinen Höhepunkt im Taj Mahal in Agra fand.

Sher Schahs Sohn bei Sirhind im Punjab, bereits Mitte des Jahres hatten sie Delhi erobert. Nach einer 14-jährigen Unterbrechung hatten Baburs Nachfahren sich die Herrschaft im Mogul-Reich zurückgeholt.

Humayun war es nicht vergönnt, seinen Sieg lange auszukosten. Im Januar 1556, nur sechs Monate nach der Rückeroberung Delhis, befand er sich in der alten Festung in Delhi, genauer auf dem Dach der Bibliothek der Purana Qila, und beriet sich mit seinen Astrologen, zu welcher Stunde die Venus aufgehen werde, als der Ruf zum Gebet ertönte. Humayun stand auf, verfing sich mit dem Fuß in seinem Gewand, stürzte eine steile Treppe hinunter und verletzte sich dabei am Kopf. Einige Tage später starb er mit den letzten Worten: »Ich akzeptiere den göttlichen Ruf.«

Der größte der Moguln

Humayuns Sohn Akbar (1542–1605) war erst 13 Jahre alt, als sein Vater starb. Bairam Khan (1501–1561), der General, der Humayuns Rückeroberung Indiens geleitet hatte, sollte nun Akbars Erziehung übernehmen und ihn in die Regierungsgeschäfte einweisen. Akbar – ein Zeitgenosse von Elisabeth I., Königin von England – ging als der bemerkenswerteste aller Großmoguln in die Geschichte ein, und einige Historiker erheben ihn zum größten aller indischen Herrscher. In *Die Entdeckung Indiens* schrieb Nehru »die kulturelle Verschmelzung von Hindus und Muslimen in Nordindien« zu großen Teilen Akbars Herrschaft zu. Unter Akbar »wurde die Mogul-Dynastie eindeutig als ureigene Dynastie Indiens konstituiert«.

Obwohl Akbar als ein Vorbild in Fragen der Toleranz und Mäßigung gepriesen wird, waren die ersten Jahre seiner Herrschaft besonders blutig, selbst für südasiatische Verhältnisse. Nur wenige Monate nach seiner Inthronisierung wurde Delhi von Hemu angegriffen, einem hinduistischen Salpeterhändler, der sich im Militär der Suriden-Dynastie bis an die Spitze hochgearbeitet hatte. Akbars zahlenmäßig weit unterlegene Truppen forderten Hemus Streitmacht bei Panipat zum Kampf heraus. So wie Padmasagara, ein Dichter aus dem späten 16. Jahrhundert, die Szene beschreibt, sahen seine Soldaten den jungen Herrscher unbeirrbar »auf die Suriden-Armee zufliegen wie der Stern Canopus auf den Ozean. Und er vermochte Erstaunliches, denn, sobald die Krieger nur eine Silbe seines Namens hörten, ließ das ihre Kräfte schwinden und sie starben; seinen Truppen verschaffte er dagegen eine Unsterblichkeit einem Ozean gleich, der vom Geschmack des Sieges überfloss.« Die Furcht des Gegners mag ein Faktor gewesen sein, aber die Mogul-Truppen hatten auch Glück. Denn das Blatt wendete sich zu ihren Gunsten, als Hemu von

Der hinduistische Künstler Govardhan (tätig ca. um 1596–1645) verwendete für sein postumes Porträt Akbars ein im Elisabethanischen Zeitalter beliebtes Motiv: Unter der Regentschaft des gütigen Herrschers leben Löwe und Kalb friedlich zusammen.

einem Pfeil im Auge getroffen wurde, was seine in Panik geratende Armee zur Flucht veranlasste. Hemu wurde gefangengenommen und vor Akbar gebracht. Das Privileg, ihn zu enthaupten, gab Bairam an den jugendlichen Herrscher weiter, der damit nun ein *Ghazi* war, ein »Kämpfer für die Sache Gottes«.

Als Akbar begann, mehr Unabhängigkeit von Bairam einzufordern, verschlechterte sich das Verhältnis der beiden Männer. Im Jahr 1560 machte er seinem Vormund den Vorschlag, Bairam solle eine Pilgerreise nach Mekka unternehmen, und der General hatte keine andere Wahl, als sich zu fügen. Er kam jedoch nicht bis dorthin. Im Januar 1561 wurde er in Patan im Bundesstaat Gujarat von einem Afghanen ermordet, der einen Groll gegen ihn hegte. Zwei Jahre später beseitigte Akbar einen weiteren Konkurrenten im Kampf um die Macht, seinen Milchbruder Adham

Khan, den er von einem Balkon seines Palastes warf. Als Adham Khan bei dem Sturz nicht gleich umkam, wurde sein gebrochener Körper heraufgeholt und erneut vom Balkon heruntergeworfen; dann war er tot.

Im Alter von 19 Jahren herrschte Akbar über ein Reich, das sich von Lahore im Osten bis Jaunpur im Westen erstreckte, aber es gab noch immer Orte, von denen hartnäckiger Widerstand ausging. Herausforderern der Mogulherrschaft entgegenzutreten, erwies sich in seiner mehr als fünf Jahrzehnte währenden Herrschaft als ständige Notwendigkeit. Akbars Methoden, ein Großreich aufzubauen, unterschieden sich deutlich von denen seiner Vorgänger, vor allem im Hinblick auf die Rajputen-Fürstentümer. Anstatt die Rajputen anzugreifen, integrierte er sie in den Verwaltungsapparat der Moguln und gestand ihnen einen gewissen Anteil an der souveränen Macht sowie dem Reichtum der von ihm beherrschten Gebiete zu. Er ließ ihnen die Freiheit, ihre eigenen Angelegenheiten zu regeln und ihr angestammtes Land zu verwalten. Ferner zwang er sie nicht, zum Islam zu konvertieren.

Dass sich die Politik gegenüber den Rajputen veränderte, war mehr oder weniger einem Zufall geschuldet. Als Bharmal (Regierungszeit 1548–74), der Anführer des Kachhwaha-Clans in Amber, im Jahr 1561 eine Gefahr für sein Fürstentum abwehren musste, bat er Akbar um Unterstützung. Im Gegenzug bot Bharmal ihm seine Tochter zur Heirat an. Ein zuvor unbedeutender Clan wurde damit über Nacht zu einem der wichtigsten Herrschergeschlechter der Rajputen. Den Prinzessinnen von Amber stand plötzlich die Heirat mit einem Mogul offen, und sie sollten zu Müttern künftiger Großmoguln werden. Die Männer der Rajputen-Elite traten als Generäle in den Dienst der Moguln. Bharmals Enkel Raja Man Singh I. führte die Armee der Moguln in den Feldzügen gegen die Afghanen an und wurde zum Gouverneur von Bengalen ernannt. Andere Rajputen-Clans folgten dem Beispiel der Kachhwaha, darunter die Fürsten von Jodhpur und Bikaner.

Dank Akbars Gunst hatten die Kachhwaha an Ansehen und Einfluss gewonnen, dennoch blieben die Sisodia von Mewar das herausragende Rajputengeschlecht. Der Herrscher dieses Clans, Udai Singh II. (1540–1572), stammte von Rana Sanga ab und ließ an seiner Verachtung für jene Rajputen-Fürstentümer, die ihre Töchter an den Harem der Moguln aushändigten, keinen Zweifel. Entschlossen, die Sisodia in ihre Schranken zu weisen, führte Akbar 1567 eine große Armee an, um das von Rana Sanga zur Festung ausgebaute Chittorgarh anzugreifen. Die Streitkräfte zweier bedeutender Rajputen-Fürsten eingerechnet, erstreckte sich das Lager des Großmoguls über eine Länge von 16 Kilometern – beste Voraussetzungen, um eine langandauernde Belagerung durchzuführen.

Die Feste von Chittorgarh verfügte über genügend Vorräte für mehrere Jahre und war reichlich mit Wasser versorgt. Aber sie war nicht uneinnehmbar. Nach vier Monaten konnten die Angreifer die Mauern durchbrechen; laut der Legende hatte Akbar den Schuss abgegeben, der den Festungskommandanten tödlich traf. An mehreren Stellen flammten danach innerhalb der Festung Brände auf: Da sie den Tod dem Verlust ihrer Ehre vorzogen, begingen Tausende von Frauen *Jauhar* durch Selbstverbrennung. Die noch verbliebenen 30 000 Einwohner wurden auf Akbars Anordnung hin erschlagen. Obwohl die Sisodia vorerst besiegt waren, setzte der Clan seinen Widerstand während der gesamten Mogulzeit fort.

Nach dem Sieg über die Sisodia war das Kerngebiet des Mogul-Reiches mehr oder weniger gesichert, so dass Akbar seine Aufmerksamkeit der Verwaltung seines Reiches zuwenden konnte. Als geschickter Stratege systematisierte und zentralisierte er das Regieren, so dass die neu geschaffenen Strukturen eine einheitliche Verwaltung seines riesigen Herrschaftsgebietes ermöglichten. Beinahe noch wichtiger war, dass Akbar die Armee des Mogul-Reiches reorganisierte. Die Truppenstärke hatte sich seit seiner Machtübernahme versechsfacht, und in den Reihen der Streitmacht fanden sich Soldaten und Offiziere mit unterschiedlichsten ethnischen und religiösen Hintergründen. Anstatt dass die Offiziere einen vererbbaren Titel oder Rang verliehen bekamen, wurde ihnen nun ein leistungsbezogener, numerisch gestaffelter Rang zugewiesen – entsprechend der Anzahl der ihnen unterstellten Soldaten. Die *Mansab*-Staffelung reichte von 10 000 bis auf 10 hinunter und stellte sicher, dass die Streitkräfte kurzfristig mobilisiert werden konnten.

Eines der prägenden Merkmale seiner Herrschaft war, dass sich Akbar dem religiösen Pluralismus verschrieben hatte – umso bemerkenswerter, da die religiöse Intoleranz in anderen Teilen der Welt zunahm, etwa in Europa, wo zur gleichen Zeit die Inquisition wütete. Im Alter von 21 Jahren schaffte er die Pilgersteuer und die *Dschizya*, die Kopfsteuer für Nicht-Muslime, ab. Alle Untertanen des Mogul-Reichs wurden nun unabhängig von ihrer Religion gleich behandelt, zumindest in der Theorie. Die Scharia wurde außer Kraft gesetzt. Religiöse Bettelmönche erhielten Land, um darauf Klöster zu errichten. Hinduistische Tempel wurden wiederaufgebaut und repariert. Wer vom Glauben abfiel, wurde nicht mehr mit dem Tod bestraft. An Akbars Hof wurden auch wichtige hinduistische Feste wie etwa Diwali gefeiert. Und Akbar übernahm den hinduistischen Brauch, sich mit Gold, Silber, Getreide und anderen Gütern aufwiegen zu lassen, damit das Resultat dann an die Mittellosen und Bedürftigen verteilt werden konnte.

Wie die Herrscher des Sultanats von Delhi und die Großmoguln vor ihm war Akbar ein Anhänger der Sufi-Mystik. Er bezeichnete sich als erleuchteter Meister der Chishtiyya, der Sufi-Tradition in Indien, und unternahm jährliche Pilgerreisen zum Schrein des Ordensgründers, Mu'in al-Din Chishti. Er soll sich so manches Mal in der sengenden Sommerhitze zu Fuß auf den Weg zu dem in Ajmer im Nordwesten Indiens gelegenen Schrein aufgemacht haben. Er wurde ein Schüler des Sufi-Heiligen Salim Chishti, der ihm die Geburt seines ersten Sohnes vorhersagte. Dieser Sohn, Salim genannt, wurde später der Großmogul Jahangir. Aus Dankbarkeit erbaute Akbar an der Stelle des Dorfes Sikri, in dem der Heilige lebte, seine neue Hauptstadt und gab ihr den Namen Fatehpur Sikri. Dort befindet sich auch eines der prächtigsten Mausoleen Indiens, das nach Salim Chishtis Tod zu dessen Ehren errichtet wurde. Von der Anlage her war Fatehpur Sikri einem Militärlager nachempfunden, wie es die Truppen des Großmoguls unterwegs aufschlugen, und genau dort sollte Akbars Vision der Herrschaft eines Großmoguln Wirklichkeit werden. Das nach wie vor perfekt erhaltene Gebäudeensemble wirkt heute wie eine Geisterstadt.

Das Buland Darwaza (›Tor des Sieges‹) wurde 1575 zum Gedenken an Akbars Sieg über Gujarat errichtet. Es ist der Haupteingang zur Jama Masjid in Fatehpur Sikri.

Inspiriert von der Toleranz des Sufismus gegenüber anderen Religionen und deren Suche nach einer Nähe zu Gott, nutzte Akbar seine Residenz in Fatehpur Sikri für ein systematisches Studium der vergleichenden Theologie und der Religionen. Er errichtete ein »Haus der Anbetung«, in dem jeden Donnerstagabend theologische Debatten stattfanden. Vertreter aller Religionsgemeinschaften und Sekten wurden ermutigt, sich einzufinden. Akbar war überzeugt, dass alle Religionen, nicht nur der Islam, ein gewisses Maß an Wahrheit enthielten. Als eine Gruppe von Jesuiten seinen Hof besuchte, führte sein Bemühen um Verständigung so weit, dass er sie in portugiesischer Kleidung empfing, eine Bibel küsste und sie auf sein Haupt legte. Für die Jesuiten konnte seine Offenheit gegenüber dem Christentum nur bedeuten, dass sie einen Konvertiten vor sich hatten. Doch dann mussten sie feststellen, dass er dem Hinduismus, dem Jainismus, dem Judentum und der Religion Zarathustras mit der gleichen Faszination begegnete – und weiterhin die muslimischen Gebetszeiten einhielt. Einer der Jesuiten, Pater Antonio Monserrate, begleitete Akbar, als der sich mit seiner Armee nach Afghanistan begab. Auf dem Vormarsch über den Chaiber-Pass musste der Großmogul einschreiten, als eine wütende Menge den Priester steinigen wollte, nachdem der sich abfällig über den Propheten geäußert hatte.

Monserrate über Akbars Führungsqualitäten: »Es ist schwerlich möglich, bei der Beschreibung dessen zu übertreiben, wie zugänglich [Akbar] allen begegnet, die eine Audienz bei ihm wünschen. Denn er schafft nahezu Tag für Tag eine Gelegenheit für jeden, ob aus dem einfachen Volk oder dem Adel, ihn zu treffen und sich mit ihm zu unterhalten; und er bemüht sich, eher freundlich und leutselig als streng gegenüber allen aufzutreten, die mit ihm sprechen wollen.«

Obwohl er nicht lesen konnte (es gibt Hinweise darauf, dass er Legastheniker war), umfasste Akbars Bibliothek insgesamt 24 000 Bände. Er richtete eine Schreibstube ein, in der hinduistische Epen wie das *Mahābhārata* und das *Rāmāyaṇa*, aber auch auf Latein verfasste christliche Evangelien ins Persische übersetzt und Kopien angefertigt wurden, die er an Bibliotheken in seinem gesamten Herrschaftsgebiet verteilen ließ. Und er berief Astronomen an seinen Hof, die Sanskrit beherrschten.

Nicht alle waren mit Akbars religiöser Experimentierfreude einverstanden. Angesichts seines neu konzipierten ›göttlichen Glaubens‹ (*Din-i ilahi*), einer eklektischen Mischung von Religionen mit dem Großmogul als heiligem Herrscher, warfen seine Feinde ihm vor, er würde dem Islam abschwören. Auch sein eigener Hofchronist, Badā'ūnī (1540–1615), der zu seinem schärfsten Kritiker werden sollte, gehörte zu denjenigen, die Akbars Enthusiasmus für einen religionsübergreifenden Glauben verabscheuten. Akbar scheint ein diabolisches Vergnügen empfunden zu haben, als er Badā'ūnī mit der vier Jahre beanspruchenden Aufgabe betraute, das *Mahābhārata* zu übersetzen, von dem der Chronist später sagte, es enthalte nichts als »kindische Absurditäten«. Badā'ūnī kritisierte Akbar dafür, dass er die 1001 Sanskrit-Namen für die Sonne auswendig lernte, dem Himmelskörper viermal am Tag seine Verehrung darbot und »berühmte heilige Männer aller Sekten« um Antworten auf die Fragen bat, die ihn beschäftigten. Akbar wiederum schimpfte über Badā'ūnī, der Chronist sei ein Fanatiker: »Kein Schwert kann die Halsschlagader seiner Bigotterie durchtrennen.«

1589 beauftragte Akbar seinen Oberwesir und Hofdichter Abu'l-Fazl (1551–1602), »mit der Feder der Aufrichtigkeit den Bericht über die glorreichen Ereignisse bei unseren reichsvergrößernden Siegen zu schreiben«. Als liberal gesinnter Gelehrter und begnadeter Historiker schuf Fazl zwei monumentale

Werke, das *Ā'īn-i Akbarī* (›Die Institutionen Akbars‹) und das *Akbar-nāma* (›Die Geschichte Akbars‹). Das *Ā'īn-i Akbarī* kombiniert ein statistisches Nachschlagewerk mit einem Überblick über Verwaltungsstrukturen und erlassene Regelungen sowie einem genealogischen Handbuch. Die englische Ausgabe enthält auf 1500 Seiten Informationen in staunenswerter Bandbreite: von »Vorschriften zum Einölen von Kamelen und zum Einspritzen von Öl in ihre Nüstern« bis hin zu mathematischen Methoden zur Berechnung des Erdumfangs. Das 2500 Seiten starke *Akbar-nāma* ist eine Akbars Herrschaft lobende historische Darstellung, die ihn als göttlichen Mystiker mit übernatürlichen Kräften zeigt. »Er suchte die Wahrheit unter den staubüberzogenen Bewohnern des Feldes der Unbesonnenheit und verkehrte mit jeder Art von Trägern zusammengeflickter Gewänder wie [Yogis, Apostaten und Sufi-Mystikern] und anderen, die einsam im Staub saßen, und unbekümmerten Einsiedlern«, schreibt Fazl.

In der zweiten Hälfte seiner Regierungszeit verkehrte Akbar mit Hindu-Heiligen, die sich »mit verschiedenen Torheiten und Extravaganzen, geistigem Innewerden, Haltungen, Vorträgen, Abstraktionen und Träumereien sowie mit Alchemie, Zauber und Magie beschäftigen«. Seine Besessenheit, die menschliche Natur zu verstehen, veranlasste ihn dazu, ein Kaspar-Hauser-Experiment anzuordnen, bei dem Dutzende von Säuglingen in ein spezielles Haus gebracht wurden. Niemand durfte mit ihnen sprechen, denn er nahm an, dass sich mit zunehmendem Alter die natürliche Sprache des Menschen offenbaren würde. Die Säuglinge wurden auch beobachtet, um zu sehen, »zu welcher Religion und Sekte [sie] neigen würden und vor allem, welches Glaubensbekenntnis sie aufsagen würden«. Als Akbar das Haus 1582 besuchte, vier Jahre, nachdem die Kinder dort untergebracht worden waren, hörte er »keinen Schrei, … keinen zauberbehafteten Urgrund der Sprache, und nichts kam heraus außer dem Geräusch der Stummen«.

Akbars letzte Jahre waren von Tragödien überschattet. Seine drei ehelich geborenen Söhne waren allesamt zu Alkoholikern geworden, und zwei von ihnen starben vor ihm. Als sein ältester Sohn Salim (1569–1627) etwas über 30 Jahre alt war, wollte er nicht länger darauf warten, den Thron zu erben, und zettelte im Jahr 1600 einen Aufstand gegen seinen Vater an, der misslang. Zwei Jahre später ließ er Münzen fälschen, die seinen Namen mit dem Titel Großmogul trugen, und befahl die Ermordung von Fazl. Vater und Sohn versöhnten sich, allerdings erst, nachdem Akbars Ehefrau eingegriffen hatte, und Salim wurde zum Thronfolger ernannt. Doch anstatt sich auf seine Aufgaben vorzubereiten, tat er wenig anderes, als ohne Maß im Genuss von Opium und Wein zu schwelgen. Akbar »hatte mehr erreicht, als er sich erhofft hatte, und musste nun feststellen, dass seine Erfolge durch die Ironie des Schicksals untergraben wurden, da keiner seiner Söhne in der Lage oder würdig zu sein schien, das Erbe dessen anzutreten, was er aufgebaut hatte«, schreibt Bamber Gascoigne.

Das reichste Großreich der Welt

Als Salim nach dem Tod seines Vaters im Jahr 1605 den Thron bestieg, nahm er den Namen Jahangir an, was so viel bedeutet wie ›Welteroberer‹. Die Weltherrschaft blieb zwar ein Wunschtraum, doch das Reich, das er erbte, war zu jener Zeit das reichste und größte der Welt. Es erstreckte sich über den größten Teil Nordindiens und das heutige Pakistan, Bangladesch und Afghanistan und zählte 100 Millionen Einwohner. Es war fünfmal so groß wie das Osmanische Reich zu dessen Blütezeit, und es produzierte etwa ein Viertel der weltweiten Menge an Handelswaren, darunter Textilien, Gewürze, Zucker und Waffen.

Jahangir wird oft als faul und träge dargestellt. Obwohl seine Opium- und Alkoholsucht ihn in seinen späteren Jahren außer Gefecht setzte, war er in Wirklichkeit ein aufgeklärter und toleranter Herrscher, der die Politik seines Vaters fortsetzte und versuchte, sie zu verbessern. So nennt der indische Kunsthistoriker Ashok Kumar Das Jahangir einen »Ästheten« und meint: »Er war ein Aristokrat mit dem Auge eines Naturforschers, der Vision eines Dichters, dem Geschmack eines Kenners und der Philosophie eines Epikureers.« Wie Babur hinterließ auch er eine detaillierte Autobiographie, das *Jahangirnama*, das seine Begeisterung für die Natur (er konnte jeden Vogel Nordindiens benennen) und sein Engagement bei der Förderung der Künste widerspiegelt. Henry Beveridge, der im 19. Jahrhundert Jahangirs Memoiren übersetzte, erklärte, dass der Großmogul, hätte er als »Leiter eines Naturkundemuseums« leben können, ein »besserer und glücklicherer Mann« gewesen wäre.

Unter den Tausenden von Gemälden, die er in Auftrag gab, befindet sich auch ein Bild des inzwischen ausgestorbenen, zuletzt auf Mauritius lebenden Dodo. Das Gemälde des Hofmalers Ustad Mansur ist die weltweit einzige genaue Darstellung des

Das Gemälde, das den Dodo darstellt und Ustad Mansur zugeschrieben wird, stammt aus dem Zeitraum 1628–33. Der flugunfähige Vogel gelangte wahrscheinlich über das von den Portugiesen kontrollierte Goa an den Hof von Jahangir.

Vogels, der ein lebendes Exemplar zugrunde liegt. Jahangirs Memoiren enthalten auch detaillierte Beobachtungen über die Brutgewohnheiten des Saruskranichs und das Ergebnis eines Experiments, bei dem ein Löwe seziert wurde, um den physischen Ursprung dessen zu finden, was Löwen so mutig mache.

Als Inayat Khan, derjenige, der Jahangir unter seinen Höflingen am nächsten stand, an seiner Opiumsucht starb, ordnete der Großmogul an, ihn zu zeichnen und zu malen. Upadhyaya Bhanucandra Gani, ein Jain-Mönch, der an Jahangirs Hof lebte, hat die Dekadenz der damaligen Zeit auf eindringliche Weise festgehalten:

> »Jahangir vergnügte sich wie Indra im Himmel – mal residierte er in wunderbaren Rasthäusern, mal an den Ufern des Indus, mal auf Aussichtsplattformen, mal in farbenprächtigen Villen, mal schwelgte er in den exquisiten Darbietungen der besten Tänzerinnen, mal lauschte er der sanften Musik schöner Mädchen, mal wohnte er Theateraufführungen bei.«

Zu den zahlreichen europäischen Besuchern am Hof von Jahangir gehörte Sir Thomas Roe (1581–1644), der 1615 mit Briefen und Geschenken von Jakob I. eintraf, um einen Handelsvertrag für die East India Company abzuschließen. Von allen Geschenken, die Roe überbrachte, schätzte Jahangir besonders die englischen Gemälde und Miniaturen, die er von seinen Künstlern kopieren ließ. Roe verbrachte drei Jahre in Indien und hinterließ unter anderem einen detaillierten Bericht über den Hof des Großmoguls. Jahangir reiste regelmäßig durch sein Reich, von Lager zu Lager vom gesamten Hof begleitet. Mehr als tausend Elefanten, Kamele und Ochsen waren allein für den Transport der Zelte erforderlich. Roe berechnete, dass das Lager, für die Nacht aufgeschlagen, einen Umfang von 32 Kilometern hatte und damit vergleichbar groß war wie eine Stadt in Europa.

Roe war nicht der erste Händler, der sich an den Hof der Moguln begab. Eine Vielzahl von Handelsgemeinschaften, von den jüdischen Händlern und Kārimī-Kaufleuten des ägyptischen Mamluken-Reichs über die Rasuliden aus dem Jemen bis hin zu den Portugiesen, hatten im 16. Jahrhundert weitreichende Handelsverbindungen mit Indien geknüpft und sorgten hauptsächlich für die Ausfuhr von Gewürzen wie Pfeffer und Kardamom aus Kerala. Auf den Märkten von Cochin eingekaufter Pfeffer ließ sich in Lissabon zum achtfachen Preis verkaufen. Die Nachfrage aus dem persischen und dem osmanischen Reich sowie aus dem China der Ming-Dynastie führte ab Anfang 1500 zu einem erheblichen Anstieg der Pfefferproduktion. Die Einnahmen flossen in die Kassen der indischen Kaufleute, gezahlt wurde in Gold, Silber, Elfenbein und Kupfer, aber auch in Form von Sklaven. Unter Akbar und Jahangir ermutigte man ausländische Handwerker, darunter auch Europäer, sich in Indien niederzulassen und die Weber in verbesserten Techniken der Tuchherstellung zu unterrichten; zuweilen fanden so auch iranische, europäische und chinesische Vorlagen Eingang in die traditionellen indischen Muster.

Wie sein Vater traf sich Jahangir mit Weisen und Lehrern verschiedener Religionen an seinem Hof, und er las aus dem Sanskrit übersetzte Texte. Bilder und Statuen der Madonna schmückten seine Paläste. Obwohl er ein gläubiger Muslim blieb, bestimmte seine säkulare Auffassung seinen Blick auf die Welt. »Alle Arten von Religionen sind willkommen und frei, denn der König gehört keiner an«, notierte Roe. Eine Ausnahme bildeten die hinduistischen Yogis: Obwohl auch sie geduldet waren, fehle ihnen nach Jahangirs Meinung »jedes religiöse Wissen«, und er sehe in ihren Ideen »nur die Dunkelheit des Geistes«.

Im Jahr 1611 heiratete Jahangir Mehr-un-Nisa (1577–1645), die Witwe eines Leutnants aus seinem Offizierskorps. Obwohl sie erst 34 Jahre alt war, stieg sie schnell zur Herrscherin am Hof ihres Mannes auf und nahm den Titel *Nur Mahal* (›Licht des Palastes‹) und später *Nur Jahan* (›Licht der Welt‹) an. Es wurden Münzen in ihrem Namen geprägt – das erste Mal, dass eine Frau im islamischen Indien auf diese Weise geehrt wurde. Jede öffentliche Angelegenheit musste vor der Ausführung zuvor durch ihre Hände gegangen sein. »Sie steuert ihn und zieht ihn nach Belieben auf«, schrieb Roe über Mehr-un-Nisas Beziehung zu ihrem Mann. Sie war auch eine ausgezeichnete Schützin; an einem einzigen Tag tötete sie vier Tiger mit nur sechs Schüssen, obwohl sie hinter einem Vorhang in einem *Howdah* (›Aufsitzpavillon‹) auf einem Elefanten saß. Sie diktierte Befehle, gab Proklamationen heraus und ernannte Mitglieder ihrer Familie zu hochrangigen Mitgliedern des Hofes. Da sie darauf beharrte, dass Besucher ihr Geschenke mitbrachten, entwickelte sich ein Ausmaß an Korruption, das es im Mogul-Reich nie zuvor gegeben hatte.

Einer derjenigen, die sich Nur Jahans Gunst erworben hatten, war Khurram (1592–1666), ein Sohn Jahangirs aus einer früheren Ehe. Khurrams Aufstieg war teilweise auf seine erfolgreiche Beteiligung an der Unterwerfung der Sisodia zurückzuführen. Nach Akbars Angriff auf Chittorgarh hatte der Sisodia-Anführer Rana Pratap (1540–1597) einen langwierigen Guerilla-Krieg gegen die Moguln geführt. Bei seinem ersten militärischen Einsatz im Jahr 1614 trat Khurram gegen Prataps Nachfolger Amar Singh (1559–1620) an. Angesichts der drohenden Niederlage gegen eine viel stärkere Mogularmee bat Singh um Frieden. Ein Jahr später schlossen beide Seiten ein Abkommen, das die Sisodia davon ausnahm, eheliche Beziehungen mit den Moguln eingehen oder Vertreter an deren Hof entsenden zu müssen. Außerdem durften sie ihr eigenes Gebiet verwalten und erhielten die Festung von Chittorgarh zurück.

Nach diesem Triumph bestimmte Jahangir Khurram zu seinem Nachfolger, doch dessen zunehmend rebellisches Verhalten veranlasste seinen Vater, ihn fortan *bidalwat* (›kläglich‹) zu nennen. Nur Jahan, die die zunehmende Drogensucht und den sich verschlechternden Gesundheitszustand ihres Mannes ausgenutzt hatte, um de facto Herrscherin des Reiches zu werden, wandte sich nun ebenfalls gegen Khurram und begann, einen von Jahangirs jüngeren Söhnen, Shahryar, zu begünstigen. Um Khurram aus dem Weg zu räumen, überredete sie Jahangir, ihn nach Burhanpur zu schicken, um die südliche Flanke des Mogul-Reichs gegen die Rudimente des Sultanats von Delhi zu sichern – zweifellos in der Hoffnung, er werde den Feldzug nicht überleben.

Jahangirs Tod am 28. Oktober 1627 setzte ein allzu bekanntes Nachfolgeszenario in Gang. Als Nur Jahan versuchte, die Chance zu ergreifen und den kränklichen Shahryar (er litt an einer Form von Lepra) auf den Thron zu setzen, wurden ihre Pläne von Asaf Khan vereitelt, einem Khurram gegenüber loyalen General in Jahangirs Armee, der Nur Jahan unter Hausarrest stellte. Khurram befand sich noch in Südindien, einen dreimonatigen Marsch von Agra entfernt, als ihn die Nachricht vom Tod seines Vaters erreichte. Zwölf Tage nach seiner Ankunft in der Stadt, am 24. Januar 1628, einem von Astrologen als günstig erachteten Datum, wurde er als Schah Jahan (›Herrscher der Welt‹) zum neuen Großmogul gekrönt. Eine seiner ersten Amtshandlungen bestand darin, die Hinrichtung von Shahryar und seinen Anhängern anzuordnen. Nur Jahan wurde nach Lahore verbannt, wo sie 1645 starb.

Da seine Mutter einem Rajputen-Clan entstammte, floss in Schah Jahans Adern mehr indisches Blut, als es bei vorherigen

Moguln der Fall gewesen war, aber seine islamischen Wurzeln vergaß er nie. Er vertrat in Religions- und Staatsangelegenheiten einen orthodoxeren Ansatz als sein Vater. Der Brauch der Niederwerfung vor dem Herrscher, der als unislamisch galt, wurde verboten. Die Schirmherrschaft über den jährlichen Hadsch (Pilgerfahrt) wurde wieder eingeführt, und die Entscheidung, den Bau und die Reparatur von nicht-muslimischen Gebetsstätten zuzulassen, wurde zurückgenommen. Die Anwesenheit von Jesuitenmissionaren an seinem Hof wurde jedoch toleriert, und wie Akbar setzte er Hindus als Befehlshaber seiner Armeen ein.

Schah Jahan verfolgte eine aggressive Militärstrategie und erweiterte sein Reich um Teile Ostindiens, Sindh und die nordwestliche Grenzregion zu Afghanistan. Außerdem unterzeichnete er Verträge mit den Herrschern zweier großer, in der Dekkan-Region gelegener Sultanate, genauer der Adil-Shahi-Dynastie von Bijapur und der Qutb-Shahi-Dynastie von Golkonda. Seine Versuche, die von den Nachfahren Timurs beherrschten Gebiete in Nordafghanistan und Zentralasien zurückzuerobern, waren weniger erfolgreich. Die eigentliche Bedeutung dieser Kriege lag darin, dass sie sich auf das Schicksal seiner beiden Söhne – Dara Shukoh und Aurangzeb – auswirken sollten, die später um seine Nachfolge wetteifern sollten.

Schah Jahan wurde auf seinen Feldzügen stets von seiner Lieblingsfrau Mumtaz Mahal (1593–1631) begleitet. Die anderen Frauen in seinem Harem genossen nicht »ein Tausendstel der Zuneigung«, die er ihr entgegenbrachte, notierte der zeitgenössische Schriftsteller Inayat Khan. Mumtaz Mahal wurde in allen Staatsangelegenheiten zu Rate gezogen, und ihr königliches Siegel ist auf offiziellen Dokumenten zu finden. Als sie 1631 bei der Geburt ihres 14. Kindes in 30-stündigen Wehen starb, war Schah Jahan so verzweifelt, dass er sich eine Woche lang nicht in der Öffentlichkeit zeigte. »Vor lauter Weinen war er gezwungen, eine Brille zu tragen, und sein erhabener Bart und Schnurrbart, die vorher nur ein paar weiße Haare aufwiesen, wurden in wenigen Tagen vor lauter Kummer zu mehr als einem Drittel weiß«, notierte Inayat Khan.

Beigesetzt wurde Mumtaz in einem Garten am Ufer des Flusses Tapti in der Stadt Burhanpur, wo sie gestorben war. Sechs Monate später wurde ihr Leichnam nach Agra gebracht und an den Ufern des Yamuna erneut beigesetzt. An der Stelle ihres Grabes entstand das größte aller Moguldenkmäler in Indien: das Taj Mahal. Das mit weißem Marmor verkleidete Gebäude, das größtenteils mit Halbedelsteinen besetzt war, sollte nach den Worten von Schah Jahans Hofhistoriker Qazwini »ein Meisterwerk für die Ewigkeit« werden und »die ganze Menschheit in Erstaunen versetzen«.

Als der französische Arzt François Bernier das Taj Mahal kurz nach der Fertigstellung im Jahr 1648 sah, war er der Meinung, dass es viel eher zu den Weltwundern gezählt werden sollte »als diese unförmigen Massen« an Steinen, die Pyramiden in Ägypten.

Von allen Nachfolgekämpfen um den Titel des Großmoguls war der von den vier Söhnen Schah Jahans ausgetragene der grausamste. Im April 1657 erkrankte der Großmogul, nachdem er aus dem Sommerurlaub nach Delhi zurückgekehrt war. Der venezianische Reisende und Quacksalber Niccolò Manucci führte seine Erkrankung auf den übermäßigen Gebrauch von Aphrodisiaka zurück, »denn obschon ein alter Mann [...], wollte er sich noch vergnügen wie ein Jugendlicher«. Schah Jahan erholte sich zwar, aber die Gerüchte über sein bevorstehendes Ableben hatten in seinem Reich längst die Runde gemacht. Bevor er nach Delhi zurückkehrte, hatte er Dara Shukoh (1615–1659), seinen ältesten und beliebtesten Sohn, zu seinem Nachfolger bestimmt. Dara Shukoh war ähnlich wie Akbar ein Mann der Renaissance, der einmal bemerkte, dass »das Wesen des Hinduismus mit dem des Islam identisch« sei. Der fatale Schwachpunkt in Schah Jahans Plan zur Regelung seiner Nachfolge bestand darin, dass er die anderen Prinzen nicht entwaffnete, die ebenfalls den Thron besteigen wollten: Shuja, Aurangzeb und Murad.

In den neun Jahren nach Schah Jahans Nahtoderfahrung war es Aurangzeb (1618–1707), der sich beim Kampf um die Macht besonders hervortat. Da er asketisch lebte und religiös orthodox war, verachtete er seinen älteren Bruder und alles, wofür dieser stand. Dara Shukoh, so beklagte sich Aurangzeb, habe die Gunst seines Vaters durch »Schmeicheleien, seine Zungenfertigkeit und viel Lachen« gewonnen. Während Dara Shukoh in Afghanistan einen erfolglosen Versuch unternahm, Kandahar einzunehmen, zog Aurangzeb 1658 mit seinen Soldaten in Agra ein und sperrte Shah Jahan in der Festungs- und Palastanlage, dem sogenannten Roten Fort, ein. Bei seiner Rückkehr nach Indien wurde Dara Shukoh von einem seiner Generäle verraten, gefangengenommen und nach Delhi zurückgebracht, wo er auf einem schmutzigen Elefanten und in Ketten durch die Stadt geführt wurde. »Überall beobachtete ich«, so der französische Arzt François Bernier, »wie das Volk weinte und das Schicksal von Dara in der rührendsten Sprache beklagte: Männer, Frauen und Kinder schluchzten, als ob ihnen selbst ein großes Unglück widerfahren wäre.« Des Glaubensabfalls angeklagt, wurde Dara Shukoh zum Tode verurteilt und enthauptet.

Als Aurangzeb im Mai 1659 zum Großmogul proklamiert wurde, gab er sich den Titel *Alamgir*, ›Weltenbezwinger‹ – das persische Wort war auf einem Schwert eingraviert, das ihm sein gefangengesetzter Vater einst geschenkt hatte. Bis heute gilt Aurangzeb in Indien als in Religionsfragen besonders konservativer Herrscher. Mit seiner fast 50-jährigen Regierungszeit endete die Verbindung der Moguln zur kulturellen Welt des Sanskrit – oder wie Bamber Gascoigne schreibt: »Akbar [hatte] mit dem Anerkenntnis, dass Indien kein islamisches Land war, die muslimische Gemeinschaft einer Zerreißprobe ausgesetzt. Aurangzeb setzte Indien einer Zerreißprobe aus, indem er sich so verhielt, als wäre es eines.« Er verbrachte Monate damit, den gesamten Koran auswendig zu lernen, und legte sogar mitten in der Schlacht seinen Teppich aus, um das Abendgebet zu sprechen. »Aurangzeb war in erster Linie ein strenger Puritaner«, schrieb einer seiner frühesten Biographen, Stanley Lane-Poole. »Nichts im Leben – weder Thron noch Liebe noch Bequemlichkeit – konnte seiner Ansicht nach auch nur einen Augenblick lang mehr Bedeutung haben als seine Treue zu den Prinzipien des Islam.«

Neuere geschichtswissenschaftliche Beiträge, etwa von Audrey Truschke und Katherine Schofield, haben die Einschätzung, er sei ein religiöser Eiferer gewesen, inzwischen in Zweifel gezogen. Die lange Zeit vorherrschende Ansicht, er habe Musik verboten, weil sie unislamisch sei, ist nur eine ungesicherte Behauptung unter vielen, die bei näherer historischer Betrachtung widerlegt werden konnten. Trotz seines Festhaltens am ortho-

Das um ca. 1660 entstandene, dem am Mogulhof wirkenden Künstler Bichitr zugeschriebene Gemälde zeigt Großmogul Aurangzeb, wie er auf einem goldenen Thron sitzend einen *Durbar* (›Ratsversammlung des Hofstaats‹) abhält.

doxen Islam ging Aurangzeb im ersten Jahrzehnt seiner Herrschaft behutsam mit den Hindus um. Seine Söhne und Adligen feierten weiterhin hinduistische Feiertage, förderten Dichter und genossen Musik und Wein. Das änderte sich 1669, als er den Gouverneuren aller zum Herrschaftsbereich der Moguln gehörenden Provinzen befahl, Hindutempel zu zerstören. Einige Jahre später ließ er diesem Erlass einen weiteren folgen, der Hindus von höheren Ämtern ausschloss. Diese Anordnungen wurden jedoch nie systematisch umgesetzt, und die Tempelzerstörungen beschränkten sich auf einige wenige Gebiete in Nordindien.

Im Jahr 1679 führte er die *Dschizya*, die Kopfsteuer für Nicht-Muslime, wieder ein, die Akbar 115 Jahre zuvor abgeschafft hatte.

Kurz nach Erlass des Dekrets wurde Delhi von einem Erdbeben erschüttert. Die Mullahs der Stadt hielten das für ein Omen und baten den Großmogul, sein Vorgehen zu überdenken. Aurangzeb weigerte sich und erklärte, das Zittern der Erde sei »das Ergebnis der Freude, die sie über meinen Kurs empfand«. Der Hinduismus war allerdings so tief verwurzelt, dass es keinem Herrscher möglich war, ihn vollständig auszurotten. So stellte etwa Manucci fest, dass selbst zerstörte Tempel »von den Hindus verehrt und zum Spenden von Almosen aufgesucht« wurden. In den Tempeln, die unversehrt geblieben waren, drängten sich nun Mengen an Gläubigen.

Unter Aurangzebs Herrschaft erlangte das Mogul-Reich seine größte Ausdehnung. Doch seine Eroberungsfeldzüge waren mit erheblichen Kosten verbunden. Die militärischen und administrativen Ressourcen des Reiches waren erschöpft; die Disziplin brach zusammen. Nachdem Sir William Norris, Handelsvertreter im Auftrag König Wilhelms III. von Oranien, Aurangzeb einige Jahre vor seinem Tod aufsucht hatte, berichtete er, dass Aurangzebs Soldaten nicht bezahlt worden seien und seine Höflinge sich mit einer Flasche Wein bestechen ließen. »Jegliche Verwaltung ist verschwunden«, schrieb ein anderer Augenzeuge. »Das Reich ist in desolatem Zustand, niemandem geschieht Gerechtigkeit, sie sind völlig ruiniert.«

Erschwerend kam hinzu, dass Aurangzebs ärgste Feinde, die Marathen in Zentralindien und die Sikhs im Punjab, unbesiegt geblieben waren. Die verschiedenen Marathen-Clans, von ihrem Anführer Śivaji vereint, formierten sich zu einer schlagkräftigen Militärmacht, die ein Netz von uneinnehmbaren Festungen entlang der Westghats nutzte, um Guerillaangriffe auf Aurangzebs Truppen und Strafexpeditionen in sein Gebiet zu unternehmen – Überfälle, die noch heute verherrlicht werden. Der Großmogul hatte die Sikhs gegen sich aufgebracht, als er den neunten

Guru, Tegh Bahadur, wegen Blasphemie zum Tode verurteilt hatte. Seit seiner Entstehung im späten 15. Jahrhundert hatte sich der Sikhismus zu einer religiösen und sozialen Reformbewegung sowie zu einer beeindruckenden militärischen Kraft entwickelt. Aurangzeb war besonders verärgert über die große Zahl an Muslimen, die zu diesem Glauben konvertierten. Die Ermordung Gobind Singhs, des zehnten und letzten Gurus, durch Aurangzebs Nachfolger Bahadur Schah im Jahr 1708 löste eine Reihe von Kriegen und einen derartigen Niedergang aus, dass im Laufe eines Jahrhunderts vom Reich der Großmoguln nicht mehr viel übrigbleiben sollte.

Entschlossen, eine Wiederholung der chaotischen Zustände zu verhindern, die seine eigene Thronbesteigung begleitet hatten, versuchte Aurangzeb – vergeblich –, den Grundstein für eine geordnete Machtübergabe zu legen. Aus Sorge, sie könnten sich gegen ihn auflehnen, ließ er drei seiner fünf Söhne wegen kleinerer Vergehen wie Unterschlagung ins Gefängnis werfen. Ein weiterer wurde auf einen Posten in einem entlegenen Winkel des Reiches abgeordnet. Doch am Ende war alles umsonst. Der Tod des letzten Großmoguls am 3. März 1707 löste einen lähmenden Bruderkrieg aus, bei dem sich ein Sohn gegen den anderen verschwor; unter den Beteiligten waren manche nur Marionetten anderer, und manche konnten noch nicht einmal legitime Ansprüche auf die Nachfolge gelten machen, versuchten aber trotzdem, teils mit Mordanschlägen, ihre Interessen durchzusetzen. In den folgenden zwölf Jahren rangen nicht weniger als 17 Anwärter um den Thron. Mit Aurangzebs Tod eröffnete sich

---

Nachdem Aurangzeb mittels langandauernder Belagerungen die bedeutenden schiitisch-muslimischen Staaten Bijapur und Golkonda erobert hatte, befand sich der größte Teil des indischen Subkontinents unter seine Kontrolle.

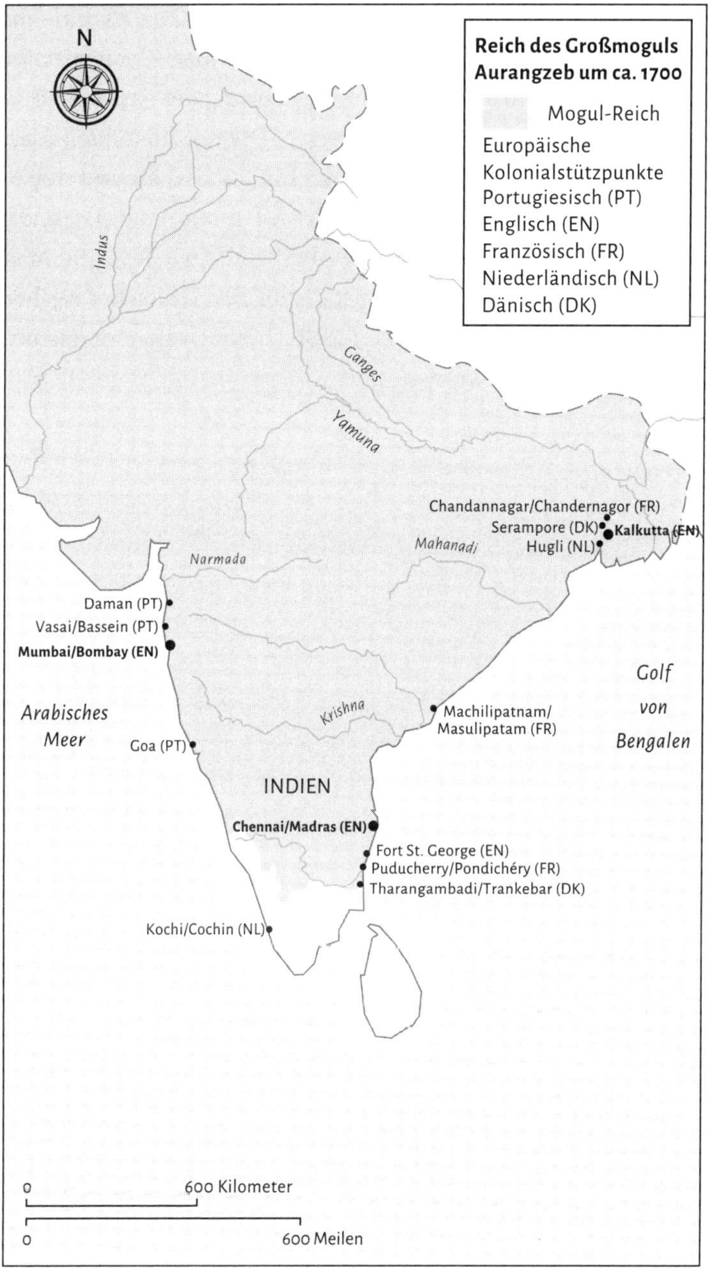

N
Reich des Großmoguls
Aurangzeb um ca. 1700
Mogul-Reich
Europäische
Kolonialstützpunkte
Portugiesisch (PT)
Englisch (EN)
Französisch (FR)
Niederländisch (NL)
Dänisch (DK)
Indus
Ganges
Yamuna
Narmada
Mahanadi
Krishna
Chandannagar/Chandernagor (FR)
Serampore (DK)
Kalkutta (EN)
Hugli (NL)
Daman (PT)
Vasai/Bassein (PT)
Mumbai/Bombay (EN)
Arabisches
Meer
Goa (PT)
Machilipatnam/
Masulipatam (FR)
Golf
von
Bengalen
INDIEN
Chennai/Madras (EN)
Fort St. George (EN)
Puducherry/Pondichéry (FR)
Tharangambadi/Trankebar (DK)
Kochi/Cochin (NL)
0
600 Kilometer
0
600 Meilen

zu Beginn des 18. Jahrhunderts auch für ganz neue Akteure die Möglichkeit, in das »Große Spiel« um die Vorherrschaft auf dem indischen Subkontinent und die Ausbeutung der enormen dort vorhandenen Reichtümer einzusteigen. Die resultierenden Kriege wurden nicht mehr nur zwischen hinduistischen und muslimischen Armeen geführt. Großbritannien und Frankreich, die sich zuvor damit begnügt hatten, Abgesandte wie Roe und Norris mit Geschenken um die Gunst der lokalen Herrscher werben zu lassen, waren im Begriff, zu regelrechten Rivalen um Handel und Territorium zu werden.

Kapitel 6
Kaufleute und Söldner

Im Jahr 1772 strömten die Londoner Theaterbesucher ins Haymarket Theatre, um Samuel Footes neues Stück *The Nabob* (›Der Neureiche aus Indien‹) zu sehen. Es erzählt die Geschichte von Sir Matthew Mite, einem Angestellten der East India Company (EIC), der das ausschweifende Leben schätzt. Nach England zurückgekehrt, will er sein unrechtmäßig erworbenes Vermögen nutzen, um in eine aristokratische Familie einzuheiraten, und sich einen Sitz im Unterhaus erkaufen. Sir John Oldham, ein angesehener, aber in Schwierigkeiten geratener Aristokrat, hat Schulden bei Mite – und eine schöne Tochter namens Sophy, die Mite nun beabsichtigt zu heiraten. Mite ist dem Glücksspiel verfallen und »verteilt die Beute ruinierter Provinzen mit vollen Händen«. Er »tobt sich ausgiebig in Vergnügungen aus, die ihre Quelle im Ruin anderer haben«. Zu guter Letzt gesteht er, dass er ein Serail errichten wolle, das von »drei Schwarzen aus Bengalen« bewacht werden solle, und droht, Oldham in ein Schuldnergefängnis zu bringen, wenn er ihm seine Tochter Sophy nicht zur Frau gibt. Am Ende zahlt Oldhams Cousin Thomas die 10 000 Pfund, die Oldham Mite schuldet, und rettet so den Familiensitz – und Sophys Ehre.

Nabob ist eine von englischsprachigen Indienreisenden abgewandelte Version des persischen Wortes Nawāb, das Gouverneur bedeutet. Als in den 1770er Jahren in der englischen Öffentlichkeit die Empörung über die barbarischen Geschäftspraktiken der britischen Handelsgesellschaft wuchs, entstand das inzwischen mit dem Wort verbundene Klischee eines raffgierigen Handelsgesellschaftsvertreters wie des fiktiven Mite. Nachempfunden war die Figur des Mite in Footes Stück dem habgierigsten aller Überseehändler: Robert Clive, der in den Reihen der EIC aufstieg und ein so großes Vermögen anhäufte, dass seine Zeitgenossen staunten.

Clive war 19 Jahre alt, als er 1744 in Madras an Land ging, um eine Stelle als Bürogehilfe in der EIC-Niederlassung anzutreten. Er war das älteste von 13 Kindern aus einer Familie des niederen Adels. Als Junge war er dafür bekannt, dass er »über die Maßen« streitsüchtig war und keinem Kampf aus dem Weg ging, eine Eigenschaft, die ihm auf dem Subkontinent zugutekommen sollte. Sein Anfangsgehalt betrug gerade einmal 5 Pfund pro Jahr, aber sollte er das Klima und die lebensbedrohlichen Tropenkrankheiten überstehen, hatte er gute Chancen, zum Junior-Kaufmann aufzusteigen – um eines Tages womöglich in den Rat des Gouverneurs oder sogar auf den Gouverneursposten selbst berufen zu werden. In einem der ersten Briefe, die der junge Clive nach Hause sandte, schreibt er, er habe sich lediglich Folgendes zum Ziel gesetzt: »für mich selbst zu sorgen & […] meinen Verwandten eine Hilfe zu sein«. In der innerhalb der EIC vorherrschenden Kultur hatte eine solche Bescheidenheit jedoch nicht lange Bestand.

Robert Clive (1725–1774), der für seine Siege in Südindien und Bengalen zum Ritter geschlagen wurde, trug wohl mehr als jede andere Person dazu bei, die Grundlagen für die britische Kronkolonie Indien (1858–1947) zu schaffen.

Bei Clives Ankunft hatte sich die »ehrenhafte Gesellschaft«, wie sie später oft genannt wurde, bereits von einer kleinen Handelskooperative zu einem hochprofitablen, börsennotierten Unternehmen entwickelt – mit mehr als einem Dutzend *Factories* (das Wort leitet sich vom portugiesischen *Feitoria* ab, das so viel wie befestigter Handelsposten bedeutet) an der indischen Küste und entlang der schiffbaren Wasserstraßen ins Landesinnere. Die leitenden Kaufleute waren die *Factors*, jüngere Angestellte wie Clive waren die Schreiber. Ein paar Dutzend bewährte Mitarbeiter in einem beengten Büro in der Leadenhall Street in London sorgten letztendlich für reibungslose Abläufe in einem Unternehmen, das die Hälfte des Welthandels kontrollierte und dessen Zolleinnahmen der britischen Staatskasse ein Zehntel der Gesamteinkünfte bescherten. Zwischen dem Jahr 1600, in dem die Gesellschaft von Königin Elisabeth I. ihr Handelsprivileg erhielt, und 1833 unternahmen Schiffe, die unter der Flagge der East India Company fuhren, rund 4600 Fahrten von London nach Asien. Ende des 18. Jahrhunderts waren die Streitkräfte der EIC doppelt so groß wie die des Vereinigten Königreichs.

Der Aufstieg und Fall der EIC ist von Historikern ausführlich beschrieben worden, zuletzt von William Dalrymple, der die allmähliche Übernahme, die Indien widerfuhr, als »einen in der Geschichte beispiellosen Coup eines Unternehmens« beschreibt: »Die militärische Eroberung, Unterwerfung und Ausplünderung riesiger Gebiete Südasiens […] bleibt mit höchster Wahrscheinlichkeit [für alle Zeiten] der aggressivste Akt unternehmerischer Gewalt in der Weltgeschichte.«

Als sich 80 hartgesottene Geschäftsleute 1599 in London trafen, um die EIC zu gründen, hatten sie gar nicht Indien, sondern den Gewürzhandel mit dem indonesischen Archipel im Visier. Ihr Hauptkonkurrent war die niederländische Vereenigde Oostindische Compagnie (VOC), die über das Zehnfache an Kapital verfügte und dank der Handelswaren von den Gewürzinseln riesige Gewinne einfuhr. Nachdem die Engländer in mehreren Scharmützeln mit holländischen Händlern, die ihre Monopole zu schützen wussten, vernichtend geschlagen worden waren, beschlossen sie, dass es besser war, ihre Verluste zu begrenzen, als weiterzumachen. Als Ausweichmöglichkeit bot sich Indien an, ein verlockendes Ziel, da es näher an der Heimat lag und die besten Textilien der Welt herstellte.

1608 landete Kapitän William Hawkins in Surat an der Westküste Indiens und war damit der erste Kommandant eines Schiffs der East India Company, der Indien betrat. Unverzüglich brach er nach Agra auf, der Hauptstadt des Mogul-Reiches. (Seine Reise durch das Landesinnere sollte ein ganzes Jahr in Anspruch nehmen.) Doch seine Geschenke, die aus dürftigen Stoffbündeln bestanden (alles Übrige war ihm von einem für die Portugiesen arbeitenden Spion gestohlen worden), vermochten Jahangir nicht zu begeistern. Anstatt dass er mit einem *Ferman* zurückkehrte, einer kaiserlichen Direktive, die der englischen Kaufmannsgesellschaft Handelsrechte im gesamten Mogul-Reich eingeräumt hätte, brachte er nur ein Geschenk des Großmoguls mit: eine armenische Christin, seine Ehefrau.

Auf Hawkins folgte sieben Jahre später Sir Thomas Roe, der mit einer Karawanenladung voller Präsente – darunter englische Doggen und Jagdhunde, Kisten mit Rotwein und eine herrschaftliche Kutsche – am Hof der Moguln eintraf. Englands Hauptkonkurrenten waren die Portugiesen. Obwohl sie bereits seit fast einem Jahrhundert als Händler in Indien tätig waren, hatten sie sich bei den Moguln kein hohes Ansehen verschaffen können. Muslimische Pilger, die zum Hadsch nach Mekka reisen wollten, waren auf die portugiesische Schifffahrt angewiesen: Bevor sie ein Schiff besteigen konnten, benötigten sie einen von den Portugiesen ausgestellten Pass – und der war mit Götzenbildern von Jesus und Maria versehen. Kurz vor Roes Ankunft hatten Engländer in zwei Gefechten portugiesische Schiffe besiegt. Mit britischer Hilfe, versprach Roe, würde Jahangir »Herr der Meere« werden.

Auch dieses Mal gab es keinen allgemeinen *Ferman*, aber der Großmogul verpflichtete sich, Roe die Genehmigung für einen Handelsposten in Surat zu erteilen. Nach seiner Rückkehr nach England gab Roe den Direktoren der Handelsgesellschaft folgenden Rat: »Nehmt dies als Regel an, dass ihr, wenn ihr Gewinn machen wollt, diesen auf See und im friedlichen Handel suchen sollt; denn es ist unbestritten ein Fehler, in Indien auf Garnisonen und Landkriege zu setzen.«

Schiffstonnage Europäischer Fernhandelsgesellschaften

Zeitraum	Englisch	Niederländisch	Portugiesisch	Französisch	Dänisch	Schwedisch	Englisch % am Gesamtvolumen
1581–90	0	0	55 419	0	0	0	0
1631–40	31 179	63 970	20 020	3 000	4 000	0	25,5
1681–90	47 879	130 849	11 650	17 500	4 000	0	22,6
1731–40	67 880	280 035	13 200	53 891	12 267	7 368	15,6
1781–90	228 315	243 424	8 250	130 490	63 461	0	33,9
1820–29	859 090	178 000		168 180	22 779	6 730	60,0

Im Laufe der nächsten Jahrzehnte nahm die Präsenz der East India Company in Indien stetig zu. So konnte die Handelsgesellschaft von einem lokalen Herrscher im Jahr 1639 die Stadt Madras erwerben, und 1661 bekam Karl II. Bombay mit seinem herrlichen Hafen als Teil der Mitgift von Katharina von Braganza ›geschenkt‹.

Der Handel boomte. Bis 1680 erhielten die 2000 Aktionäre der EIC eine jährliche Dividende von 50 Prozent – ein Ausschüttungsmaximum, das die Gesellschaft 1682, 1689 und 1691 wiederholen konnte. In den folgenden Dekaden hatte die EIC zwar mit den Wechselfällen des Glücks zu kämpfen, sie blieb aber für die englische Wirtschaft von entscheidender Bedeutung. Im Jahr 1700 verschiffte sie von Indien aus über eine halbe Million Pfund an Warenwert, was 13 Prozent der englischen Importe ausmachte. Textilien hatten Gewürze als wichtigstes Handelsgut abgelöst, und feine indische Baumwollstoffe aus Bengalen, Gujarat, von der Koromandelküste und aus der Konkanregion fanden reißenden Absatz in Südostasien, Ostafrika und im persischen Safawiden-Reich. »Indischer Stoff begann in Afrika als Zahlungsmittel, in Südostasien als Konsumgut und in Europa als Modeartikel zu fungieren«, schreibt der Frühneuzeithistoriker Giorgio Riello.

Je größer der Umsatz, desto größer der Spielraum für unternehmerisches Fehlverhalten – das ist ein Szenario von inzwischen bedrückender Vertrautheit. Im Jahr 1693 wurde gegen den Gouverneur der East India Company und den Vorsitzenden des Beirats Anklage erhoben: wegen Insiderhandels und des Missbrauchs von Geldern zur Bestechung von Parlamentariern, die gedroht hatten, den weitgesteckten Handlungsspielraum der Handelsgesellschaft zu beschränken.

Es war nicht das erste Mal, dass die Gesellschaft über das Ziel hinausgeschossen war. Im Jahr 1688 missachtete Sir Josiah Child, der kriegerische Auseinandersetzungen wenig scheuende Gouverneur der Gesellschaft, Roes Ratschlag zu »friedlichem Handel« und beschloss törichterweise, es mit der 100 000 Mann starken Kriegsmaschinerie der Moguln aufzunehmen. Als ihm Beschwerden über Mogulbeamte zu Ohren kamen, die in den Außenhandelsposten der Gesellschaft in Bengalen Geld von englischen Händlern erpressten, schickte Child zwei Schiffe mit insgesamt 308 Soldaten den Hugli hinauf, um ihnen eine Lektion zu erteilen. Als die Schiffe ankerten und die Soldaten anlandeten, fiel es den Wachen der Moguln nicht schwerer, die Soldaten ins Visier zu nehmen und zu erschießen, als »Fliegen zu erschlagen«. An der Westküste Indiens beschloss ein Statthalter der EIC, dessen Nachname ebenfalls Child war, einen ähnlich verhängnisvollen Kampf gegen die Flotte der Moguln zu beginnen. In dieser gewaltsamen Episode, die als Child's Krieg in die Geschichtsbücher Eingang gefunden hat, verlor die Gesellschaft Stützpunkte in Bengalen, Bombay und Surat. Die Vertreter der EIC mussten bei Großmogul Aurangzeb um die Wiedererlangung ihrer Handelsrechte betteln. Erst nachdem sie eine hohe Entschädigung gezahlt und versprochen hatten, sich in Zukunft besser zu verhalten, wurde ihnen der Handel erneut erlaubt.

Im Jahr 1690 kehrte Job Charnock, der Leiter der Vertretung der Handelsgesellschaft in Bengalen, an den Hugli zurück, um einen neuen Standort für eine Siedlung auszuwählen. Der Ort am Ostufer des Flussarmes in der Nähe einer Ansammlung von Dörfern, auf den Charnocks Wahl fiel, fand nur wenige Fürsprecher. »Um [Himmels] willen! Nur um einen großen schattigen Baum [zum darunter Ausruhen zu haben.] … Er hätte keinen ungesünderen Ort am ganzen Fluss finden können«, lamentierte Handelskapitän Alexander Hamilton kurz nach der Gründung der Siedlung. Obwohl die Bevölkerung bis 1692 auf etwa 1000 Menschen angewachsen war, hatte Hamilton bereits 460 Todesfälle verzeichnen müssen, darunter auch den von Charnock. Der Ort, den seine Soldaten Golgotha tauften, sollte sich zu Kalkutta entwickeln, der Hauptstadt des britischen *Raj*, des indischen Kaiserreichs unter britischer Regentschaft.

Bengalen, von Aurangzeb als »Paradies der Nationen« bezeichnet, war mit Abstand die reichste Provinz Indiens und der

Kalkutta im frühen 17. Jahrhundert. Mit 15 Millionen Einwohnern ist die Stadt, die heute offiziell unter dem Namen Kolkata firmiert, eines der größten städtischen Ballungszentren der Welt.

wichtigste Lieferant von Waren aus Asien nach Europa. Nach einer Reise durch Ostindien im Jahr 1657 erklärte Bernier, in puncto »Fruchtbarkeit, Reichtum und Schönheit« übertreffe Bengalen Ägypten bei weitem, das zu dieser Zeit als »das schönste und fruchtbarste Land der Welt« galt. Entsprechend hatten auch portugiesische, holländische und französische Handelsgesellschaften Außenposten am Hugli eingerichtet.

Wie die anderen Standorte der EIC hing auch der Fortbestand des von Charnock gegründeten Handelspostens vom Wohlwollen der lokalen Machthaber ab. Zu Beginn des 18. Jahrhunderts hatte sich gezeigt, dass Wohlwollen kein Äquivalent für Sicherheit war. Um den Schutz des Postens zu gewährleisten, befehligten britische Offiziere kleine Armeen, die hauptsächlich aus lokal ausgebildeten Soldaten, den Sepoys, bestanden. Da der Unterhalt dieser Armeen kostspielig war, mussten Steuereinnahmen aufgebracht werden, und um diese zu erheben, wurde eine Verwaltungsstruktur aufgebaut, die bald durch Gerichte und ein Justizsystem ergänzt wurde – das Handelsimperium erhielt allmählich immer mehr den Charakter eines Staates.

In der Silvesternacht 1716 ließ sich der in seiner Position geschwächte Großmogul Farrukh Siyar schließlich dazu bewegen, mit dem Erlass eines *Fermans* der EIC volle Handelsrechte zu gewähren. Die Direktoren der Ostindien-Kompanie feierten die Urkunde als ihre »Magna Charta« und waren sich sicher, dass sie die »Gewährung einer Gunst [erreicht hatten], wie sie noch nie zuvor einer europäischen Nation gewährt worden war«. Die Kompanie war nun durch eine direkte Beziehung zum Großmogul in die politische Hierarchie des Mogul-Reiches eingebunden. Ein halbes Jahrhundert später nutzte Clive das Dekret, um den Sturz des Nawabs von Bengalen zu rechtfertigen.

Mit ihren Hauptsitzen Pondichéry, eine Tagesreise südlich von Madras, und Chandernagor, etwa 24 Kilometer nördlich von Kalkutta, stellte die 1664 gegründete französische Compagnie des Indes die größte Konkurrenz für die EIC dar. Die anglo-französische Rivalität wurde über einen Großteil des 18. Jahrhunderts nicht mehr nur in Kontinentaleuropa, sondern verstärkt auch in Indien und zwischen den beiden Handelsgesellschaften dieser Nationen ausgefochten. Der Ausbruch des Österreichischen Erbfolgekrieges (1740–48) und des Siebenjährigen Krieges (1756–63) fiel mit Machtkämpfen südindischer Staaten zusammen, die von der Mogulherrschaft unabhängig geworden waren – eine Gelegenheit, die beide Kompagnien ergriffen, um sich politisch und militärisch in innerindische Angelegenheiten einzumischen.

Der Architekt dieser Politik war Joseph François Dupleix (1697–1763). Der englische Autor Lawrence James beschreibt Dupleix als »einen Mann von dynamischer Energie, der Ehrgeiz, Habgier, Anglophobie und Kriegslüsternheit zu etwa gleichen Teilen in sich vereinte«, und dieser Mann sollte zu Clives Hauptrivalen werden. Im Jahr 1742 wurde er von Chandernagor an die Koromandelküste versetzt, um das Amt des Gouverneurs der dortigen französischen Besitzungen anzutreten. Als die britische Flotte 1745 Pondichéry bedrohte, bat er den Nawab von Karnatik, einem unabhängigen Staat nördlich von Madras mit der Hauptstadt Arcot, um Schutz. Obwohl der Angriff auf Pondichéry nie erfolgte, war dieser Appell ein Wendepunkt. Denn dabei, betont Thomas Macaulay, einer der ersten Biographen des Franzosen, habe Dupleix erkannt, dass »es möglich war, auf den Ruinen der Mogulmonarchie ein europäisches Imperium zu gründen«.

Neben günstigen Handelsrechten bestimmten noch andere Faktoren die Geschicke der EIC in Indien. In ihren Kämpfen mit konkurrierenden Nachbarreichen suchten die lokalen Herrscher zunehmend bei den Briten und Franzosen Unterstützung – und versprachen im Gegenzug, ihnen Gebiete abzutreten. Die Einnahmen, die die Europäer dort erzielten, konnten dann in den Ausbau der jeweiligen Streitkräfte fließen. Selbst wenn sie sich nicht offiziell im Krieg befanden, unterstützten die Briten und Franzosen konkurrierende indische Fürsten oder führten in deren Namen Stellvertreterkriege.

Die lokalen Herrscher lernten schnell die Vorteile einer solchen Unterstützung zu schätzen. Mit kleinen Korps tadellos gedrillter Soldaten, die in europäischen Angriffs- und Verteidigungstaktiken geschult waren, konnten die von den Engländern bzw. Franzosen geführten Streitkräfte Ergebnisse erzielen, für die riesige indische Armeen früher Monate oder sogar Jahre gebraucht hätten. Gutbezahlte Söldner aus Amerika, Irland, Großbritannien, Frankreich, der Schweiz, Polen und sogar Armenien sollten eine entscheidende Rolle dabei spielen, dass sich der Charakter der Kriegsführung in Südasien konsequent änderte.

Robert Clive oder Wie eine koloniale Legende entsteht

Der erste indische Herrscher, der eine militärische Streitmacht unter dem Kommando eines europäischen Befehlshabers einsetzte und als Gegenleistung dafür Gebiete abtrat, war Muhyi ad-Din Muzaffar, Jang Hidayat (gest. 1751), der Enkel des ersten Nizam von Hyderabad. Der Tod des amtierenden Nizam al-Mulk im Jahr 1748 hatte eine vierjährige Nachfolgekrise ausgelöst, in der sechs Söhne und ein Enkel um den Thron der reichsten und mächtigsten Regionalmacht Südindiens konkurrierten. Muhyi ad-Din Muzaffar wurde 1750 in einer aufwendigen Zeremonie in Pondichéry zum neuen Nizam ausgerufen, nachdem französisch geführte Truppen seinen Rivalen Mir Ahmad Ali Khan Siddiqi Bayafandi, Nasir Jang (1712–1750), besiegt hatten. Mit dieser Ortswahl – Pondichéry anstelle von Hyderabad – wollte Dupleix der muslimischen Welt offensichtlich signalisieren, dass die Macht vom Vizekönig des Dekkan auf die Franzosen übergegangen war. Prompt erklärte Muhyi ad-Din Muzaffar zum Dank für die erhaltene Unterstützung Dupleix zum Vizekönig von ganz Südindien: vom Fluss Krishna bis zum südlichsten Punkt des Subkontinents, Kap Komorin. Der Franzose herrschte nun mit nahezu absoluter Macht über 30 Millionen Menschen.

Muzaffars Herrschaft in Hyderabad wurde vom Großmogul in Delhi nie anerkannt – und er hielt sich gerade einmal sechs Wochen auf dem Thron, dann wurde er aus einem Hinterhalt getötet. Doch damit, dass er die Franzosen zur Lösung seines Konflikts engagiert hatte, war ein Präzedenzfall geschaffen, der die politische Landkarte Indiens für immer verändern sollte. Von nun an mussten die indischen Herrscher, die ihre Macht mit Hilfe der von Engländern geführten Truppen aufrechterhalten wollten, weite Teile ihres Territoriums verpfänden und für die Stationierung von Hilfstruppen in ihren Staaten bezahlen, die angeblich dem Schutz vor inneren und äußeren Feinden dienen sollten. Außerdem wurde von ihnen erwartet, dass sie einen Gesandten der britischen Krone in ihrer Hauptstadt beherbergten. Diese Diplomaten mit dem Titel eines »Residenten« hatten das letzte Wort in Angelegenheiten wie königlichen Eheschließungen und Erbschaften. Da es den indischen Herrschern nicht mehr möglich war, eine unabhängige Außen- oder Militärpolitik zu verfolgen, sahen sie sich in die undankbare Rolle bloßer Erfüllungsgehilfen eines britischen Kolonialimperiums versetzt, dessen Architekten im fernen London saßen.

Dupleixs Abenteurertum sollte sich für ihn nicht auszahlen, denn an seiner statt wurde im Jahr 1754 der französische Marinekommandant Charles Robert Godeheu de Zaimont installiert, der mit der Order nach Indien entsandt worden war, die Beziehungen zu den Engländern zu verbessern. Damit war der Weg frei für den in den Reihen der East India Company schnell aufgestiegenen Clive, der sich inzwischen einen Ruf als Militärstratege und brillanter Anführer erworben hatte.

Die heroische Legende des »Clive von Indien« entstand rund um die Belagerung von Arcot im Jahr 1751. Die 100 000 Einwohner zählende Stadt war die Hauptstadt der Karnatik, der Region, an deren Küste Madras lag. Dort regierte Anwar ud-Din, der Stellvertreter des Nizam ul-Mulk in Hyderabad. Als Anwar ud-Din 1749 in einer Schlacht fiel, versuchten die Franzosen, ihren Strohmann Chanda Sahib (gest. 1752) zum neuen Nawab des Küstenstreifens zu machen. Mittels eines solchen in Arcot installierten Marionettenherrschers hätten die Franzosen die Briten in Madras einkreisen können. Um diesem Schachzug zuvorzukommen, schlug Clive vor, Arcot einzunehmen. Mit einer Streitmacht von nur 200 europäischen Soldaten und 300 indischen Sepoys gelang es Clive, das Fort von Arcot zu stürmen. Doch unter dem Kommando von Chanda Sahibs Sohn umstellten karnatische Truppen mit Unterstützung von 150 französischen Soldaten das Fort und beschossen die englischen Stellungen mit schwerer Artillerie. Obwohl Clive fast die Hälfte seiner Männer verlor, hielt er dem Ansturm der französisch-indischen Truppen 53 Tage lang stand – dann traf seine Verstärkung aus Madras ein.

Wie später die Verteidiger von Jalalabad, Lakhnau oder Chitral hätten Clives Männer »die Unbeugsamkeit und den unbeirrbaren Mut der britischen Rasse« verkörpert, schwärmt Lawrence James. Die Soldaten, die auf den Festungsmauern ausharrten, wurden als die Verteidiger von Zivilisation, Recht und Ordnung dargestellt, und ihre Festungen waren Wellenbrecher gegen die anstürmenden Wogen von Chaos und Barbarei. Entsprechend teilte der Gouverneur von Madras, Thomas Saunders, den Direktoren in London mit, Arcot habe die Schwäche der Inder offenbart: »Es ist keine Frage, dass jede europäische Nation, die sich entschließt, mit einer halbwegs anständigen Streitmacht gegen sie in den Krieg zu ziehen, das ganze Land überrennen kann.«

1753 reiste Clive nach England und kehrte zwei Jahre später zurück, um den Posten als stellvertretender Gouverneur von Fort St. David in Cuddalore südlich von Madras anzutreten. Für den Moment herrschte Frieden zwischen Franzosen und Engländern, doch die trügerische Ruhe sollte bald zerstört werden. Am 16. August 1756 erreichte die Nachricht Madras, dass die Armee des Nawab von Bengalen Kalkutta eingenommen hatte und mehr als 100 englische Gefangene in einer als »das schwarze Loch« bezeichneten Gefängniszelle gestorben waren.

Kalkutta hatte sich zwischenzeitlich zu einer blühenden Hafenstadt mit etwa 400 000 Einwohnern entwickelt, von denen allerdings nur ein kleiner Teil Briten waren. Die Stadt übertraf bei weitem die nahegelegenen Handelsposten der Franzosen, Holländer und Dänen. Die Beziehungen zwischen den europäischen Händlern und dem Nawab Alivardi Khan (1671–1756) waren freundschaftlich und für beide Seiten vorteilhaft. Der Tod des Nawabs im Jahr 1756 fiel mit dem Ausbruch des Siebenjährigen Krieges zusammen. In der englischen wie in der französischen Kompagnie reagierte man auf die Nachrichten aus Europa mit der Order, das jeweilige Fort stärker zu befestigen.

Die Verstärkung der Befestigungsanlagen verärgerte Alivardi Khans Nachfolger Siraj ud-Daula (1733–1757), der darin eine Bedrohung sah, um seine Macht fürchtete und anordnete, die Arbeiten seien sofort einzustellen. Die Franzosen kamen diesem Befehl nach, doch die Briten ignorierten seine Forderung. Als Siraj ud-Daula einen Gesandten schickte, um den Konflikt beizulegen, wurde der von einem britischen Offizier geohrfeigt und hinausgeworfen. In Bengalens Hauptstadt Murshidabad zurückgekehrt, soll er zu Siraj gesagt haben: »Was ist uns an Ehre noch geblieben, wenn ein paar Händler, die noch nicht gelernt haben, ihren Hintern richtig abzuwischen, auf die Befehle des Herrschers mit dem Rauswurf seines Gesandten antworten.« Als ein letzter Aufruf fehlschlug, mit dem Siraj ud-Daula die Engländer beschworen hatte, sich »wie Kaufleute zu benehmen«, versammelte er eine große Armee und marschierte südwärts nach Kalkutta.

Obwohl die Engländer gewarnt waren, dass sich Truppen im Anmarsch auf Kalkutta befanden, machten sie sich darüber aus lauter Selbstüberschätzung kaum Gedanken und trafen nur minimale Vorbereitungen zur Verteidigung der Stadt. Um ein besseres Schussfeld zu haben, wollten die Militärs nahe an Fort William gebaute Häuser abreißen lassen, doch die Besitzer weigerten sich, da sie nicht darauf vertrauen wollten, tatsächlich eines Tages eine Entschädigung zu erhalten. Am 16. Juni 1756 erreichten die Truppen von Siraj ud-Daula den Ort Dum Dum, heute der Standort des internationalen Flughafens von Kolkata, und lösten im Fort, in dem 2500 hauptsächlich britische Einwohner der Stadt Schutz gesucht hatten, Chaos und Panik aus. Als die feindlichen Soldaten näherkamen, rannten die Flüchtenden zum Fluss und stürmten auf die rund zwei Dutzend dort vertäuten Boote, um zu entkommen – unter ihnen auch der Gouverneur der Stadt, Roger Drake.

Innerhalb weniger Stunden hatten die Männer des Nawab die Kontrolle über Fort William übernommen, doch anstatt die verbliebenen Verteidiger zu töten, trieben sie sie zusammen. Siraj ud-Daula versprach den Gefangenen, ihnen werde »kein Haar gekrümmt«. Doch als ein blinder, betrunkener englischer Matro-

»Beklagenswerte Todesfälle«

Der Mythos des Schwarzen Lochs von Kalkutta geht auf einen Bericht über den Vorfall zurück, den der britische Kommandant der Garnison, Josiah Holwell (1711–1798), verfasst hat. Laut Holwell stapelten sich in besagter Zelle, als die Tür zehn Stunden später um 6 Uhr morgens aufgeschlossen wurde, die Leichen, und nur noch 23 der Gefangenen waren am Leben. Er bezeichnete das Erlebnis als »eine Nacht des Grauens, die ich nicht zu beschreiben versuche, da sie sich jeder Beschreibung entzieht«. Nach seiner Rückkehr nach England im folgenden Jahr veröffentlichte er seinen *Tatsachenbericht über die beklagenswerten Todesfälle der englischen Gentlemen und der anderen, die im Schwarzen Loch erstickt worden sind*. Neuere Schätzungen gehen davon aus, dass nur 43 Personen inhaftiert waren. Der Befehl, die Gefangenen in das Schwarze Loch zu sperren, ging keineswegs auf Siraj ud-Daula zurück, der von den Ereignissen bis zum Schluss nichts wusste.

se einen der Bewacher erschoss, der begonnen hatte, die Wertsachen der Gefangenen zu plündern, schlug die Stimmung um. Alle Überlebenden wurden in die eine winzige Strafzelle des Forts getrieben; diese maß 4,3 mal 5,5 Meter, es gab nur ein kleines Fenster und kaum Wasser.

Ein höchst lukratives Geschäft

Es sollte nicht lange dauern, da war das Schwarze Loch in den Köpfen englischer Politiker zum Symbol für die Barbarei der Inder geworden und musste als Begründung für die britische Herrschaft herhalten. Zunächst avancierte der Verweis auf die Gräueltat aber zum Schlachtruf für die Rückeroberung Kalkuttas und dann des restlichen Bengalen. Im Januar 1757 nahm eine britische Seestreitmacht die Stadt ohne große Schwierigkeiten ein. Doch anstatt nach Madras zurückzukehren, zog Clive weiter, um den französischen Handelsposten Chandernagor zu erobern und den Briten die Kontrolle über die Region zu sichern. Damit war die Bühne bereitet für die entscheidende Auseinandersetzung, die Schlacht bei Plassey (heute Palashi).

Die meisten Historiker tun Plassey als bloßes Scharmützel ab. Auf eine morgendliche Kanonade folgte ein schwerer Monsunsturm, der den Großteil der Munition des Nawabs außer Gefecht setzte, während die Briten ihre Munition mit Planen hatten schützen können. Ein überraschender Vorstoß, der durch den Übereifer eines britischen Offiziers ausgelöst wurde, endete mit einem Sieg der Truppen unter Clive. Auf dem Papier hatten 800 Europäer und 2000 einheimische Soldaten eine feindliche Streitmacht von 50 000 Mann besiegt, doch in Wirklichkeit hatte Siraj ud-Daula keine Chance gehabt: Händler und Adlige, die den Nawab loswerden wollten, hatten seinen Oberbefehlshaber

Mir Jafar (ca. 1691–1765) bestochen, und der hielt seine Truppen genau in dem Moment zurück, als sie gebraucht wurden. Finanziert wurden die Verschwörer von der Familie Jagat Seth, die die bedeutendsten Bankiers und Geschäftsleute in Bengalen stellte und das Vertrauen in ihren Nawab verloren hatte; sie glaubte nicht mehr daran, dass er die für einen florierenden Handel erforderliche Sicherheit gewährleisten könne. Ihre Beteiligung veranlasste den englischen Historiker Nick Robins zu der Bemerkung, Plassey sei »eher eine kommerzielle Transaktion als eine echte Schlacht« gewesen. Man solle die Schlacht bei Plassey daher nicht vordringlich als den ersten Schritt zur Schaffung des britischen Imperiums in Indien bewerten, sondern »vielleicht eher als den erfolgreichsten Geschäftsabschluss der Ostindien-Kompanie verstehen«.

Zur Belohnung vergab Clive den Gouverneursposten von Bengalen an Jafar, der im Grunde aber nur die Rolle eines Marionettenherrschers spielen durfte. Auf Siraj ud-Daula wurde Jagd gemacht, letztendlich wurde er in der Nähe seiner Hauptstadt Murshidabad ermordet. Im Alter von nur 32 Jahren war Clive zum Eroberer von Bengalen avanciert – und zwar zu einem sehr reichen Eroberer. Trotz strikter Anweisungen aus London, französische Angriffe lediglich abzuwehren und sich nicht mit den örtlichen Herrschern anzulegen, hatte Clive die Dinge selbst in die Hand genommen, als er die Gelegenheit zur persönlichen Bereicherung und den potentiellen politischen und wirtschaftlichen Gewinn für seine Handelsgesellschaft sah. Auf einen Schlag hatte er der Kompagnie 2,5 Millionen Pfund eingebracht und selbst 234 000 Pfund eingestrichen – was ihn zu einem der reichsten Männer Englands machte.

Clive kehrte 1760 als Held nach England zurück und hinterließ als seinen Nachfolger einen Überlebenden der Nacht im Schwarzen Loch, Josiah Holwell. Holwell wollte die nach dem

Tod von Jafars Sohn heraufziehende Nachfolgekrise ausnutzen und die Verwaltung von Bengalen direkt übernehmen. Die Direktoren seiner Handelsgesellschaft waren jedoch dagegen und beschlossen, Jafars Schwiegersohn Mir Qasim (gest. 1777) zum neuen Herrscher zu machen. Als Jafar versuchte, das zu verhindern, wurde er abgesetzt.

Die Briten bedauerten bald, dass sie sich für Qasim entschieden hatten. Der neu eingesetzte Nawab entließ lokale Beamte, die im Verdacht standen, mit der Kompagnie zu kollaborieren, erhöhte die Steuern, ließ noch nicht einmal die englischen Exportaktivitäten unbehelligt und begann, seine Streitkräfte nach europäischem Vorbild neu zu organisieren – und zwar mit Hilfe zweier christlicher Söldner: Walter Reinhardt, einem Söldner aus dem Elsass, und Isfahani Khoja Gregory, einem Armenier. Nachdem Berichte eingegangen waren, wonach Qasim in Patna Gefangene, darunter Vertreter der Handelsgesellschaft und ihrer indischen Verbündeten getötet habe, erklärten die EIC-Entscheidungsträger in Kalkutta dem Nawab am 4. Juli 1763 formell den Krieg und schworen sich, den Thron wieder mit Jafar zu besetzen.

Um die Verluste der Schlacht bei Plassey wettzumachen und die Unabhängigkeit Bengalens wiederherzustellen, schloss Mir Qasim ein Bündnis mit dem Nawab von Avadh, Shuja ud-Daula, und dem Großmogul Schah Alam II. (1728–1806). Letzterer hatte in Delhi erneut den Thron für sich beanspruchen können, nachdem afghanische Truppen unter der Führung von Ahmad Schah Durrani die Marathen im Jahr 1761 in der entscheidenden Schlacht von Panipat nördlich von Delhi besiegt hatten. Der Großmogul hatte den Briten zunächst angeboten, er werde der EIC im Gegenzug für ihre Unterstützung in ganz Bengalen das Diwani, sprich das Recht zum Einziehen der Steuern, überlassen, doch als sein Angebot ungehört verhallte, ging Schah Alam II. das Bündnis mit Mir Qasim ein.

Um die Armee der drei Verbündeten noch im Anmarsch auf Kalkutta abzufangen, schickten die Briten berittene Sepoys unter dem Kommando von Major Hector Munro. Dabei wurden zunächst Vorkehrungen getroffen, um sicherzustellen, dass es auf britischer Seite nicht zu Desertionen kam. Von der Kompagnie gedungene Sepoys, die sich geweigert hatten, ins Gefecht zu ziehen, wurden »mit den Armen an die Kanonen geschnallt und mit dem Bauch gegen die Mündungen der Kanonen gedrückt, die dann vor den Augen ihrer zitternden Kollegen abgefeuert wurden«. Es war erst das zweite Mal in der Geschichte der EIC, dass ihre Soldaten gegen Truppen der Moguln kämpften. Die Schlacht von Buxar machte die Briten mit dem Sieg über die drei großen Armeen auf Seiten der Moguln zur dominierenden Kraft in Nordostindien: »Bei Buxar wurde das, was von der Mogulmacht in Nordindien noch übrig war, vollständig zerschlagen. [... Dieses Gefecht war] möglicherweise die wichtigste Schlacht, die die Briten jemals in Südasien geschlagen haben«, schreibt der britische Historiker John Keay.

In einer demütigenden Zeremonie in Clives Zelt in Allahabad trat Schah Alam II. das Diwani von Bengalen ab. Die Einziehung der Steuern, die in Bengalen, Bihar und Orissa zuvor die Domäne der Steuerbeamten des Großmoguls gewesen war, wurde nun an die Kompagnie abgetreten. Ein Zusammenschluss »ausländischer Kaufleute« verwandelte sich damit in einen kapitalistischen Kolonialstaat, der Gesetze schuf, Recht sprach, Steuern festsetzte, Friedensverträge schloss und Kriege führte. Die EIC war die erste Handelsgesellschaft, die eigene Münzen prägte, um ihre Goldreserven zu monetarisieren und den Handel zu erleichtern.

Die Nachricht, dass die EIC das Diwani erhalten hatte, ließ ihre Aktien zwischen 1767 und 1769 in die Höhe schnellen. Doch diese Welle des Erfolgs brach nach kurzer Zeit. Da sich die Gesellschaft nur ihren Aktionären gegenüber verpflichtet fühlte, war

Das großformatige Ölgemälde des Künstlers Benjamin West aus dem Jahr 1818 zeigt Schah Alam II., der Robert Clive eine Schriftrolle überreicht und der East India Company damit die Steuererhebungsrechte in Bengalen, Bihar und Orissa überträgt.

ihr nicht besonders daran gelegen, eine gerechte Verwaltung der Regionen, über die sie nun herrschte, zu gewährleisten. Im Jahr 1769 beeinträchtigte das Ausbleiben des Monsuns die Reisernte in Bengalen und Bihar so stark, dass der Reispreis mancherorts auf das Fünffache stieg. Millionen von Menschen drohte der Hungertod. Im Juni 1770 kursierten Berichte über Dorfbewohner, die sich von Leichen ernährten. Zuvor war nichts unternommen worden, um Ernteüberschüsse einzulagern. Nun wurden die Vertreter der EIC beschuldigt, enorme Gewinne zu erzielen, indem sie Getreide horteten und die Verteilung kontrollierten. Der britische Autor Michael Edwardes hat es auf den Punkt gebracht: »Die Gier nach Gold hatte eine fiebrige Leidenschaft bei den Briten geweckt, und Bengalen sollte erst wieder zur Ruhe kommen, nachdem sie es hatten ausbluten lassen.«

Als sich die Hungersnot verschlimmerte, sanken die Einnahmen rapide, die die EIC bei der Landbevölkerung erzielen konnte, so dass sich die EIC-Direktoren gezwungen sahen, die britische Regierung um eine Bürgschaft in Höhe von 1,4 Millionen Pfund zu bitten, um den Bankrott zu vermeiden. Für die britische Wirtschaft stellte die EIC einen so bedeutsamen Faktor dar, dass dieser Antrag auf Hilfeleistungen den Aktienmarkt abstürzen ließ. Da 40 Prozent der Parlamentsabgeordneten Aktien des Unternehmens hielten, hatte nie in Frage gestanden, dass ein staatliches Rettungspaket geschnürt würde, aber der Preis war hoch. Mit dem Regulierungsgesetz wurde die EIC staatlicher Aufsicht unterstellt. Ein vom Parlament ernannter Verwaltungsrat mit Sitz in Kalkutta wurde mit der Leitung des Tagesgeschäfts der EIC beauftragt. Die Interessen der Handelsgesellschaft und des Staates waren nun untrennbar miteinander verwoben. Das Gesetz markiert daher den Beginn der britischen Kolonialherrschaft in Indien.

Da die Kompagnie ihren Gebietserwerb kontinuierlich fortgesetzt hatte, wurde die Verwaltung auf drei regionale »Präsidien« aufgeteilt: Kalkutta, Bombay und Madras. Zu den wichtigsten Bestimmungen des Regulierungsgesetzes gehörte die Auflage, das Amt eines Generalgouverneurs mit Sitz in Kalkutta zu schaffen, dem die Aufsicht über die Präsidien Bombay und Madras übertragen wurde. Der erste Generalgouverneur war Warren Hastings, eine umstrittene Persönlichkeit, dessen größte Sünde einem Historiker zufolge darin bestand, dass »er Indien zu sehr liebte«. Um die EIC zur Rechenschaft ziehen zu können, verlangte Hastings, dass die britische Souveränität durch indische Beamte und Behörden ausgeübt werde. Die Rechtsprechung sollte bei indischen Richtern liegen, und indische Beamte sollten über Landangelegenheiten entscheiden. Seine Vision war zu radikal für die damalige Zeit und wäre, wenn sie umgesetzt worden wäre, von seinen Nachfolgern wohl wieder rückgängig gemacht worden. Sein wirkungsvollstes Vermächtnis war, dass er die Erforschung der indischen Geschichte und der indischen Sprachen, wie z. B. des Sanskrit, förderte. Unter Hastings leisteten Orientalisten wie William Jones und Charles Wilkins Pionierarbeit, indem sie hinduistische Epen übersetzten und Sanskrit mit der indo-ārischen Sprachgruppe in Verbindung brachten. Doch bei aller Philanthropie und allem Idealismus blieb Hastings ein »Nabob«, dessen Hauptinteresse sich darauf richtete, für seine Handelsgesellschaft, für deren Aktionäre und nicht zuletzt für sich selbst Reichtümer anzuhäufen. Hastings monopolisierte die Salz- und Opiumproduktion Bengalens zugunsten der EIC und ließ die erste Opiumlieferung nach China schmuggeln – unter Missachtung eines seit langem bestehenden Einfuhrverbots.

Als Hastings 1785 nach England zurückkehrte, erwartete er, von seinen Kollegen herzlich begrüßt zu werden, schließlich hatte er die Angelegenheiten der EIC in Ordnung gebracht. Stattdessen sah er sich fortgesetzten Angriffen von Mitgliedern des Parlaments ausgesetzt, allen voran von Edmund Burke, dem schärfsten Kritiker der EIC. Der anglo-irische Whig-Politiker charakterisierte die Kompagnie als »Königreich der Handelsvorsteher«, »ohne Bezug zu dem Land, das sie ausgesandt hat, wie auch zu dem Land, in dem sie sich befinden«. Innerhalb der nächsten zwei Jahre gelang es Burke, ein Amtsenthebungsverfahren gegen Hastings zu erwirken. Insgesamt 22 Vergehen wurden Hastings zur Last gelegt, darunter Erpressung, Bestechung, Korruption und das unprovozierte Anzetteln eines Krieges gegen die Rohilla-Dynastie. Nach einem sieben Jahre andauernden Amtsenthebungsverfahren wurde Hastings von allen Anschuldigungen freigesprochen.

Sein Nachfolger als Generalgouverneur wurde Lord Cornwallis (1738–1805), der Offizier, der im amerikanischen Unabhängigkeitskrieg im Jahr 1781 bei Yorktown hatte kapitulieren müssen. Cornwallis war das genaue Gegenteil seines Vorgängers. Er war ein Mann der Armee mit einer tiefen Abneigung gegen den Handel und bezeichnete das, was die EIC in Indien aufgebaut hatte, als »ein System schmutzigster Geschäftemacherei«. Er machte sich daran, die Verwaltung zu reformieren und Korruption sowie Vetternwirtschaft auszumerzen, zudem teilte er die Kompagnie in einen kommerziellen und einen administrativen Flügel. »Jeder Einheimische in Hindustan, das ist meine feste Überzeugung, ist korrupt«, wird er zitiert. Entsprechend führte er eine Europäisierung der Verwaltung durch. »Niemand, der Sohn eines Inders [ist], darf fürderhin von diesem Gericht für eine Anstellung im Zivil-, Militär- oder Marinedienst der Kompagnie berufen werden«, stellte er klar.

Cornwallis versuchte auch, die indischen Landeliten enger an die Kompagnie zu binden, indem er die Höhe der von den Großgrundbesitzern, den Zamindars, zu zahlenden Abgaben auf einen festen Satz festlegte. Damit sollte auch die landwirtschaftliche Produktion angekurbelt werden, denn jede zusätzlich verdiente Rupie sollte beim Grundherrn verbleiben. Die Zamindars trugen außerdem die Verantwortung dafür, die Abgaben von den Bauern einzutreiben, die auf ihren Ländereien arbeiteten, eine lästige Aufgabe, die zuvor die Briten selbst übernommen hatten. Die Verhältnismäßigkeiten innerhalb der EIC wurden auf den Kopf gestellt: Hatte zuvor der Handel dominiert, wurde die wichtigste Rolle nun vom Verwaltungsapparat übernommen.

Der Weg zur Vorherrschaft

Während die Schlacht von Buxar die Vorherrschaft der Kompagnie in Ostindien gesichert hatte, waren die Interessen der EIC im Westen und Süden des Subkontinents ab den 1760er Jahren in einer Reihe von Fällen bedroht. Die größten Gefahren gingen vom Königreich Mysore und von der Marathen-Konföderation aus. Beide setzten französische Waffen und Offiziere in ihren jeweiligen Armeen ein, was sie zu ernstzunehmenden Gegnern machte, auch wenn sie nur Erfüllungsgehilfen der Franzosen in Indien waren. Es brauchte vier Kriege, um Mysore, und drei, um die Marathen-Clans zu besiegen, erst dann hatte Großbritannien im Jahr 1818 die Vorherrschaft in Indien erlangt.

Dieses entscheidende Kapitel der indischen Geschichte beginnt mit der Eroberung von Mysore im Jahr 1761 durch Haidar Ali (ca. 1720–1782). Ali, der es sich zur Aufgabe gemacht hatte, der Kompagnie ein »Pfahl im Fleisch« zu sein, war ein brillanter Taktiker. Zu seiner Artillerie zählten Raketen – auf Kamele montiert – mit einer Reichweite von bis zu 2 Kilometern. Er verfügte sogar über eine kleine Flotte, die zu verschiedenen Zeiten von englischen und holländischen Söldnern befehligt wurde; sie bestand aus mehreren Kriegsschiffen und kleineren Transportschiffen. Als visionärer Herrscher gründete er selbst eine staatliche Handelsgesellschaft und ermutigte Investoren zum Kauf von Anteilen. Er erwog auch die Gründung von Stützpunkten im Osmanischen Reich und in Pegu in Birma.

Da Befürchtungen aufgekommen waren, Ali könnte Madras ins Visier nehmen, marschierten britische Soldaten 1767 in Mysore ein, wurden aber zum ersten Mal seit Josiah Childs katastrophalem Feldzug gegen die Moguln ein Jahrhundert zuvor zurückgeschlagen. 1780 schloss Ali sich mit dem Nizam von Hyderabad zusammen und führte einen Blitzangriff auf die Vororte von Madras durch, der dazu gedacht war, »viele englische Gentlemen in ihren Landhäusern zu umzingeln, die nur knapp der Gefangennahme entgingen«. In der Zwischenzeit kämpfte sein Sohn Tipu Sultan (1751–1799) gegen die Briten bei Pollilur, in der Nähe des heutigen Kanchipuram. Fast die Hälfte der 86 englischen Offiziere, die ein Kontingent britischer und indischer Sepoys anführten, wurden dort getötet, ebenso wie 280 einfache Soldaten und 1700 Sepoys. Es war die bis dato schwerste Niederlage Großbritanniens in Indien.

Das Fiasko bei Pollilur fiel zeitlich mit der Kapitulation der Briten bei Yorktown zusammen und löste in England große Bestürzung aus. »Indien und Amerika sind gleichermaßen dabei zu entwischen«, prophezeite der antiimperialistisch eingestellte Whig-Politiker Horace Walpole. Ein ranghoher Offizier aus den Reihen der EIC-Truppen warnte die Parlamentarier, dass die Einschätzung, die britische Position in Indien sei gesichert, »eher imaginär als real« sei. Sollte es weitere Niederlagen wie die von Pollilur geben, würden die Inder »bald herausfinden, dass wir nur Männer wie sie selbst sind, oder nur wenig besser«. Die Befürchtungen waren nicht unbegründet. Nach ihren Niederlagen im Zweiten Mysore-Krieg war jeder fünfte in Indien stationierte britische Soldat in Gefangenschaft der Inder geraten. Geschichten über Zwangsbeschneidungen, Sklaverei und Folter versetzten die britische Öffentlichkeit in Aufregung.

Nach Alis Tod im Dezember 1782 war Tipu der unangefochtene Herrscher von Mysore. In Großbritannien wurde Tipu noch lange nach seinem Tod in Theaterstücken, Karikaturen und anderen Medien als »intoleranter Eiferer« und fanatischer muslimischer Tyrann verunglimpft, der Christen verfolge und sich zum Ziel gesetzt habe, die Europäer vom indischen Subkontinent zu vertreiben. Eine differenziertere Betrachtung seiner Herrschaft zeigt, dass er ein Sozialreformer war, der die Bedeutung des

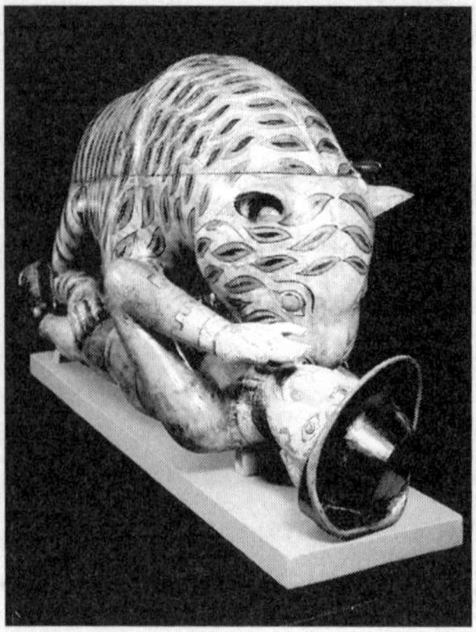

Einer der Gegenstände, die nach Tipus Niederlage nach London gebracht und im Hauptquartier der EIC gezeigt wurden, war ein Automat in einer Holzfigur: ein beinah lebensgroßer Tiger, der einen britischen Soldaten frisst. Der von indischen Kunsthandwerkern, französischen Spielzeugherstellern und niederländischen Orgelbauern gemeinsam erschaffene Automat war Tipus Lieblingsspielzeug. Eine Kurbelwelle am Körper des Tigers setzte den Mechanismus in Gang, so dass ein tiefes Brüllen zu hören war, während der Mann mit den Armen fuchtelte, wimmerte und heulte. Geschichten über Tipus Grausamkeit, in denen Tigern und Engländern die Hauptrolle zukam, machten den Automaten nur noch bekannter, und er wurde zum Herzstück eines von der EIC in ihrem Londoner Hauptquartier gegründeten Museums.

Handels und einer soliden Verwaltung erkannt hatte. Unter seiner Herrschaft wurden Alkohol, Prostitution und weibliche Sklaverei ebenso verboten wie die gemeinschaftliche Ehe mehrerer Männer, die meist Brüder waren, mit nur einer Frau. Für die Briten hatte all dies jedoch keinerlei Bedeutung. Nach zwei demütigenden Niederlagen wurde die Zerschlagung von Mysore zu ihrer Obsession.

Nach seiner Ankunft in Indien wartete Cornwallis drei Jahre ab, bevor er es unternahm, die britische Schmach zu rächen, aber sobald er den »Tiger von Mysore« ins Visier genommen hatte, gab es kein Zurück mehr. 1789 umzingelte er, unterstützt von Truppen der Marathen-Clans und aus Hyderabad, Tipus Hauptstadt Shrirangapattana im Südosten der Region. Nachdem er der Belagerung fast ein Jahr lang standgehalten hatte, war Tipu gezwungen, eine Reihe von demütigenden Bedingungen zu akzeptieren, darunter eine Entschädigungszahlung in achtstelliger Höhe und die Abtretung fast der Hälfte seiner Gebiete, die unter den Briten und ihren Verbündeten aufgeteilt wurden.

Doch der Sieg über Tipu konnte den wachsenden Einfluss der Franzosen in Indien kaum aufhalten. Der Nizam von Hyderabad und der Peshwa in Pune, der höchste Minister und faktische Lenker der Politik auf Marathen-Seite, hatten die Seiten gewechselt und engagierten nun französische Söldner zur Ausbildung ihrer Soldaten. Zeitgleich befanden sich Großbritannien und Frankreich in Europa erneut im Krieg.

Der vierte und letzte Mysore-Krieg wurde von Richard Wellesley (1760–1842) geführt, der die Idee eines britischen Überseeimperiums kompromisslos unterstützte und dessen Beitrag zur Etablierung der britischen Hegemonie in Indien wohl noch höher zu veranschlagen ist als Clives. Die Entscheidung, dem Herrscher von Mysore den Krieg zu erklären, folgte auf die Entdeckung, dass Tipu mit den Franzosen auf der Île de Bourbon (heute Île de la Réunion) im Indischen Ozean in Verbindung stand. Im Jahr 1797 sollen mehr als 50 französische Soldaten, die in Shrirangapattana stationiert waren, einen jakobinischen Club gegründet und die Allgemeingültigkeit der Menschenrechte verkündet haben – obwohl neuere Untersuchungen dies als britische Propaganda entlarvt haben. Die Nachricht von Napoleon Bonapartes geplanter Invasion in Ägypten löste die Befürchtung aus, der französische Herrscher werde Ägypten als Sprungbrett für eine Invasion in Indien nutzen und sich das Einverständnis lokaler Herrscher wie des *Citoyen Tipu* sichern können. Nachdem Admiral Nelson im August 1798 in der Bucht von Abukir die französische Flotte zerschlagen hatte, war die Bedrohung zwar abgewendet, das hielt Wellesley jedoch nicht von seinem Marsch auf Shrirangapattana ab.

Nach einmonatiger Belagerung erstürmten 24 000 britische Soldaten, unterstützt von noch einmal so vielen Soldaten des Nizams von Hyderabad, die Stadt. Als Tipu gefunden wurde, war er tot, sein Körper noch warm, der juwelenbesetzte Gürtel seiner Schwertscheide bereits geplündert. Wie sich Wellesley später erinnerte, machten die Soldaten so viel Beute, dass sie kaum alles tragen konnten und »jeder Soldat sich von der größten Last befreien musste, indem er einen Teil davon wegwarf«. Im Inneren von Tipus Palast fanden die Soldaten drei lebende Tiger vor – und einen mechanischen.

Nach Tipus Tod stand nur noch die Marathen-Konföderation Wellesleys Plänen zur Errichtung eines britischen Hegemonialstaates im Wege. Zwar waren sie einst in der Lage gewesen, vereint eine mächtige Front zu bilden, doch die Marathen-Clans hatten sich nie ganz von der Niederlage erholt, die ihnen die afghanischen Truppen 1761 bei Panipat zugefügt hatten. Obwohl in teilweise konkurrierende Dynastien mit separaten Königreichen aufgespalten, von denen die Holkar-Dynastie von Indore, die Scindia-Dynastie von Gwalior, die Gaekwad-Dynastie von Baroda und die Bhonsle-Dynastie von Nagpur die mächtigsten waren, waren die Clans immer noch in der Lage, in weiten Teilen des Subkontinents militärisch zu intervenieren. Dass sich französische Söldner bei ihnen als Militärberater betätigten, verstärkte Wellesleys Entschlossenheit nur, die Marathen-Konföderation ein für alle Mal zu besiegen.

Im Jahr 1803 marschierte Wellesley in Begleitung des Agenten und Diplomaten John Malcolm (1769–1833) von Shrirangapattana nach Pune. Unterwegs suchten sie sich unter den Regionalfürsten Verbündete und erreichten die Stadt schließlich mit einer Streitmacht von 40 000 Soldaten. Nachdem sie Pune kampflos eingenommen hatten, jagten sie die Truppen der Scindia, Holkar und Bhonsle in einem Katz-und-Maus-Spiel durch Nordindien und nahmen dabei Delhi ein. Auf einem kostbaren Thron, dem einst für Schah Jahan I. geschaffenen diamanten- und juwelenbesetzten Pfauenthron nachgebildet, saß der blinde, greise Schah Alam II., der nur noch dem Titel nach herrschte. Er war so geschwächt, dass Wellesley beschloss, es sei klüger, ihn bis zum Ende seiner Tage auf dem Thron zu belassen, als ihn abzusetzen. Als er 1806 starb, erlaubten die Briten seinem Sohn Akbar, seine Nachfolge anzutreten, doch in der alten Hauptstadt der Großmoguln lag die tatsächliche Macht für die nächsten fünf Jahrzehnte fest in den Händen des Mittelsmannes zur britischen Regierung, sprich des »Residenten«, der alle staatlichen Angelegenheiten überwachte.

Mit der Einnahme Delhis und der anschließenden Unterzeichnung der Friedensverträge mit den Dynastien der Scindia, Bhonsle und Holkar war die East India Company zum stärksten Machtfaktor in Indien aufgestiegen. Doch die Marathen-Clans erwiesen sich als hartnäckige Feinde. Kämpfer, die dem Herrscher von Gwalior treu ergeben waren, bedrängten weiterhin die britischen Soldaten, weshalb Wellesley mehr Mittel zur Ausstattung seiner Truppen forderte. Da die Direktoren der EIC Wellesleys territoriale Pläne unangemessen fanden, zumindest für den Leiter einer Handelsgesellschaft, lehnten sie ab. Als Premierminister William Pitt ihm vorwarf, er handele »unüberlegt und illegal«, kündigte er.

Der dritte und letzte Marathenkrieg war anders als alle militärischen Auseinandersetzungen, die die Briten in Indien zuvor erlebt hatten. Ihre Hauptgegner stellten Gruppen von Banditen dar, bestehend aus afghanischen Marodeuren und den Pindari, von den herrschenden Marathen-Dynastien als Söldner rekrutierte berittene und mit Speeren bewaffnete Kämpfer. Die Pindari zogen, ohne sich länger niederzulassen, durch Zentralindien, plünderten Dörfer und überfielen Außenposten der EIC. Um diese beiden infamen Gruppen zu bekämpfen, begann die Kompagnie 1817 mit der Aufstellung der größten Armee, die es je in Indien gegeben hatte – 110 000 Mann, darunter 20 000 von indischen Verbündeten gestellte Soldaten. Die Pindari, die in teils über Tausende von Quadratkilometern verstreuten Gruppen in oft unzugänglichem Gelände operierten, waren ein schwer zu fassender Feind. So notierte etwa John Malcolm: »Nirgendwo boten [die Pindari] einen Angriffspunkt. […] Ihre Hauptstärke lag darin, dass sie nicht greifbar waren.« Nachdem die Briten den Verfolgungsdruck eine Weile aufrechterhalten hatten, verschwanden die meisten Pindari und Afghanen spurlos, nur um in späteren Jahren als Straßenräuber wieder aufzutauchen. Aber sie stellten nicht mehr die Bedrohung von einst dar. Durch das Verschwinden dieser Gruppen weiter geschwächt, unterwarfen sich die Marathenherrscher einer nach dem anderen der britischen Hegemonie.

Das Jahr 1818 markierte den Beginn der britischen Vorherrschaft in Indien – ein Einschnitt, so der britische Indologe Jon Wilson, wie »ein Komma, kein Punkt, eher ein Moment des Atemholens als der Abschluss eines Prozesses«. In Britisch-Indien Frieden zu halten, sollte immer ein gewaltsames Unterfangen bleiben. »Die Unterwerfung der indischen Führer unter die Expansion britischen Geldes wie [britischer] Gewalt erfolgte zögerlich, demonstrativ widerwillig und nur unter Vorbehalt«, so Wilson weiter. »Die Niederlage der Marathen war nicht gleichbedeutend mit ihrer Unterwerfung.«

Kapitel 7

Die Lunte wird entzündet

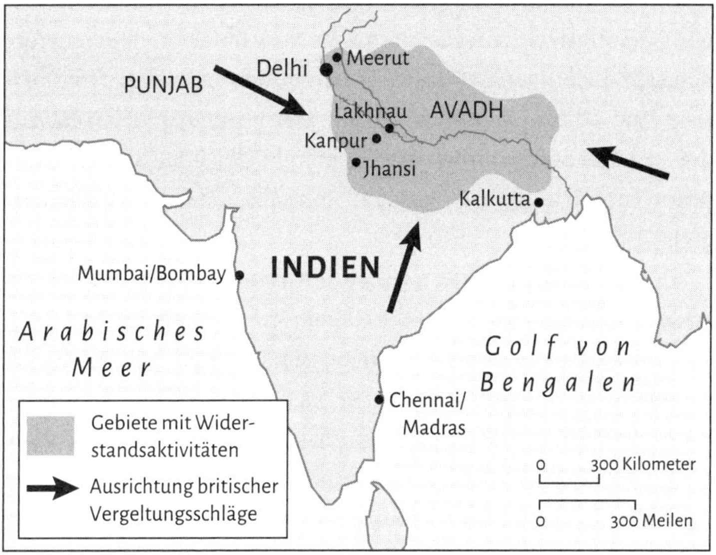

Nur wenige Ereignisse in der indischen Geschichte sind so viel analysiert, diskutiert, romantisiert und verteufelt worden wie der Aufstand von 1857. Die Apokalypse, die am 10. Mai in Meerut mit einem Aufstand der Sepoys ihren Anfang nahm, ist verschiedentlich als Indiens *Erster Krieg für die Unabhängigkeit*, als *der Große Aufstand*, als *Rebellion der Sepoys* oder schlicht als *der Indische Aufstand* bezeichnet worden. Keiner dieser Begriffe spiegelt jedoch den wahren Charakter jener Abfolge von Ereignissen wider, die in der Entthronung des letzten Großmoguls Bahadur Schah II. (1775–1862) und seiner Verbannung aus Delhi, dem Ende der Hegemonie der East India Company und der Proklamation der britischen Königin Viktoria (1819–1901) zur Kaiserin von Indien gipfelte. Beide Seiten sollten während der Auseinandersetzungen entsetzliche Gräueltaten verüben. Ungeachtet dessen war der erste große Aufstand gegen die britische Herrschaft jedoch auch ein kolossaler Misserfolg, der nichtsdestoweniger die Beziehungen zwischen Großbritannien und seinem »Kronjuwel« neu gestalten würde. Auf der einen Seite würden sich diejenigen bestärkt sehen, die für eine größere militärische und administrative Kontrolle über Indien plädierten, auf der anderen Seite würden die Aufstände gleichzeitig eine Inspiration für die indischen Nationalisten sein, die für die Unabhängigkeit kämpften.

Die Unruhen von 1857/58 werfen viele Fragen auf. Was waren die wahren Gründe für die Rebellion? Warum beschränkten sich die Unruhen hauptsächlich auf den Norden – auf den Raum um Delhi, die Region von Meerut bis Ghazipur, Teile Zentralindiens und Bihar –, statt auf Gesamtindien überzugreifen? Viele Gruppen – Sikhs, Marathen, Rajputen und Gorkha – hatten gute Gründe, mit den Briten unzufrieden zu sein; sie hielten sich aber abseits. Wenn die Stoßrichtung der Unruhen »antikolonial« war, wieso fanden die Rebellen keine Unterstützung in den Städten, in denen die Kolonialisierung am stärksten zu spüren war, etwa in Kalkutta? Und die überwiegende Mehrheit der indischen Fürsten blieb neutral oder stellte sogar eigene Truppen zur Verfügung, um den Aufstand zu unterdrücken.

Die Unruhen, teils militärische Rebellion, teils Bauernaufstand, teils heiliger Krieg, wüteten mehr als ein Jahr lang, doch von Anfang an fehlte es ihnen an Geschlossenheit und einer klaren Zielsetzung. Bahadur Schah II., der für Hindus wie Muslime zu einer Symbolfigur geworden war, hatte den Sepoys seinen Segen gegeben, doch er konnte sie nur moralisch unterstützen. Zudem zeigt die Tatsache, dass die Rebellen ihr Vertrauen in ein Symbol der untergegangenen Mogulherrschaft setzten, dass die Rebellion eindeutig rückwärtsgewandt war. Wäre sie erfolgreich gewesen, steht in Frage, ob irgendein Regime oder Regierungssystem, das an die Stelle des britischen *Company Raj* getreten wäre, das Leben derjenigen verbessert hätte, die zu den Waffen gegriffen hatten. Die Fürsten, die sich die Unruhen zunutze machen wollten, waren nur daran interessiert, die alte Feudalordnung wiederherzustellen. Die Führung der Rebellion, die verstreut und gespalten war, hatte kein umfassendes Reformprogramm zu bieten. Doch die Veränderungen, die sich nichtsdestoweniger aus den Ereignissen ergaben, waren tiefgreifend und sollten den Verlauf der indischen Geschichte bis weit ins 20. Jahrhundert hinein beeinflussen.

Das Anfachen der Flamme

Die Ursachen für den Aufstand von 1857 liegen in der britischen Haltung gegenüber Indien, wie sie sich seit Ende des 16. Jahrhunderts herauskristallisiert hatte. Die weise Vorgabe, dass Indien nach seinen Gesetzen regiert und die herrschende Klasse mit Respekt behandelt werden sollte, hatte ihre Geltung eingebüßt, als die Reformen von Lord Cornwallis Inder von allen administrativen und juristischen Posten ausschlossen. Die Auswirkungen waren vor allem in der Armee zu spüren, in der es einem indischen Soldaten unmöglich war, den Rang eines Offiziers zu erreichen, noch nicht einmal den eines Unterleutnants. Enge Kontakte zwischen englischen Offizieren und den ihnen unterstellten Soldaten waren eher die Ausnahme als die Regel. Der Sepoy Sita Ram Pande (ca. 1795 – ca. 1873), der nach der Rebellion schriftlich Stellung bezogen hat, erinnerte sich daran, dass bei seinem Eintritt in die Armee in der ersten Hälfte des Jahrhunderts »die Sahibs« noch Umgang mit ihren indischen Dienern und Untergebenen pflegten: »Als ich Sepoy war, hatte der Hauptmann meiner Kompanie einige der Männer den ganzen Tag über in seinem Haus um sich und unterhielt sich mit ihnen. [...] Ich weiß, dass viele Offiziere heutzutage nur noch mit ihren Männern sprechen, wenn es unabdingbar ist.« Die Entfremdung zwischen Herrschern und Beherrschten erstreckte sich auch auf den privaten Bereich. Ende des 18. Jahrhunderts vermachte ein Drittel der Mitarbeiter der East India Company in Indien einen Teil ihres Besitzes den Frauen, die ihnen als Geliebte oder Quasi-Ehefrauen gedient hatten: den *Bibis*. Mitte des 19. Jahrhunderts tat dies fast niemand mehr.

Die Konsolidierung der britischen Herrschaft nach der Niederlage der Marathen-Dynastien hatte das britische Selbstvertrauen gestärkt. Als vorherrschende Macht auf dem Subkontinent machten sich die Briten nun daran, ihre Untertanen zu ›zivilisieren‹. Eine der Bedingungen für die Erneuerung des EIC-Handelsprivilegs im Jahr 1813 war, dass christliche Missionare in Indien tätig sein durften. Eine Regelung nach dem Geschmack des Anti-Sklaverei-Aktivisten William Wilberforce, der die Befreiung der Hindus von der »Frevelhaftigkeit und Grausamkeit des Götzendienstes« mit der Abschaffung des Sklavenhandels gleichsetzte. In der schrillen Rhetorik der damaligen Zeit ging der Rat von Warren Hastings unter. Eigens dafür aus dem Ruhestand geholt, sagte Hastings drei Stunden lang vor einem Parlamentsausschuss aus, der die EIC-Charta zu prüfen hatte. Seine Warnung war eindeutig: »Die Mutmaßung, wir hätten vor, den Ureinwohnern unsere Religion aufzuzwingen, ist bis nach Übersee vorgedrungen. Eine solche Ansicht könnte, wenn sie unter der einheimischen Infanterie Verbreitung findet, gefährliche Folgen haben.« De facto, fügte er hinzu, könnte sie »einen Religionskrieg auslösen«.

Unter Lord William Bentinck (1774–1839), der von 1828 bis 1835 Generalgouverneur war, nahmen die Reformen erheblich an Fahrt auf. Er war davon überzeugt, dass die Briten »eine große moralische Pflicht in Indien zu erfüllen« hatten. Ganz oben auf seiner Liste stand die Abschaffung der Sati-Praxis, bei der eine hinduistische Witwe auf dem Scheiterhaufen ihres verstorbenen Mannes mitverbrannt wird, manchmal auch gegen ihren Willen. Dieser Brauch, der erstmals in der Gupta-Ära in Erscheinung trat, war besonders unter den Rajputen und in Bengalen verbreitet; 1803/04 wurden etwa in einem Umkreis von 50 Kilometern um Kalkutta mehr als 300 Fälle verzeichnet. Zwar lautete das britische Credo im Allgemeinen, dass die »Riten und der Aberglaube der Hindu-Religion mit in höchstem Maße uneingeschränkter Toleranz geduldet werden sollten«, doch *Sati* überschritt eine Grenze. Während der Amtszeit von Lord Minto

Darstellungen wie diese, die einer Ausgabe des *Penny Magazine* von 1833 entnommen ist, trugen dazu bei, dass viele Briten Indien als ein von abergläubischen Heiden bewohntes Land ansahen.

(1751–1814), der 1807 Generalgouverneur wurde, versuchte die Kolonialverwaltung, die Praxis zu regulieren, indem sie die Anwesenheit eines Polizeibeamten vorschrieb, um sicherzustellen, dass kein Zwang ausgeübt wurde, das Alter der Witwe mindestens 16 Jahre betrug und sie nicht schwanger war. Mintos Nachfolger, Francis Rawdon-Hastings, Earl of Moira, (nicht verwandt mit Warren Hastings), erklärte, *Sati* sei eine »Freveltat entgegen aller Menschlichkeit«, war jedoch der Ansicht, dass die Abschaffung der Praxis »riskant« wäre und Unruhen in der Armee auslösen könnte. Bentinck war hin- und hergerissen zwischen der Entscheidung, »Hunderte von unschuldigen Opfern in einen grausamen und vorzeitigen Tod zu schicken« oder »die Sicherheit des britischen Empire« zu gefährden. Er plädierte für die Abschaffung des Brauchs und argumentierte, dass Großbritannien stark genug sei, um jeder Herausforderung seiner Herrschaft zu widerstehen, und dass die Großgrundbesitzer, die Zamindare, einen solchen Schritt unterstützen würden. Gesetze, nach denen *Sati* per dato illegal war, wurden 1829 in Bengalen und kurz darauf in Bombay und Madras verabschiedet.

Hindureformer wie Ram Mohan Roy (1772–1833) unterstützten diese Gesetze. Roy führte Fälle an, in denen Frauen von Verwandten, die ihren Besitz erben wollten, auf den Scheiterhaufen gezwungen worden waren. Manche Frauen hatten erfolglos versucht zu fliehen, bevor sie »von ihren Verwandten zurückgeschleppt und zu Tode verbrannt« wurden. Roys Muttersprache war Bengali, er beherrschte jedoch Englisch, Arabisch, Persisch, Hebräisch, Griechisch, Latein und Sanskrit. Er setzte sich für die Rechte der Frauen ein und forderte die Regierung auf, die von den Bauern an die Grundbesitzer zu zahlenden Beträge zu begrenzen. Obwohl er ein Brahmane war, stand er dem Kastensystem kritisch gegenüber, das, wie er sagte, »die Quelle der fehlenden Einheit unter uns« darstellte. Roy verbrachte drei Jahre in

Ram Mohan Roy, der als Vater des modernen Indiens bezeichnet wird, war der erste umfassend gebildete Inder, der sich mit verfassungsrechtlichen Mitteln für die Freiheit seines Landes einsetzte.

England, und wen auch immer er dort traf – darunter der Philosoph Jeremy Bentham, der ihm einen Sitz im Unterhaus beschaffen wollte –, jeder war beeindruckt.

Roy war eine Ausnahmeerscheinung, Eliten bildeten in Indien eine winzige Minderheit. Zu Beginn des 19. Jahrhunderts war die indische Gesellschaft noch überwiegend bäuerlich geprägt, und mehr als 70 Prozent der Bevölkerung waren in der Landwirtschaft tätig. Die durchschnittliche Lebenserwartung lag bei 26 Jahren. Doch die neuere Geschichtsschreibung verändert unsere Perspektive auf Indien in der Zeit nach dem Zerfall des Mogul-Reiches. Das Bild Indiens im 18. Jahrhundert, das traditionell als »Epoche des Verfalls, der Desorganisation, der Habgier und der Gewalt« galt, hat sich in aktuellen Forschungsarbeiten als überholt erwiesen: Insbesondere in den dynamischeren nördlichen Regionen lassen sich Wirtschaftswachstum, Urbanisierung und Ökonomisierung belegen. Die indischen Familien waren kleiner als die der Europäer, was aber vor allem auf das Ermorden weiblicher Säuglinge, die hohe Kindersterblichkeit und die Kinderheirat zurückzuführen war, die oft zu einer frühen Verwitwung führte. Eine 1822 in Städten wie Kalkutta, Dhaka und Allahabad durchgeführte Erhebung ergab, dass die durchschnittliche Haushaltsgröße zwischen 3,5 und 4,1 Personen lag; im Vergleich dazu betrug der Durchschnitt in England zu dieser Zeit 4,75. Doch die erbarmungswürdige Lage der Frauen im Indien des frühen 19. Jahrhunderts stand nie in Frage. So klagte etwa der bengalische Sozialreformer Ishwar Chandra Vidyasagar: »In einer Gesellschaft, in der die Männer keine Barmherzigkeit, keine Religion, keinen Sinn für Gerechtigkeit, keinen Sinn für Gut und Böse haben, in der bloße Konventionalität als Haupttätigkeit und oberste Religion gilt, sollten keine Frauen mehr geboren werden.«

Bentincks zivilisatorischer Eifer erstreckte sich auch auf das Bildungswesen. Allerdings rief das zunächst eine Debatte hervor: Orientalisten plädierten für traditionelles Lernen in klassischen Sprachen wie Sanskrit und Persisch, während eine anglophile Fraktion westliche Bildung in englischer Sprache fördern wollte und meinte, wenn Inder die *Bhagavad Gitā* studieren wollten, könnten sie einer englischen Übersetzung ebenso viel entnehmen wie aus dem Sanskrit-Original. Die Kluft verlief nicht entlang ethnischer Grenzen. Zu den Befürwortern des westlichen Lernens gehörte auch Roy, der argumentierte, dass die moderne Bildung der »Schlüssel zu den Schätzen des wissenschaftlichen und demokratischen Denkens des modernen Westens« sei.

Der Angelegenheit nahm sich schließlich Thomas Babington Macaulay (1800–1859) an, Sohn eines sozialreformerischen Sektenführers und erster Jurist in Bentincks Verwaltung. In seinem utilitaristischen Glauben an die Überlegenheit der europäischen Kultur und Wissenschaft erklärte Macaulay, die alten Sprachen Indiens seien »weder literaturwissenschaftlich noch historisch aufschlussreich und darüber hinaus so minderwertig und ungehobelt, dass es nicht leicht sein [werde], irgendein wertvolles

Werk in sie zu übersetzen, solange sie nicht von anderer Seite bereichert« würden. Sein Ziel war es, »eine Klasse von Menschen zu schaffen, die der Hautfarbe und Blutsverwandtschaft nach indisch, aber englisch in Geschmack, Ansichten, Moral und Intellekt« seien. Macaulay erklärte, er kenne keinen einzigen Orientalisten, »der leugnen könnte, dass ein einziges Regal einer guten europäischen Bibliothek so viel wert sei wie die gesamte einheimische Literatur Indiens und Arabiens«.

Macaulay über Bildung auf der Basis einheimischen Wissens: »Wir würden auf öffentliche Kosten medizinische Lehren dulden, die einen englischen Hufschmied in Ungnade fallen lassen würden, astronomische Ansichten, die Mädchen in einem englischen Internat zum Lachen bringen würden, eine Geschichtsschreibung, die vor 30 Fuß hohen Königen und 30 000 Jahre währenden Reichen strotzt, und eine Geographie, die aus Meeren von Sirup und Ozeanen von Butter besteht.«

Neben der Kritik, die Macaulay heutzutage auf sich zieht, wird zumindest teilweise der Eifer gewürdigt, mit dem er ein einheitliches Strafgesetzbuch für Indien schuf und den indischen öffentlichen Dienst konzipierte. Die oft widersprüchlichen Systeme des hinduistischen und des muslimischen Rechts, die nebeneinander und in Verbindung mit den Vorschriften der East India Company bestanden, hatten zu einem juristischen Kuddelmuddel geführt, das nicht besser geworden war, seit Cornwallis darauf bestanden hatte, dass kein Inder mehr den Vorsitz bei Gericht übernehmen dürfe. Das neue Strafgesetzbuch von Macaulay beschränkte die Todesstrafe auf Mord und Hochverrat. In dem Bemühen, die bestehenden Gesetze zu vereinheitlichen, verankerte das Gesetzbuch das Recht der Frau auf

Eigentum, fast ein halbes Jahrhundert, bevor ähnliche Gesetze in England in Kraft traten. Die heutige, frustrierend langsame, aber erstaunlich widerstandsfähige indische Bürokratie verdankt Macaulays Rahmenwerk, dass es sie noch immer gibt. Und nach den Traumata der Teilung hätte Indien als Nation ohne die administrative Kontinuität vielleicht nicht überlebt.

Ein Zustrom an Missionaren ließ den Anteil der Europäer in Indien steigen, die nicht direkt zur EIC oder ihren verschiedenen Armeen gehörten, obwohl die absoluten Zahlen noch immer gering waren: Sie stiegen von etwa 2150 Personen »ohne Amt« im Jahr 1830 auf 10 000 im Jahr 1850. Auch verschiedenste Fachleute reisten aus Europa an, darunter Bestatter, Tierpräparatoren (um auf Jagdexpeditionen erlegte Tiger auszustopfen), Destillateure oder auch Billardtischhersteller. Männer waren in der Überzahl, und aus diesem Grund stachen bald die sogenannten »Fischereiflotten« in See: Tausende junge Britinnen segelten nach Indien; was sie dort suchten, war – in Anspielung auf das durchschnittliche Jahresgehalt eines Nachwuchsoffiziers im indischen Staatsdienst – ein »300-Pfund-Mann – tot oder lebendig«.

Als sich Bentincks Amtszeit in Indien ihrem Ende zuneigte, musste er enttäuscht feststellen, dass von den Direktoren in London weder sein Vorschlag umgesetzt worden war, Inder in die höheren Ränge der East India Company aufzunehmen, noch die Bezahlung der indischen Richter so angehoben wurde, wie er es gefordert hatte – er hatte die Gehälter verzehnfachen wollen, die EIC optierte lediglich für eine Vervierfachung. Ebenso wenig führten seine Reformen dazu, dass die Stimmen in den Reihen der Kompagnie verstummten, die ein immer härteres Vorgehen verlangten. Sir Charles Metcalfe (1785–1846), ehemaliger Resident in Delhi, erklärte 1820: »Es ist mir ein Horror, wenn Kriege geführt werden und sich in andere Staaten eingemischt wird, nur mit dem Ziel, unsere hehre Größe noch zu steigern – aber Kriege, die uns aufgedrängt werden oder in die wir unvermeidlich hineingezogen werden, sollten möglichst durch das Akquirieren neuer Ressourcen zu unserem Vorteil genutzt werden, um zusätzliche Truppen zu bezahlen, damit wir das, was wir haben, verteidigen und unsere Besitztümer in zukünftigen, unvermeidlichen Kriegen erweitern können.«

Diese Haltung erwies sich bereits im Ersten Anglo-Afghanischen Krieg als Bumerang. Der Autor James Morris bezeichnete diese militärische Auseinandersetzung als »die schlimmste Katastrophe, die je im Osten über die Briten gekommen ist – bis zur Besetzung Malayas und der Einnahme Singapurs durch Japan im Zweiten Weltkrieg genau ein Jahrhundert später«. Im Fall Afghanistans verschuldeten Lord Palmerstons Befürchtungen hinsichtlich der russischen Absichten in Bezug auf Indien einen Krieg. Der britische Premierminister befürchtete, der afghanische Herrscher Dost Mohammed (1793–1863) sympathisiere zu sehr mit Russland und werde wegschauen, sollten die Truppen des Zarenreichs den Chaiber-Pass überqueren und in Indien einmarschieren wollen. Dieser erste bedeutende Konflikt war der Auftakt zum »Großen Spiel«, wie das Gerangel um die Einflusssphären in Zentralasien zwischen Russland und dem Vereinigten Königreich genannt wurde, und er endete mit einem weitreichenden Aufstand gegen die britische Besatzung. Die sich zurückziehende Armee und Hunderte von Zivilisten in ihrer Begleitung wurden von afghanischen Stämmen niedergemetzelt. Obwohl ihnen sicheres Geleit auf ihrem Weg von Kabul in Richtung Grenze versprochen worden war, wurden Tausende von britischen Soldaten und indischen Sepoys samt Frauen und Kindern massakriert. Der einzige Überlebende des Rückzugs war William Brydon (1811–1873), ein Chirurg des britischen Feldlazaretts, der auf seinem halbtoten Pferd zu guter Letzt die britische Garnison in Dschalalabad erreichte. Danach wurden noch tage-

Lady Elizabeth Butlers Gemälde *Remnants of an Army* (›Überreste einer Armee‹) zeigt Dr. William Brydon, wie er die sichere Festung Dschalalabad erreicht. Es wurde erstmals 1879 in der Royal Academy in London ausgestellt.

lang Leuchtfeuer entzündet und Signalhörner geblasen, um Überlebenden den Weg zu weisen, aber es kam niemand mehr.

Erfolgreicher, aber nicht weniger brutal war die britische Annexion des Sindh im Jahr 1843. Nach zwei kurzen, zwischen 1845 und 1849 gegen die Sikhs geführten Kriegen erweiterte Großbritannien sein Reich um den Punjab und Kaschmir. Im Anschluss an die endgültige Niederlage 1849 musste der junge Maharaja des Reichs der Sikh, Duleep Singh (1838–1893), in Lahore einen demütigenden Abdankungsvertrag unterzeichnen und den Koh-i-Noor an die englische Königin abtreten. Nachdem John Lawrence, ein Mitglied des Triumvirats an britischen Beamten, die die Verwaltung des Punjab übernahmen, den wohl größten Diamanten der Welt vorübergehend verlegt hatte, wurde er von seinem Kammerdiener wiedergefunden und dem neuen Generalgouverneur James Broun-Ramsay, Earl of Dalhousie (1812–1860), anvertraut, der ihn sicher von Lahore nach Bombay brachte. Als

Königin Viktoria den Stein im Juli 1850 im Buckingham-Palast in Empfang nahm, zeigte sie sich unbeeindruckt und notierte in ihr Tagebuch: »Er ist nicht ›à jour‹ gefasst & schlecht geschliffen, was die Wirkung zunichtemacht.« Auch der Ruf des Diamanten als Unglücksbringer – mehrere seiner Besitzer waren, kurz nachdem der Stein in ihren Besitz übergegangen war, entweder gestorben oder hatten ihren Thron verloren – mag ihre Begeisterung gedämpft haben. Wütend über die Reaktion der Königin schrieb der Earl of Dalhousie später: »Wenn H. M. [Her Majesty, ›Ihre Majestät‹] meint, er bringe Unglück, soll sie ihn mir zurückgeben. Ich nehme ihn auf Verdacht mitsamt dem Unglück.«

Die Meinungen über Broun-Ramsays Leistungen als Generalgouverneur gehen auseinander. Er brachte die Eisenbahn nach Indien, initiierte eine Reihe notwendiger Bewässerungsprojekte und ließ Tausende von Kilometern an Telegraphenleitungen quer durch das Land legen. Unter seiner Aufsicht wurden neue Gesetze eingeführt, die es erlaubten, dass Witwen erneut heirateten, Konvertiten vom Hinduismus zum Christentum ihre Erbrechte behielten und Angehörige verschiedener Kasten im selben Eisenbahnwaggon Platz nehmen konnten. Doch so gut gemeint diese Reformen auch waren, sie stellten einen eklatanten Verstoß gegen die hinduistischen Sitten in Religions- und Kastenfragen dar.

Besonders umstritten war im Nachhinein die von ihm angewandte *Doctrine of Lapse* (›Doktrin des Anheimfallens‹), die seit 1841 auf dem Papier bestand, aber nie in die Tat umgesetzt worden war. Sie besagte, dass Großbritannien als übergeordnete Macht die Kontrolle über einen Fürstenstaat übernehmen konnte, dessen Herrscher entweder offensichtlich inkompetent war oder starb, ohne einen direkten Thronfolger zu hinterlassen. In der Überzeugung, dass die von traditionellen Herrschern regierten Staaten die Modernisierung übermäßig erschwerten, nutzte

Broun-Ramsay die Doktrin, um, wie er es formulierte, »sich dieser unbedeutenden, immer intervenierenden Fürstentümer zu entledigen, die zwar lästig sein können, aber niemals, so wage ich zu prophezeien, eine treibende Kraft werden«.

Fast ein Dutzend Staaten bekam die Doktrin zu spüren, der bedeutendste von ihnen war Avadh, eine reiche Provinz zwischen den Flüssen Ganges und Yamuna. Der Fürstenstaat war einer der engsten Verbündeten Großbritanniens gewesen, stellte eine große Anzahl Soldaten für die britische Armee und importierte beträchtliche Mengen an britischen Waren. Die Hauptstadt Lakhnau vereine, so hieß es, »die monumentale Pracht von Schah Jahans Delhi mit dem duftenden Liebreiz von Scheherazades Bagdad«. Die Briten waren schon lange zu dem Schluss gekommen, dass das Verhalten der Nawabs von Avadh sehr zu wünschen übrigließ. William Sleeman, 1848 zum Residenten in Lakhnau ernannt, beschrieb die Provinz als einen »Schauplatz von Intrigen, Korruption, Verderbtheit, Pflichtvergessenheit und Amtsmissbrauch«. Ihr Herrscher, Wajid Ali Schah (1822–1887), verbringe seine Zeit angeblich mit »Tanz, Trommeln, Zeichnen und der Verfertigung dürftiger Reime« – eine Anspielung auf seine Vorliebe für Urdu-Zweizeiler.

Im Januar 1856 wurde Wajid Ali Schah aufgefordert, seinen Staat an die Ostindien-Kompanie zu überschreiben. Er weigerte sich, doch statt zu einer Rebellion aufzurufen, schickte er einen Gesandten nach Großbritannien, der seinen Fall vor der Königin, dem Parlament und der Presse vertreten sollte. Als dies scheiterte und die Provinz annektiert wurde, zog er in ein weitläufiges Herrenhaus am Ufer des Hugli in Kalkutta, wo er den ersten Privatzoo der Stadt mit einer Menagerie von Affen, Bären, Tigern, einem Nashorn, einer Schlangengrube und 18 000 Tauben einrichtete. Einen Großteil seiner Freizeit verbrachte er fortan damit, Drachen steigen zu lassen – ein Sport, in dem er hervorragend war.

Die Entscheidung, Avadh zu annektieren, verärgerte die Sepoys in der britischen Armee in Bengalen, von denen die meisten aus der nahegelegenen Region stammten. Ihren Unmut steigerte ein Erlass aus dem Jahr 1834, der es der Armee gestattete, auch weniger hohe Kasten zu rekrutieren, und das Beinahe-Monopol der Brahmanen bedrohte. Ein weiterer Erlass von 1856 verpflichtete alle Rekruten zum Dienst in Übersee, was für orthodoxe Hindus einen Affront darstellte, da sie glaubten, dass die Überquerung des *Kala pani*, des schwarzen Wassers, gegen die Kastenregeln verstoße.

Broun-Ramsay hatte das Glück, dass sich der von ihm gesäte Zorn erst in einer offenen Rebellion entlud, nachdem er Indien im Februar 1856 verlassen und das Gouverneursamt an Lord Charles Canning übergeben hatte, da erst in diesem Moment die Annexion von Avadh in Kraft trat. Die Anwendung der *Doctrine of Lapse* wird oft als einer der Hauptgründe für die Rebellion von 1857/58 angeführt, doch spielten auch andere wichtige Faktoren eine Rolle. Im ersten indischen Bericht über den Aufstand, den der muslimische Vordenker Sayyid Ahmad Khan 1873 verfasste, heißt es, dass »die Aufrührer größtenteils Männer waren, die nichts zu verlieren hatten«, und dass der Aufstand kein Versuch der muslimischen Elite gewesen sei, »das Joch der Ausländer abzuwerfen«. William Dalrymple führt die Ursache auf imperiale Arroganz und Selbstüberschätzung zurück: »Die Briten hatten sich inzwischen so weit von ihren indischen Untertanen entfernt und interessierten sich so wenig für die Stimmung in der indischen Bevölkerung, dass sie nicht mehr in der Lage waren, die Vorzeichen um sie herum zu deuten oder ihre eigene Situation mit einem gewissen Grad an Genauigkeit zu analysieren.«

Die meisten Historiker sind sich einig, dass die Einführung des neuen Enfield-Gewehrs der endgültige Auslöser für die Empörung war. Es war leichter zu laden und schoss wesentlich präziser, doch verbreiteten sich unter den Sepoys bald Gerüchte darüber, womit die Patronen gefettet waren: mit Rindertalg, was für Hindus eine Erniedrigung bedeutete, und mit Schweinefett, was für Muslime anstößig war. Erschwerend kam hinzu, dass das Ende der Papierpatrone erst abgebissen werden musste, damit das Pulver dort freilag und sich die Ladung entzünden konnte. Die Unzufriedenheit über den Einsatz dieser Patronen löste im März 1857 in Barakpur in Bengalen Proteste aus. Die Ordnung wurde schnell wiederhergestellt: mittels der Hinrichtung eines der Aufständischen, eines Sepoys namens Mangal Pandey (1827–1857), der heute als erster Märtyrer der Rebellion gefeiert und in einem eigenen Bollywood-Blockbuster idealisiert wird. Einen Monat später wurde in Ambala an den Truppenunterkünften Feuer gelegt, woraufhin das Regiment aufgelöst wurde.

Im Mai griffen die Unruhen auf Meerut über. 85 Sepoys meuterten, weil sie glaubten, dass sie alle zusammen entehrt würden, sollten sie die Patronen benutzen. Die Gruppe wurde gefangengenommen und zu einer zehnjährigen Haftstrafe verurteilt. Als sie abgeführt werden sollte, revoltierten die übrigen Sepoys, setzten unter dem Ruf *Dilli chalo!* (›Auf nach Delhi!‹) ihre Kaserne in Brand und erschossen jeden Europäer, der sich ihnen in den Weg stellte.

Die Sepoys marschierten auf die alte Mogulhauptstadt zu und erreichten sie am Morgen des 11. Mai. Bei Einbruch der Nacht war die Stadt in ihrer Hand. Sie wurden von Bahadur Schah II. empfangen, der immer noch im Roten Fort, dem traditionellen Sitz der Moguln, residierte, dessen Status jedoch auf den des »Königs von Delhi« reduziert worden war. Der Philosoph und Poet (sein Dichtername war Bahadur Schah Zafar), der weit entfernt davon war, ein militärischer Anführer sein zu können, lieferte der Rebellion wenig mehr als moralischen Rückhalt.

Dem Aufstand hatten sich inzwischen auch Bauernführer angeschlossen, die die britischen Garnisonen in der Nähe von Delhi und Meerut angriffen. Anfang Juni hatten sich die Unruhen auf die Gegend um Kanpur ausgeweitet, wo es zu den schlimmsten Massakern an Europäern kam. Nana Saheb (1824–1859), der Sohn des letzten *Peshwa* des Marathen-Reiches, sicherte den Aufständischen seine Unterstützung zu. Nach zweiwöchigem Bombardement versprach er den verbliebenen 400 Mitgliedern der britischen Gemeinde, er werde ihnen eine sichere Flucht aus der Kaserne ermöglichen. Doch als die Bewohner in Boote stiegen, die sie den Ganges hinunterbringen sollten, wurden sie von Sepoys angegriffen. Saheb rettete etwa 200 Frauen und Kinder und sperrte sie im *Bibighar*, dem Damenhaus, ein, um im Falle eines britischen Angriffs Geiseln zu haben, die sich als Trumpf in Verhandlungen einsetzen ließen. Als zu Hilfe gerufene britische Truppen in Kanpur eintrafen, griffen die Sepoys das *Bibighar* an und töteten die Eingeschlossenen. Ihre Leichen wurden zerstückelt und in einen Brunnen geworfen. John Keay beschreibt es so: »Ihre Schlachthausmethoden, eher stümperhaft als sadistisch, hatten eine Gräueltat zum Ergebnis, die die Briten bis zum Ende ihrer Tage in Indien verfolgen sollte.«

Cannings Versuche, die Rebellion zu unterdrücken, scheiterten daran, dass ihm zu wenig britische Truppen zur Verfügung standen. Tausende Soldaten waren für den Einsatz im Krimkrieg aus Indien abgezogen und noch nicht ersetzt worden. Im Jahr 1857 befanden sich lediglich 45 000 britische Soldaten in Indien, die Hälfte davon im Punjab. Die Kommunikation zwischen den verschiedenen Armeedivisionen war unzureichend, und da die Aufstände in weiten Teilen Nordindiens gleichzeitig ausbrachen, waren die Truppen überfordert. Der erste bedeutende Erfolg gelang ihnen, als Brigadegeneral Henry Havelock nur wenige Tage nach dem Massaker von Kanpur über Nana Saheb siegte.

Mit Hilfe von Rekruten aus Gebieten, die sich dem Aufstand nicht angeschossen hatten, gelang es den Briten, die Rebellion zu stoppen. Nach der Rückeroberung Delhis im September 1857 verlagerte sich der Schwerpunkt der militärischen Operationen nach Lakhnau. Der dortige britische Gouverneur Henry Lawrence hatte die Residenz mit Schützengräben und Sprengfallen befestigen lassen. Unter den 855 britischen Soldaten und Offizieren, die sich auf dem Gelände verbarrikadierten, befand sich auch Dr. Brydon, der einzige Überlebende des Rückzugs aus Kabul. Etwas mehr als 1000 Zivilisten, die meisten von ihnen Europäer, hatten sich außerdem auf das lediglich 33 Hektar umfassende Gelände geflüchtet. Dr. Brydon überlebte die Belagerung, doch Lawrence wurde durch eine Granate getötet, die in seinen Räumen in der Residenz einschlug. Erst als zwei Bataillone den Eingeschlossenen zu Hilfe kamen, konnten die Briten die Belagerung beenden und die Überlebenden in Sicherheit bringen.

Von vielen Indern wird die *Jhansi ki Rani* (weibliche Form zu *Raja)*, sprich die ›Herrscherin von Jhansi‹, noch heute für ihre bei diesem Aufstand gezeigte Tapferkeit verehrt. Die in Varanasi geborene Lakshmibai (1828–1858) war schon in jungen Jahren eine hervorragende Reiterin und Schwertkämpferin gewesen. Sie heiratete in die königliche Familie von Jhansi ein und wurde zur Regentin ernannt, als ihr Mann starb, bevor sie einen Erben zur Welt gebracht hatte. Obwohl der örtliche britische Vertreter der jungen Witwe zunächst sein Vertrauen ausgesprochen hatte, was ihre Befähigung zur Führung ihres Staates anging, wurde in Jhansi die Doktrin angewandt, der zufolge der Herrschertitel verfiel, wenn kein Erbe vorhanden war, und das Territorium an die Briten überging. Als die Rebellion ausbrach, erklärte Lakshmibai zunächst, sie hoffe, die Rebellen würden »auf der Stelle zur

Hölle« fahren. Doch als die britischen Truppen Anfang 1858 Verstärkung aus Bombay bekamen und auf Jhansi vorrückten, beschloss sie, sich mit Nana Sahebs Protégé Tantya Tope (1814–1859) zu verbünden. Als die Briten Jhansi belagerten, führte Lakshmibai den Widerstand selbst an. Der Legende nach konnte sie entkommen, indem sie verkleidet ihr Pferd bestieg und die Festungsmauer übersprang. Im Juni 1858 gelang ihr und Tope die Eroberung von Gwalior, obwohl die Festung als uneinnehmbar galt. Die beiden waren entschlossen, bis zum Letzten Widerstand zu leisten. Doch sie konnten die Festung nur drei Wochen lang halten, dann starb Lakshmibai im Kugelhagel der Briten. Mit dem Fall von Gwalior endete die Hauptphase des Aufstandes.

Wären die Rebellen in der Lage gewesen, ihre Kräfte zu bündeln und sowohl den Punjab als auch die Dekkan-Region einzunehmen, wäre es ihnen vielleicht gelungen, die Briten von indischem Boden zu vertreiben. Stattdessen verwandelte sich die Rebellion in einen Flickenteppich von isolierten Aufständen. Erst am 8. Juli 1859 sollte Canning schließlich erklären können, der Frieden sei wiederhergestellt.

Die britischen Vergeltungsmaßnahmen waren hart. Rache war das Gebot der Stunde. Es fanden massenhaft Hinrichtungen im Schnellverfahren statt – mitunter wurden Aufständische an die Mündungen von Kanonen gebunden und in Stücke gesprengt. Andere wurden gezwungen, das Blut von den Böden zu lecken, auf denen Europäer getötet worden waren. Je nach Religion wurde einigen von ihnen Rind- oder Schweinefleisch in den Mund gestopft, bevor sie gehängt wurden. Bahadur Schah Zafar wurde wegen Unterstützung der Aufständischen vor Gericht gestellt. Anschließend wurde er nach Rangun gebracht und dort unter Hausarrest gestellt. Seine Verse schrieb er mit Holzkohle an die Wände des Hauses, in dem er untergebracht war, da

Lakshmibai, die rebellische *Rani* von Jhansi, prescht auf ihrem Pferd mit gezogenem, hocherhobenem Schwert durch die feindlichen Linien. So wurde sie zu einer Ikone der Freiheitsbewegung.

ihm Papier und Stift verweigert wurden. Er starb 1862 an einer Kehlkopflähmung und wurde in einem nicht gekennzeichneten Grab in der Nähe der Shwedagon-Pagode beigesetzt.

Eine Anomalie wird zum Anachronismus

Noch bevor der Aufstand zu Ende war, setzte das britische Parlament eine Expertenkommission ein, um dessen Ursachen zu untersuchen. Die nach Kriegsminister Jonathan Peel benannte Kommission empfahl eine deutliche Aufstockung der europäischen Truppen und eine Verringerung des Anteils der einheimischen Soldaten. In Bengalen, wo der Aufstand begonnen hatte, legte sich die britische Administration auf ein Verhältnis von einem britischen Soldaten zu zwei indischen Sepoys fest, in den Provinzen Bombay und Madras auf ein Verhältnis von eins zu drei. Bei der Rekrutierung neuer Soldaten sollten die Regionen begünstigt und besonders berücksichtigt werden, die neutral geblieben oder sich auf die Seite der Briten gestellt hatten. Um zu verhindern, dass die Sepoys in Zukunft eine Einheitsfront bildeten, empfahlen die Experten, Regimenter mit Einheimischen sollten aus Soldaten verschiedener Nationalitäten und Kasten zusammengesetzt sein. Der Gouverneur von Bombay, Mountstuart Elphinstone, gehörte zu denjenigen, die auf solche Reformen drängten, und erklärte: »*Divide et impera* [›Teile und herrsche‹] war das alte römische Motto, und das sollte auch unseres sein.« In den folgenden Jahrzehnten wendete die britische Politik dieses Prinzip weit über die Grenzen der Armee hinaus an. Hindus und Muslime wurden in einem Umfang gegeneinander ausgespielt, dass daraus die Teilung des Subkontinents im Jahr 1947 folgte.

In vielerlei Hinsicht boten die Ereignisse von 1857 eine längst überfällige Gelegenheit, gegen die East India Company vorzugehen. Wie der britische Historiker Percival Spear hervorhebt, »galt [die EIC] als unfähig, die Stimmung in Indien richtig einzuschätzen, sowie als unbeweglich und rückwärtsgewandt. Der Aufstand war somit ein willkommener Anlass, einen Schlussstrich unter eine administrative Anomalie zu ziehen, die zu einem Anachronismus geworden war.« Auch in der britischen Öffentlichkeit wuchs das Unbehagen über die Rolle der EIC, da die Kompagnie den Unmut, der den Unruhen vorangegangen war, eher noch befeuert hatte. Im Endergebnis wurde die Art und Weise, wie die Briten Indien regierten, grundlegend umgestaltet. Das 1858 vom Parlament verabschiedete Gesetz zur Regierung von Indien übertrug die Macht von der East India Company auf die Krone. Die Handelsgesellschaft wurde 1874 abgewickelt, »ohne geehrt oder besungen zu werden, aber vielleicht nicht ganz ohne dass die eine oder andere Träne vergossen wurde«. Im

Jahr 2010 tauchte die East India Company wieder auf; nach dem Relaunch in London firmiert unter dem Namen nun eine Luxusmarke. Diese EIC gehört Sanjiv Mehta, einem indischen Unternehmer.

Pax Britannica

Am 1. November 1858 erließ Königin Viktoria eine Proklamation, die zum einen ein Leitbild für die Verwaltung Indiens enthielt, zum anderen eine Reihe von Präventivmaßnahmen vorschrieb, die sicherstellen sollten, dass die britische Herrschaft in Indien nie wieder in Gefahr geriet. In der Bekanntmachung, die in allen wichtigen indischen Städten in mehreren Sprachen verlesen wurde, hieß es in Bezug auf die indische Bevölkerung: »In dero Wohlstand liegt unsere Stärke, in dero Zufriedenheit unsere Sicherheit.« Die britischen Beamten wurden angewiesen, sich nicht in den Glauben und die Rituale der Inder einzumischen, wie »abstoßend« oder »primitiv« sie auch sein mochten. Königin Viktoria ließ zudem verlesen: »Wir [die Königin, Pluralis majestatis] sehen von dem Recht wie von dem Ansinnen ab, unseren Untertanen unsere Überzeugungen aufzwingen zu wollen.« Die britische Kulturmission, für die sich Macaulay und andere ein halbes Jahrhundert zuvor so enthusiastisch eingesetzt hatten, war damit ins Gegenteil verkehrt.

Auch die Doktrin, dass die Ländereien von Herrschern ohne direkten Thronerben an die Briten fallen sollten, wurde gestrichen. »Wir wünschen keine Ausdehnung unserer gegenwärtigen territorialen Besitzungen«, hieß es in der Proklamation der Königin. Anstatt Fürstenstaaten aufzulösen, wurde die Direktive ausgegeben, regionale Herrscher zu Verbündeten zu machen. Etwa 560 Fürstenstaaten sollten nominell unabhängig bleiben und die alltäglichen Verwaltungsaufgaben in die Hände der Herrscher vor Ort übergeben werden, allerdings sollten die Residenten und die Beamten des britischen Verwaltungsapparats ein wachsames Auge auf sie haben. Die Verantwortung für die Außen- und Verteidigungspolitik würde in jedem Fall bei den Briten liegen.

Großgrundbesitzer – wie die in Avadh, deren Ländereien vor 1857 konfisziert worden waren – durften nun ihre Besitztümer behalten und vererben. Indem sie zu lokalen Magistraten ernannt wurden, wurden sie als *Rajas* oder *Rais* in die neue Herrschaftsstruktur integriert. Für die indischen Angelegenheiten wurde in London ein eigenständiges Ministerium gegründet, an dessen Spitze der Minister für Indien stand. Der Titel des Generalgouverneurs wurde abgelöst vom Titel des Vizekönigs. Ausgestattet mit absoluter Macht herrschten die britischen Vizekönige über ein Sechstel der Weltbevölkerung – und wurden dafür großzügig entlohnt. Sie erhielten bis zu 25 000 Pfund pro Jahr, das höchste Gehalt aller Staatsbeamten Großbritanniens.

Schließlich verkündete Viktoria, die Inder hätten das Recht, an der Verwaltung ihres Landes mitzuwirken. Sie dürften Positionen im Staatsdienst in Indien bekleiden, für die sie aufgrund ihrer »Ausbildung, ihrer Fähigkeiten und ihrer Integrität« qualifiziert seien. Auf dem Papier mochte dies ein wohlklingendes Zugeständnis sein, allerdings wurden die strengen Auswahlprüfungen in englischer Sprache abgehalten, die nur wenige Inder gut genug beherrschten. Noch weniger konnten sich eine Reise nach London leisten, um die Prüfungen abzulegen. Bis 1870 gab es nur ein einziges Mitglied im dortigen öffentlichen Dienst, das tatsächlich aus Indien stammte.

Ein bleibendes Vermächtnis von 1857 war, dass sich die rassistische Arroganz der Briten gegenüber Indien auf einem noch höheren Level einpendelte als zuvor. In Delhi, Kanpur und Lakhnau entstanden Denkmäler für die während des Aufstands gestorbenen Briten, aber wie Nehru später beklagen sollte, gab es keine Mahnmale, die an die Toten auf indischer Seite erinnerten.

1901 lebten in Indien bereits fast 170 000 Europäer, von denen etwa 90 Prozent aus Großbritannien stammten. Soldaten und ihre Familien machten etwa die Hälfte aus, die übrigen Briten arbeiteten bei der Eisenbahn, im Anbau von Tee oder Kaffee, als Geschäftsinhaber oder im mittleren Management in der Textilindustrie und anderen Branchen. Mittelpunkt des gesellschaftlichen Lebens waren die gegen die »einheimische« Gesellschaft abgeschotteten »Clubs«. Dort fanden beinahe tagtäglich Tanzveranstaltungen und Theateraufführungen, Bridge- und Rasenpartys, Tennis- und Poloturniere statt. In der Fremde sollten die Clubs ein Gefühl von Heimat vermitteln, daher waren die dazugehörigen Gärten mit Rosen und Petunien bepflanzt, auch wenn die in der tropischen Hitze kaum überleben konnten. Die Küchen servierten eine Art anglo-indische Kost, laut E. M. Forsters *Auf der Suche nach Indien* bestand das Menü aus »Büchsenschoten, Landbrot, das keines war, Fischen mit weitverästelten Gräten, angeblich Flundern, Kotelett mit weiteren Büchsenschoten, Biskuitauflauf, Sardinen auf Toast«. Indern war der Zutritt verboten – darin waren sich alle Clubs einig, mit einer bemerkenswerten Ausnahme: den Freimaurerlogen.

Viele der Europäerinnen, die nach Indien gekommen waren, beschrieben ihr Leben in dem Land als einsam und frustrierend, da sie infolge der Kasten- und Rassenschranken vom gesellschaftlichen Umgang mit Indern abgeschnitten waren – mit Ausnahme der Dienstboten, die alle häuslichen Arbeiten erledigten. Zwar genossen andere Frauen, wie die Reiseschriftstellerin Fanny Parkes, »das Vergnügen, durch Indien zu vagabundieren«, und hinterließen lebendige Schilderungen von Land und Leuten. Doch Fanny Parkes war eher die Ausnahme als die Regel.

Königin Viktorias Sohn, der Prince of Wales und spätere Eduard VII. (1841–1910), war schockiert von den »rüden und ungehobelten Manieren« vieler Briten, die er auf seiner Indienreise 1875/76 traf. Besonders indigniert war er darüber, dass seine Landsleute die Inder, »von denen viele von edlen Völkern abstammten, als ›Nigger‹« bezeichneten. Der Anteil der Inder im öffentlichen Dienst sollte nie mehr als sechs Prozent betragen. Angesichts des abgeschmackten Rassismus, der damals herrschte, ist offenkundig, woran das lag.

Im Jahr 1876 verkündete die Königin vor dem britischen Parlament: Die indischen Untertanen »unter meiner Herrschaft [sind] glücklich und meinem Thron gegenüber loyal«. Auf Anraten des britischen Premierministers Benjamin Disraeli nahm sie den Titel »Kaiserin von Indien« an – für ihre indischen Untertanen: *Kaisar-i-Hind*, eine Bezeichnung, die der ungarische Orientalist Gottlieb Wilhelm Leitner vorgeschlagen hatte. Nach Leitner verband die Bezeichnung Elemente des römischen Begriffs ›Cäsar‹, des deutschen Wortes ›Kaiser‹ und des russischen Ausdrucks ›Zar‹ miteinander – und die Gefahr, dass dieser Titel falsch ausgesprochen werden könnte, sei geringer. Um die Einführung des neuen Titels feierlich zu begehen, scheute Vizekönig Lord Lytton (1831–1891) keine Kosten und organisierte im Januar 1877 eine kaiserliche Krönungszeremonie in Delhi. Unter den 84 000 Teilnehmern befanden sich 63 regierende Fürsten und Hunderte von Regionalherrschern und Adligen sowie ehemalige Mitglieder des Haushalts von Bahadur Schah Zafar. Eine juwelenbesetzte Krone, auf einem vergoldeten Kissen ruhend, repräsentierte die abwesende Kaiserin. »Die Verbindung zwischen Indien und England ist für unauflöslich erklärt worden«, hieß es von offizieller Seite.

Diese »unauflösliche« Verbindung war seit der Eröffnung des Suezkanals im Jahr 1869 noch enger geworden, da er die Reisezeit zwischen Indien und England um zwei Wochen verkürzte. Ein Jahr später wurden die beiden Länder durch ein unterseeisch verlegtes Telegraphenkabel verbunden, das die beiderseitige Kommunikation revolutionierte. Das Bauen in öffentlichem Auftrag gewann an Bedeutung. Das Eisenbahnnetz wuchs von 13 500 Kilometern im Jahr 1860 auf 25 500 Kilometer im Jahr 1890. Mit dem Bau des Gangeskanals und anderen Großprojekten wurde die Bewässerungsfläche rasch erweitert. 1891 konnten bereits mehr als 10 Millionen Hektar Land bewässert werden, die für ein Achtel der 285 Millionen Einwohner Indiens die Versorgung sicherstellten.

Falls alle diese Infrastrukturprojekte auch dazu gedacht waren, die Legitimität der britischen Herrschaft über Indien zu stärken, so schlug dies fehl. Wie der Wissenschaftler Jon Wilson feststellt, hatten weder der Bau der Eisenbahnstrecken noch der Kanäle große Auswirkungen auf die einfachen Inder. Im Punjab entstanden zwar neue Siedlungen, sogenannte Kanalkolonien, doch auf den anfänglichen Aufschwung folgte in der Regel ein langsamer, aber stetiger Rückgang der landwirtschaftlichen Produktivität. Mehr noch, die Eisenbahnen konnten beim Transport schwerer Güter nicht mit Ochsenkarren konkurrieren und die durch menschliche Körperkraft bewerkstelligte Flussschifffahrt war billiger als die Schifffahrt mit Dampfantrieb. »Ohne eine politische Führung, die in der Lage war, die produktive Tätigkeit der Inder zum Nutzen der gesamten Gesellschaft zu koordinieren, blieben die Träume von den ›Verbesserungen‹, die die Propheten der Moderne in den 1840er und 1850er Jahren vorhergesagt hatten, illusorische Hirngespinste«, schreibt Wilson.

Die Kanäle verhinderten auch nicht, dass es in den 1870er und 1890er Jahren zu einer Reihe von verheerenden Hungersnöten kam, die auf langanhaltende Dürreperioden und die daraus resultierenden Ernteausfälle zurückzuführen waren. Die Hungersnot von 1877, der in der Dekkan-Region bis zu 5,5 Millionen Menschen zum Opfer fielen, ereignete sich zu der Zeit, als Lytton gerade mit der Organisation der protzigen Krönungszeremonie beschäftigt war. Als überzeugter Tory glaubte Lytton, die Kräfte des freien Marktes seien die beste Lösung für das Problem. Während der Hungersnot wurde also weiterhin Getreide exportiert. Er bestand auch darauf, von den Bauern im Dekkan-Gebiet weiter Steuern zu erheben, was den Herausgeber des *Indian Herald* zu der Bemerkung veranlasste, dass »für das Axiom der politischen Ökonomie Millionen gestorben waren«. Infolge seiner katastrophalen Fehleinschätzung, dass es eine gute Idee sei, wenn sich Großbritannien in den Zweiten Anglo-Afghanischen Krieg verwickeln ließe, war Lord Lytton möglicherweise abgelenkt; jedenfalls erklärte er unbeeindruckt von den Fotografien zu Skeletten abgemagerter Dorfbewohner, die in den Zeitungen in Indien und im Ausland zu sehen waren: »Bloße Not ist kein ausreichender Grund für den Beginn von Hilfsmaßnahmen.« Eine königliche Kommission zur Untersuchung der Hungersnot legte einen Bericht vor, der weithin für seine Schönfärberei kritisiert wurde, da er die Regierung entlastete, obwohl ihre Versäumnisse zur Entstehung der Hungersnot beigetragen und den Verlauf der Krise verschärft hatten. Vor allem aber enthielt die Stellungnahme der Experten keine praktischen Vorschläge, um zu verhindern, dass sich eine solche Katastrophe wiederholen konnte.

Der Kontrast zwischen Königin Viktorias Beteuerungen, ihre Untertanen seien glücklich und loyal, und der Realität vor Ort blieb nicht unbemerkt, so braute sich eine ganze Welle antiimperialistischer Proteste zusammen. Vasudev Balwant Phadke (1845–1883) wird gemeinhin als »Indiens erster Freiheitskämpfer« bezeichnet. Er führte in der Umgebung von Pune einen Aufstand von Angehörigen niedriger Kasten an, die die Unabhän-

Die britische Öffentlichkeit erfuhr durch die Berichterstattung von Journalisten und die teils von Missionaren gemachten, in Zeitungen und Zeitschriften veröffentlichten Fotos vom Horror der Hungersnot von 1877.

gigkeit Indiens forderten. Phadke wurde 1879 verhaftet, verurteilt und nach Aden in ein Gefängnis überführt. Er entkam 1883, wurde aber bald darauf erneut gefangengenommen. Er starb, nachdem er in den Hungerstreik getreten war – ein unheilvoller Vorbote dessen, was in den folgenden Jahrzehnten zu einer mächtigen Waffe gegen die britische Herrschaft werden sollte.

Ende der 1890er Jahre wurden in Maharashtra und in Bengalen revolutionäre Gesellschaften gegründet. Sogar die vermeintlich loyalen britischen Beamten wurden unruhig, gingen sie doch von der Unvermeidbarkeit künftiger Hungersnöte aus. Sie fanden, es müsse zur Sicherheit ein Ventil für die Unzufriedenheit geben, um zu verhindern, dass sie erneut in einen umfassenden Aufstand ausuferte.

Kapitel 8

Der lange Weg zur Freiheit

Die überragenden Persönlichkeiten Mahatma Gandhi, Jawaharlal Nehru und Mohammad Ali Jinnah stehen allesamt für Indiens Freiheitsbewegung. Doch gegründet wurde der Indische Nationalkongress (INC), der 1947 rund 340 Millionen Inder zu ihrer »Verabredung mit dem Schicksal« führen sollte, von einem englischen Ornithologen.

Allan Octavian Hume (1829–1912), der Sohn des furchtlosen schottischen Reformers Joseph Hume, war 20 Jahre alt, als er 1849 in Indien ankam. Er stieg im bengalischen Staatsdienst schnell auf. Dass er während seiner Zeit als Bezirksrichter im nahe Kanpur gelegenen Etawah nur in seltenen Fällen die Todesstrafe gegen Sepoys verhängte, die am Aufstand von 1857 teilgenommen hatten, brachte ihm den Ruf ein, Fairness und Mäßigung walten zu lassen. Über sich selbst sagte er, dass sein Verhalten als Offizier als »wenig zuverlässig, impulsiv und aufmüpfig« beurteilt worden sei, habe schließlich zu seiner Degradierung und zum frühen Ruhestand geführt. Befreit von den Zwängen des administrativen Apparats, widmete er sich der Erforschung der indischen Vogelwelt. Auf einer Anhöhe über Shimla baute er Rothney Castle um, damit er dort seine Sammlung von Vogelbälgen und Nestern unterbringen konnte, die er später – auf 80 000 Exemplare angewachsen – dem Museum schenkte, das inzwischen im Naturhistorischen Museum in London aufgegangen ist.

Auslöser für die Gründung des INC war das sogenannte Ilbert-Gesetz von 1883, das es indischen Richtern erlaubte, Prozesse gegen britische Staatsbürger zu leiten. Das Gesetz drohte eine »weiße Meuterei« auszulösen. Wütende Europäer, vor allem Indigo-Pflanzer und -Händler, protestierten, weil sie meinten, das Gesetz solle ihre Stellung als »herrschende Rasse« dauerhaft unterminieren. Hume gehörte zu denjenigen, die über die ablehnenden europäischen Reaktionen auf das Gesetz empört waren. Im März 1883 wandte sich Hume mit dem Segen des Vizekönigs Lord Dufferin (1862–1902) in einem offenen Brief an die Absolventen der Universität Kalkutta und ermutigte sie, eine Vereinigung zur nationalen Erneuerung zu gründen. Eine solche Vereinigung gebildeter Inder könne zudem wie ein Sicherheitsventil »für das Entweichen der großen und noch anwachsenden Wucht« der Unzufriedenheit in Indien sorgen.

Die Gründungsversammlung des *Indian National Congress* fand am 28. Dezember 1885 in Bombay statt, und die 72 geladenen Delegierten beteuerten zunächst einmal ihre Loyalität gegenüber der britischen Krone. Ihre Hauptforderung lautete, »dass die Basis der Regierung erweitert werden sollte und dass das Volk seinen angemessenen und legitimen Anteil an ihr haben sollte«. 44 Jahre später würde der Indische Nationalkongress für die vollständige Unabhängigkeit von Großbritannien kämpfen.

In den ersten zehn Jahren seines Bestehens trat der INC einmal im Jahr zusammen, und zwar über Weihnachten, um die Berufstätigkeit seiner Mitglieder, bei denen es sich hauptsächlich um Rechtsanwälte, Journalisten und Beamte handelte, nicht zu beeinträchtigen. Die Sitzungen wurden in englischer Sprache abgehalten. Ominöserweise gab es nur wenige Muslime in den Reihen der Organisation. Dies verärgerte muslimische Führer wie Sir Sayyid Ahmed Khan, der 1875 das Muhammadan Anglo-Oriental College, eine islamische, auf die Universität vorbereitende Schule, in Aligarh gegründet hatte. Khan bestand darauf, dass eine Regierungsform mit repräsentativen Elementen zwar in Gesellschaften funktionieren könne, die »geeint [seien] durch Bande der Rasse, der Religion, der Sitten, der Gebräuche, der Kultur und der historischen Traditionen«, dass aber ohne diese

Bande jede Form der Repräsentativität »dem Wohlergehen und der Ruhe eines Landes nur schaden würde«. Seine Argumente sollten später zur Rechtfertigung der Teilung Indiens und der Gründung des mehrheitlich muslimischen Staates Pakistan herangezogen werden.

Damit, dass die INC-Mitglieder die britische Herrschaft ausdrücklich befürworteten (sie schwärmten vom »Reich, über dem die Sonne niemals untergeht«), zogen sie sich den Zorn rechtsgerichteter Hindus zu, darunter auch Bal Gangadhar Tilak (1856–1920). Tilak, dessen Politisierung auf seinen Widerstand gegen das Gesetz von 1891 zurückging, mit dem das Heiratsalter auf zwölf Jahre angehoben wurde, zitierte in seinen Schriften die *Bhagavad Gitā*, um die Tötung von Unterdrückern zu rechtfertigen. Nach der Ermordung zweier britischer Offiziere im Juni 1897 wurde er wegen Anstiftung zum Mord angeklagt und zu 18 Monaten Haft verurteilt. Seit seiner Freilassung galt er als Märtyrer für die nationalistische Sache.

Gewalttaten dieser Art waren jedoch selten. Prominente Persönlichkeiten wie der Sozialreformer Aurobindo Ghose (1872–1950) oder der Dichter, Philosoph und Pädagoge Rabindranath Tagore setzten eher auf passiven Widerstand und wirtschaftliche Eigenständigkeit als auf direkte Konfrontation mit dem britischen *Raj*. Die Briten ihrerseits behielten den Nimbus einer wohlwollenden Regentschaft bei. Wenn die Inder erst einmal genügend Erfahrung gesammelt hätten, um ihre eigenen Angelegenheiten zu regeln, so die Vorstellung, könne sich Großbritannien allmählich zurückziehen, und die Inder könnten sich zu einem unbestimmten Zeitpunkt als selbstverwaltetes Herrschaftsgebiet selbst regieren. Sie ahnten nicht, wie bald sich dieser Prozess beschleunigen würde.

»Die größte Macht der Welt« – zumindest für den Augenblick

Als sich die erste anhaltende Massenbewegung gegen die britische Herrschaft seit beinahe einem halben Jahrhundert formierte, war der Anstoß überraschenderweise, dass Vizekönig Lord Curzon (1859–1925) im Jahr 1903 verkündete, Bengalen, die bevölkerungsreichste Provinz Indiens, solle aufgeteilt werden.

George Nathaniel Curzon, Baron Curzon of Kedleston, ein Oxford-Absolvent, erfahrener Reisender und Entdecker – die Royal Geographical Society verlieh ihm für die Entdeckung der Quelle des Oxus (heute Amudarja) eine Ehrenmedaille in Gold – hatte sich schon lange um das Amt des Vizekönigs bemüht. Curzon, dem Kontroversen nicht fremd waren, sprach den Indern die Fähigkeit ab, sich selbst zu regieren, und war dezidiert dagegen, ihnen den Eintritt in den Staatsdienst zu erleichtern. Als vorgeschlagen wurde, einen Inder für einen der Posten im *Executive Council*, dem Kabinett des Vizekönigs, auszuwählen, entgegnete er: »Auf dem ganzen Kontinent gibt es keinen einzigen Inder, der für diesen Posten geeignet wäre.« Eines seiner Ziele als Vizekönig, so schrieb er an seine Vorgesetzten, sei es, dem »nicht repräsentativen« und bereits »wankenden« INC zu einem »friedlichen Ableben« zu verhelfen. Bei den gebildeten Indern fand er wenig Zuspruch, wenn er beispielsweise vor Publikum an der Universität von Kalkutta erklärte, »Wahrheit sei ein westliches Konzept«. Die nächste Generation in Indiens Herrscherhäusern tat er als »eine Gruppe von ungehorsamen, unwissenden und ziemlich undisziplinierten Schuljungen« ab.

Nicht alles, was Curzon tat, war schlecht. Er setzte sich für die einfachen Inder ein, reiste viel in ländliche Gegenden und ordnete die Strafversetzung eines ganzen Regiments nach Aden an, da sich die Truppe verschworen hatte, um Soldaten zu schützen, die eine burmesische Frau vergewaltigt hatten. Den meisten Beifall findet wohl Curzons Engagement für die *Archaeological Survey of India*, die mit der Entdeckung, Ausgrabung und Restaurierung der, wie er es nannte, »größten Galaxie an Monumentalbauten der Welt« beauftragt war.

Als Curzon sein Amt als Vizekönig antrat, fand er in Bengalen eine doppelt so große Bevölkerung wie in Großbritannien vor. Die Provinz umfasste Bihar, Orissa, Assam und das heutige Bangladesch. Der Westen Bengalens war überwiegend hinduistisch und der Osten muslimisch. Begründet wurde die Teilung Bengalens vor allem damit, dass das Wachstum in der unterentwickelten östlichen Region der Provinz gefördert werden sollte. Der eigentliche Grund war jedoch ein ganz anderer: Es ging darum, »eine ernstzunehmende Gruppe von Gegnern [der britischen Herrschaft] zu spalten und dadurch zu schwächen«, nämlich die gut ausgebildeten, einer hohen Kaste angehörenden Bengalen in Kalkutta.

Curzon, der Imperialist: »Solange wir Indien regieren, sind wir die größte Macht der Welt.«

Trotz verschiedentlicher Warnungen aus London, dass »die Abtrennung alter und historischer Bindungen und die Auflösung der Rasseneinheit sich als Eigentor erweisen könnten«, wurde die Teilung am 16. Oktober 1905 vollzogen. In vielen ostindischen Städten kam es beinahe unverzüglich zu wütenden Demonstrationen, die sich schnell auf den Rest des Landes ausweiteten. Die Führer des INC riefen die Menschen dazu auf, britische Waren zu boykottieren, die im ganzen Land auf großen Scheiterhaufen verbrannt wurden, und stattdessen *Swadeshi*

Schon während seines Studiums in Oxford zeigte Curzon seine Tendenz zu Selbstherrlichkeit und Anspruchsdenken, die seine Kommilitonen am Balliol-College zu einem berühmt gewordenen Spottgedicht inspirierten: »George Nathaniel Curzon ist mein Name / allen höchst überlegen, brauche ich keine Reklame / Meine Wangen rosig, mein Haar gepflegt, / werde ich einmal pro Woche in Schloss Blenheim verpflegt.«

(›aus dem eigenen Land‹) zu kaufen. So entstand die Swadeshi-Bewegung, die dazu führte, dass gröbere Textilien, aus in Indien angebauter Baumwolle und auf lokalen Handwebstühlen gewebt, die anspruchsvollen Produkte aus Manchester ersetzten. Zucker, Salz und andere Waren aus lokaler Produktion bekamen Vorrang vor importierten Erzeugnissen.

Die Teilung Bengalens spaltete den INC in Gemäßigte und Radikale. Die Gemäßigten traten für den Dialog ein und glaubten den britischen Versprechungen, dass die Macht allmählich an die Inder übergehen würde, so dass aus den Provinzen nach dem Beispiel von Australien oder Kanada selbstverwaltete Staaten innerhalb des britischen Empire werden würden. Warnungen von Gemäßigten wie Gopal Krishna Gokhale, »nur Verrückte außerhalb der Irrenanstalten könnten an die Unabhängigkeit denken oder darüber reden«, fanden wenig Gehör bei den Radikalen, die direkt handeln wollten. Sie ließen sich von den irischen Nationalisten inspirieren und betrachteten den Boykott britischer Waren als »Teil einer tiefgreifenden Abkehr des nationalen Bewusstseins von ausländischen Ideen und Institutionen«. Die Selbstverwaltung sei der einzige Weg nach vorn, erklärte Tilak. »*Swaraj* [›Selbstbestimmung‹] ist mein Geburtsrecht und ich werde es mir nehmen.«

Die Konfrontation zwischen den beiden Fraktionen des INC spitzte sich auf einem Treffen in Surat im Jahr 1907 zu. Die resultierende Spaltung nutzten die Briten aus und verhafteten prominente Radikale, darunter Tilak, der für sechs Jahre ins Gefängnis kam. Redakteure von Medien, die für die Unabhängigkeit eintraten, wurden wegen Aufwiegelung angeklagt und ihre Zeitungen eingestellt. Eine auf den abgelegenen Andamanen-Inseln eingerichtete Strafkolonie konnte die vielen Gefangenen bald nicht mehr unterbringen. Die zahlreichen Fälle, in denen sich Menschen ohne Anklage oder Gerichtsverfahren im Gefängnis wiederfanden, veranlassten noch mehr junge Inder, sich der nationalistischen Sache anzuschließen.

Curzon verließ das Land, kurz nachdem die Teilung Bengalens in Kraft getreten war. Sein Nachfolger wurde der Earl of Minto (1845–1914), der zusammen mit John Morley (1838–1923), dem neuen Indien-Minister, mit der Ausarbeitung eines politischen Reformprogramms begann. Die Morley-Minto-Reformen, auch bekannt als *The Indian Councils Act of 1909* [›Gesetz über die indischen Verwaltungsgremien von 1909‹], schufen auf gesamtindischer wie auf Provinzebene eine größere Anzahl an Posten in den jeweiligen legislativen Gremien, so dass Inder hinzuberufen werden konnten. Zum ersten Mal wurde ein Inder in das »Kabinett« des Vizekönigs aufgenommen. Umstritten war, dass die Gesetzgeber Forderungen von muslimischer Seite aufgegriffen hatten, es müsse verbessert werden, wie Muslime in offiziellen Gremien vertreten seien, denn das Gesetz sah vor, dass zur Abstimmung über die für sie reservierten Posten nur Muslime zugelassen waren. Dieses Zugeständnis – den Briten von der kurz zuvor gegründeten Muslimliga abgerungen – sollte die bestehenden Differenzen auf lokaler Ebene noch verschärfen und diente vielen Nationalisten als endgültiger Beweis dafür, dass die Briten eine Politik des »Teile und herrsche« verfolgten.

Der Höhepunkt der imperialen britischen Herrschaft in Indien wurde 1911 mit der Ausrichtung eines *Delhi Durbar* anlässlich des Besuchs von König Georg V. zelebriert. Es war der erste und einzige Besuch eines amtierenden britischen Monarchen in Indien, und er wurde in einem Ausmaß und einer Extravaganz gefeiert, die beispiellos war. Vor 100 000 Zuschauern nahmen der König und seine Gattin, Königin Mary, auf einem goldenen Thron unter der vergoldeten Kuppel eines herrschaftlichen Pavillons Platz. Der erste Tagesordnungspunkt war die Verleihung von Orden an Indiens führende Fürsten. In einer Prozession schritten die indischen Oberhäupter in juwelenbesetzter Pracht bis vor den König. Dort verbeugte sich jeder, ging danach drei Schritte rückwärts und durfte sich zurückziehen. Einzig der als nationalistisch bekannte Sayajirao III., Maharaja von Baroda aus der Gaekwad-Dynastie, legte lediglich den Kopf schief und wandte dem König ohne Weiteres den Rücken zu. Diese vermeintliche Missachtung (Sayajirao III. selbst gab an, seine schwachen Nerven hätten ihm einen Streich gespielt, was jedoch zweifelhaft ist) schlug jedoch gar nicht so hohe Wellen, da sie von den folgenden Ereignissen überstrahlt wurde. Georg V. gab eine überraschende Erklärung ab: Die Hauptstadt Indiens sollte von Kalkutta nach Delhi verlegt werden. Mit dieser Nachricht hatte niemand gerechnet. Nach einer kurzen, fassungslosen Stille brach die Menge in Jubel aus.

Die Verlegung der Hauptstadt nach Delhi war geographisch wie symbolisch sinnvoll – die Stadt war für einen Großteil der Ära der Großmoguln der Sitz der Macht gewesen –, allerdings war sie noch immer von den Verwüstungen des Aufstands von 1857 gezeichnet. Die Entscheidung für Delhi sollte auch die briti-

Liste der Vizekönige 1899–1947

George Curzon, Baron Curzon of Kedleston (1899–1905)
Gilbert Elliot-Murray-Kynynmound, Earl of Minto (1905–10)
Charles Hardinge, Baron Hardinge (1910–16)
Frederic Thesiger, Baron Chelmsford (1916–21)
Rufus Isaacs, Earl of Reading (1921–26)
Edward Wood, Baron Irwin (1926–31)
Freeman Freeman-Thomas, Earl of Willingdon (1931–36)
Victor Hope, Marquess of Linlithgow (1936–43)
Archibald Wavell, Viscount Wavell (1943–47)
Louis Mountbatten, Earl Mountbatten of Burma (1947–48)

sche Unbeirrbarkeit angesichts der weit verbreiteten Uneinsichtigkeit in Bengalen bekunden. Während die meisten indischen Fürsten die Entscheidung begrüßten, da sie nun näher am Sitz der Macht waren, hielt sich die Begeisterung in England in Grenzen. Kritisch äußerte sich etwa Curzon, der betonte, Kalkutta sei ein Symbol für alles, wofür die Briten stünden, während Delhi »eine Ansammlung von verlassenen Ruinen und Gräbern« sei. Dabei übersah Curzon einen entscheidenden Punkt. Indem Großbritannien eine neue Hauptstadt auf den Ruinen vergangener Reiche errichtete, konnte es sich in die Vergangenheit Indiens einschreiben. Auch Vizekönig Charles Hardinge verwies auf Delhis historische Dimension: »Jede ummauerte Stadt in Indien hat ihr ›Delhi-Tor‹, und die Masse des Volkes verehrt [Delhi] noch immer als den Sitz des früheren Großreiches.« Um den Tiefschlag für den bengalischen Stolz etwas abzumildern, verkündete Georg V., dass die Teilung Bengalens rückgängig gemacht worden sei.

Ein entscheidender Faktor: Ghandi

Drei Jahre nach der Delhi Durbar für Georg V. versetzte der Verlauf des Ersten Weltkriegs dem Mythos der britischen Unbesiegbarkeit einen herben Dämpfer. Gleichzeitig fühlten sich der Indische Nationalkongress, aber auch die Muslimliga und nicht zuletzt die indischen Fürsten veranlasst, ihre Loyalität mit dem britischen Empire zu bekunden. Schließlich dienten mehr als eine Million Inder als aktive Kämpfer oder Hilfstruppen auf so unterschiedlichen Schauplätzen wie Gallipoli, Flandern und Mesopotamien. Für Nationalisten wie Tilak war die uneingeschränkte Unterstützung der Kriegsanstrengungen der Beweis dafür, dass die Inder ihre eigenen Angelegenheiten regeln konnten. Nach seiner Rückkehr aus dem burmesischen Exil im Jahr 1914 schloss er sich mit der Aktivistin Annie Besant (1847–1933) zusammen. Ihre irische Abstammung, ihr gewerkschaftlicher Hintergrund, ihre von den Fabianern beeinflussten gemäßigten sozialistischen Prinzipien und ihre unermüdliche Energie machten sie zur perfekten Verfechterin der indischen Selbstverwaltung. Im Jahr 1916 gründete sie zusammen mit Tilak die Home Rule League, die sich für die Selbstverwaltung ganz Indiens innerhalb des britischen Empire einsetzte. Zwei Jahre später wurde Besant zur Vorsitzenden des INC gewählt, der nun das Ziel der Selbstverwaltung offiziell in sein Programm aufgenommen hatte.

Dass aus Großbritannien keine eindeutigen politischen Signale kamen, spielte denjenigen in die Karten, die die Briten loswerden wollten. Im August 1917 erklärte Indien-Minister Edwin Montagu (1879–1924) vor dem Unterhaus, es seien wesentliche Schritte erforderlich, um eine verantwortungsvolle Selbstverwaltung Indiens »als integraler Bestandteil des britischen Empire« zu verwirklichen. Montagu begab sich mit dem neuen Vizekönig Lord Chelmsford (1868–1933) auf eine fünfmonatige Reise durch Indien. Ende 1919 legten die beiden der britischen Regierung einen Bericht mit Vorschlägen zu Gesetzesänderungen vor, die als Mont-Ford-Reformen bekannt wurden. Diese Änderungen, die im *Government of India Act 1919* verankert wurden, zielten vor allem darauf ab, die demokratische Grundlage der indischen Verwaltung zu erweitern. Gesetzgebende Institutionen, die von den Indern in den einzelnen Provinzen gewählt wurden, sollten für Bereiche wie Bildung, Gesundheitswesen und Arbeiten an der öffentlichen Infrastruktur zuständig sein, während die Bereiche Strafverfolgung, Steuern und Landesverteidigung weiterhin in den Zuständigkeitsbereich der dem Vizekönig unterstehenden britischen Beamten fielen. Die Reformen wurden von den Radikalen unter den indischen Nationalisten sofort als unzureichend abgelehnt. Nur die 5,5 Millionen Landbesitzer, d. h. ein Zehntel der erwachsenen männlichen Bevölkerung, durften bei den Wahlen zu den Provinzgremien ihre Stimme abgeben.

Doch die Reformen verpufften, denn im April 1918 wurde der Rowlatt-Bericht veröffentlicht. Der Bericht empfahl, den *Defence of India Act*, der 1915 als befristetes Notstandsgesetz zur Kontrolle öffentlicher Unruhen und terroristischer Aktivitäten erlassen worden war und nahezu totalitäre Befugnisse gewährte, nach Kriegsende beizubehalten. Für die Millionen Inder, die bereit gewesen waren, ihr Leben für das Empire zu opfern, war die anschließende Verabschiedung des Rowlatt-Gesetzes im März 1919 eine Beleidigung. Offensichtlich bestand in Großbritannien die Bereitschaft, die Gegner der britischen Herrschaft mit Repressionen zum Schweigen zu bringen.

Mohandas Karamchand Gandhi (1869–1948) verfolgte die Reaktionen auf das Rowlatt-Gesetz genau. Er war damals 49 Jahre alt und hatte seine prägenden Jahre größtenteils damit verbracht, sich für die Rechte von Indern in Südafrika einzusetzen. Gandhi sollte die einflussreichste Figur der indischen Unabhängigkeitsbewegung werden, doch war er nur kurzzeitig Präsident der Kongresspartei und verbrachte weit mehr Zeit im Gefängnis oder in einem seiner Ashrams, als dass er Indien direkt in die Freiheit führte. Er unternahm auch keinen ernsthaften Versuch, seine politische Doktrin in gedruckter Form darzustellen. Seine wechselnden und oft widersprüchlichen Ideen kann man heute in den 90 Bänden seiner *Gesammelten Werke* nachlesen. Wer in seinen Ansichten nach Konsistenz sucht – und er äußerte sich über alles, von der westlichen Medizin, die er als »schwarze Magie« bezeichnete, bis hin zur Kasten-Frage und der Problematik der Unberührbarkeit (Kasten sah er als notwendig an, obwohl sie für die Problematik der Unberührbarkeit verantwortlich waren) –, der braucht sich lediglich eine Passage vor Augen zu führen, die er am 30. September 1939 in seinem Journal *Harijan* veröffentlichte: »Zu dem Zeitpunkt, an dem ich etwas schreibe, denke ich nie daran, was ich vorher gesagt haben mag. Meine Zielsetzung besteht nicht darin, mit meinen früheren Aussagen zu einer bestimmten Frage übereinzustimmen, sondern mit der Wahrheit, wie sie sich mir in einem bestimmten Moment zeigt. Das Resultat ist, dass ich von Wahrheit zu Wahrheit gewachsen bin.«

Gandhi wurde 1869 in Porbandar, einem kleinen Fürstentum im Gujarat, geboren, wo sein Vater als *Diwan*, sprich Premierminister, diente. Im Alter von 13 Jahren heiratete er seine ein halbes Jahr ältere Frau Kasturba. Mit 19 Jahren ging er nach England, um an der Londoner Anwaltskammer namens *Inner Temple* seinen Abschluss als Rechtsanwalt zu machen. Nach einer kurzen, nicht weiter erwähnenswerten Zeit der Berufstätigkeit wurde er von einem muslimischen Kaufmann, der ebenfalls aus dem Gujarat stammte und einen Rechtsberater suchte, nach Südafrika eingeladen. Seine erste Begegnung mit dem südafrikanischen Rassismus hatte er 1894, als er mit dem Zug nach Pretoria reiste.

Ein weißer männlicher Fahrgast machte die Bahnbeamten darauf aufmerksam, dass ein Inder in einem Abteil der ersten Klasse sitze und damit gegen die Vorschriften verstoße, die »Farbige« auf die dritte Klasse beschränkten. Gandhi wies darauf hin, dass er eine gültige Fahrkarte habe, und weigerte sich, seinen Platz zu räumen, doch er wurde gewaltsam aus dem Zug geworfen und mitten in einer kalten Winternacht auf einem Bahnsteig zurückgelassen.

In den folgenden 20 Jahren kämpfte er für die Rechte der 150 000 indischen Einwanderer in den Provinzen Kap und Natal, die in den Gesetzbüchern als »halbbarbarische Asiaten oder Angehörige der unzivilisierten Rassen Asiens« bezeichnet wurden. 1908 verfasste er sein erstes politisches Pamphlet mit dem Titel *Hind Swaraj*, ›Indische Selbstverwaltung‹, während er mit dem Schiff von London nach Südafrika reiste. Beeinflusst vom Pazifismus und Antimaterialismus in den Schriften von Leo Tolstoi, aber auch dem von John Ruskin gelehrten Respekt vor der Arbeit und den Rechten der Armen, war *Hind Swaraj* eine Kritik an der Moderne. In diesem bahnbrechenden Text postulierte Gandhi den Einsatz der Gewaltlosigkeit als politische Waffe, pries das auf Gegenseitigkeit beruhende Leben in einer utopischen Dorfgemeinschaft und plädierte für die Gleichwertigkeit aller Religionen und Klassen – allerdings nicht für die Abschaffung der Unberührbarkeit. Sein Eintreten für ein Leben in überschaubaren, harmonischen Gemeinschaften fand die Unterstützung vieler Muslime und Hindus der unteren Kasten. Sein Plädoyer für gewaltlosen Widerstand auf der Grundlage moralischer Stärke brachte ihm im Westen eine Schar von Bewunderern ein, darunter den französischen Essayisten und Romancier Romain Rolland, der Gandhi mit Jesus verglich. Das Einzige, was ihm fehle, schrieb Rolland, sei »das Kreuz«. Seine Rolle bei den Ereignissen, die Großbritannien in die Knie zwangen, inspirierte Millionen von Menschen und Bewegungen auf der ganzen Welt, von der Bürgerrechtsbewegung in Amerika bis zum Prager Frühling.

Nachdem es ihm mit seinen juristischen Einspruchsverfahren gegen die südafrikanische Regierung nicht gelungen war, für Inder die verfassungsmäßige Gleichberechtigung zu erstreiten, wandte sich Gandhi dem direkten Protest zu, den er *Satyagraha* oder »Festhalten an der Wahrheit« nannte. Mit *Satyagraha* knüpfte er an die gewaltfreien Traditionen im Jainismus und im Vishnuismus seiner Heimat Gujarat an. Dabei erhob er Leiden und Verweigerung zu einer quasi-religiösen Disziplin, ähnlich wie Yoga oder Meditation. Für Gandhi entsprach der *Satyagraha* eine Kraft der Seele, die den Einzelnen befähigt, Leiden für das zu ertragen, was er für moralisch richtig hält. *Satyagraha* war für Gandhi nicht nur eine Waffe im Widerstand gegen Unterdrückung, sondern auch ein Mittel, um seine Gegner zu seinen Überzeugungen zu bekehren.

Gandhi über Satyagraha: »Satyagraha bedeutet nicht die sanftmütige Unterwerfung unter den Willen des Übeltäters, sondern das Aufbäumen der ganzen Seele gegen den Willen des Tyrannen. Dieser Gesetzmäßigkeit unseres Wesens entsprechend ist es einem einzelnen Menschen möglich, der ganzen Macht eines ungerechten Reiches zu trotzen, seine Ehre, seine Religion, seine Seele zu retten und den Grundstein für den Untergang oder die Erneuerung dieses Reiches zu legen.«

Gandhi kehrte 1915 aus Südafrika nach Indien zurück und begann zwei Jahre später seine dortige politische Laufbahn. In Indien wuchs die Zahl der potentiellen Adressaten seiner Botschaft auf 300 Millionen an, von denen nur wenige von seinem

Wirken unberührt bleiben sollten. Zunächst konzentrierte er sich auf Kampagnen gegen die Ausbeutung von Landarbeitern beim Indigoanbau im Distrikt Champaran und von Mühlenarbeitern in Ahmedabad; beide Male gelang es ihm, dafür zu sorgen, dass sich die Bedingungen für die betroffenen Menschen verbesserten. Die Agitation gegen das Rowlatt-Gesetz sollte seine erste wirkliche Bewährungsprobe auf indischem Boden werden, »die größte Schlacht meines Lebens«. Und sie sollte in einem spektakulären Fehlschlag enden.

Gandhis Aufruf zu einem friedlichen *Hartal* (einem Streik der Arbeiter *und* der Unternehmen) sowie zu einem Tag des Fastens und Betens mündete in Delhi, Bombay und vielen anderen Städten in gewaltsamen Ausschreitungen. Die Bevölkerung wollte ihrem Ärger Luft machen, statt ihren Dissens respektvoll zu äußern. Wütende Mobs griffen Angehörige der britischen Zivilbevölkerung an; die Polizei schoss auf Demonstranten. Als Gandhi feststellte, dass sich die Unruhen auch in die Kleinstädte ausbreiteten, gab er zu, dass er sich in »Himalaya-Höhe« verkalkuliert habe, als er die Menschen zum zivilen Ungehorsam aufgerufen habe, bevor sie dazu bereit gewesen seien.

Selbst Gandhi konnte die Ereignisse in einem so großen Land wie Indien nur begrenzt beeinflussen. Tausende von Demonstranten ignorierten seine Aufrufe zur Beendigung der Demonstrationen und versammelten sich in Amritsar, wo es zu einem Amoklauf kam, bei dem sie fünf britische Männer ermordeten und eine Missionarin verprügelten, die sie lebensgefährlich verletzt zurückließen. (Sie überlebte dank einer Hindu-Familie, die sie in ihr Haus trug und später den Briten übergab.) Der Befehlshaber der Truppen in Amritsar war Brigadegeneral Reginald Dyer (1864–1927), ein Mann, der für seinen Jähzorn bekannt war und unter Druck schon andernorts überreagiert hatte. Am 13. April 1919 versammelten sich schätzungsweise 20 000 Men-

Gandhi gehörte nicht nur zu den meistfotografierten Persönlichkeiten seiner Zeit, auch seine Ideen und sein Wirken sind weltweit auf ein unvergleichliches Echo gestoßen. Dennoch sind die Interpretationsmöglichkeiten, die sich um sein Leben und seinen Einfluss ranken, so vielfältig, dass er ein Rätsel bleibt. Der Erste, der Gandhi als *Mahatma* oder ›große Seele‹ bezeichnet hat, soll Rabindranath Tagore im Jahr 1915 gewesen sein – so wird es jedenfalls indischen Schulkindern beigebracht.

schen im Jallianwala Bagh, einem von hohen Mauern umgebenen offenen Gelände. Die meisten von ihnen wollten dort das Erntedankfest der Sikh, *Baisakhi*, feiern, wussten aber nicht, dass Dyer am Morgen einen Befehl erlassen hatte, der Versammlungen, ob religiöser oder anderer Art, verbot. Um 16:30 Uhr führte Dyer persönlich ein Schützenbataillon – unter den Soldaten waren Gurkha, Sikh, Paschtunen und Belutschen – zum Jallianwala Bagh und befahl ihnen, ohne Vorwarnung das Feuer zu eröffnen. Da die Truppen den engen Eingang zum Bagh blockierten und die Mauern zu hoch waren, um sie zu überwinden, bot sich den Eingeschlossenen kein Ausweg. Offiziellen Angaben zufolge gab es 379 Tote. Eine Untersuchung des INC schätzte deren Zahl hingegen auf über 1000.

Dyers Handlungsweise wurde schnell verurteilt. Winston Churchill (1874–1965) nannte die Massenerschießung »ohne Präzedenzfall oder Parallele in der modernen Geschichte des britischen Empires [...] ein außergewöhnliches Ereignis, ein monströses Ereignis, ein Ereignis, das isoliert dasteht in seiner singulären Bösartigkeit«. Rabindranath Tagore, der für seine Verdienste um die Literatur zum Ritter geschlagen worden war, protestierte gegen das Massaker, indem er seine Auszeichnung zurückgab. Gandhi erklärte, eine »Zusammenarbeit, in welcher Form auch immer, mit dieser satanischen Regierung [sei] frevelhaft«.

Vor einem Untersuchungsausschuss in Lahore rechtfertigte Dyer einige Monate später die Erschießung mit der Behauptung, sie sei dazu gedacht gewesen, »die Moral der Aufständischen« zu schwächen. Dyer wurde entlassen, doch nach seiner Rückkehr nach England stilisierten eingefleischte Tories und Parteigänger des Imperialismus ihn zu einem Vorbild hoch, da sie glaubten, dass Unterwerfung statt Partnerschaft notwendig sei, um das britische Imperium zu erhalten. Dass Dyer unter ihnen zum Star avancierte, führte nur dazu, den Antagonismus zu verstärken, den die indische Seite gegenüber der britischen Herrschaft empfand.

Als Reaktion auf das Massaker von Amritsar trat Gandhi öffentlich in Hungerstreik. Für den Mahatma war das Fasten eine Waffe, die von den Schwächsten und Ärmsten gegen die mächtigsten Gegner eingesetzt werden konnte. Er sah es auch als ein Mittel, um seine eigenen Sünden, Fehler und Unzulänglichkeiten zu sühnen. Wie Wendy Doniger schreibt, wollte Gandhi mit seinem Fasten »zunächst sich selbst beherrschen, dann sein eigenes Volk lenken und es dazu bringen, sich im Protest zu vereinen, aber von Gewalt Abstand zu nehmen, und schließlich die Briten mäßigen, damit sie ihn, gleich zu mehreren Gelegenheiten, aus dem Gefängnis entließen und sich, schlussendlich, aus Indien verabschiedeten«.

Nach Tilaks Tod im Jahr 1920 wurde Gandhi zum unbestrittenen Führer des INC. Unter seiner Führung verwandelte sich das einst als großbürgerlicher Debattierclub verspottete Forum in eine nationale Organisation mit einer effizienten hierarchischen Struktur und Ortsgruppen bis in entlegene kleine Städte und Dörfer. An der INC-Versammlung 1920 in Nagpur in Zentralindien nahmen insgesamt 14 000 Delegierte teil. Die Emphase, mit der Gandhi für massenhaften zivilen Ungehorsam warb, war ansteckend und politisierte große Teile der indischen Gesellschaft, insbesondere in den ländlichen Gebieten, in denen 90 Prozent der Bevölkerung lebten. Der Indische Nationalkongress sandte Tausende Freiwillige aus höheren Kasten, größtenteils Anwälte und Menschen mit qualifizierter Ausbildung, in die Dörfer, um neue Mitglieder zu rekrutieren. Für die meisten war dies ihre erste Begegnung mit den verarmten Massen Indiens. Gandhi drang auch zur Arbeiterklasse vor, die zwar klein war (weniger als ein Prozent der Bevölkerung in den 1920er Jahren), aber von großer Bedeutung, weil sie sich in den größeren Städten konzentrierte.

Die zunehmende Spaltung zwischen Hindus und Muslimen beunruhigte Gandhi. Er fand, der INC solle die Khilafat-Bewegung unterstützen, die während des Ersten Weltkriegs entstanden war, weil sich Muslime dem Einsatz muslimischer Soldaten gegen den in Konstantinopel ansässigen Kalifen widersetzen wollten. Das biete eine Gelegenheit, die beiden Gemeinschaften zu vereinen, »wie sie in hundert Jahren nicht wiederkommen würde«. Als das Osmanische Reich mit dem Vertrag von Sèvres einen Großteil seines Territoriums abtreten musste und der Kalif damit auch die Kontrolle über die heiligen Stätten des Islam verlor, gewann die Bewegung an Zulauf. Ihre Führer waren so erpicht darauf, die Unterstützung der Hindus zu gewinnen, dass sie sich dazu bereit erklärten, das Schlachten von Rindern zu verbieten – ein Angebot, das Gandhi ablehnte.

Im Dezember 1921 gab der *Indian National Congress* seine Zustimmung zu Gandhis Vorschlag, eine Kampagne des zivilen

Ungehorsams zu starten. Mit dem Versprechen, die *Swaraj* (›Selbstverwaltung‹) könne innerhalb eines Jahres erreicht werden, forderte Gandhi seine Anhänger auf, absichtlich gegen britische Gesetze zu verstoßen. Angestellte der britischen Verwaltung wurden aufgefordert, ihre Posten zu verlassen; man solle keine Steuern mehr zahlen und die Gerichte boykottieren. Damit wollte er Indien unregierbar machen und so die Briten zum Abzug zwingen.

Doch Indien war noch nicht bereit für die Vision des Mahatma. Im Februar 1922 schoss die Polizei in dem Dorf Chauri Chaura in den Vereinigten Provinzen auf eine Gruppe von Freiwilligen, Unterstützer des INC und der Khilafat-Bewegung. Daraufhin zog eine Menschenmenge zu einer Polizeistation und setzte sie in Brand. 20 Polizisten starben; einige hatten versucht zu fliehen und waren in Stücke gehackt worden, die meisten wurden verbrannt – unter den Rufen *Mahatma Gandhi ki jai* (›Sieg für Mahatma Gandhi‹). Entsetzt brach Gandhi die Kampagne ab und forderte seine Anhänger auf, sich der Bildung der Massen zuzuwenden, die Organisation an der Basis weiter auszubauen und sich ans Spinnrad zu setzen – schließlich lasse sich durch das Spinnen von Baumwolle auch *Swadeshi* erreichen. Das Spinnen sei ein starkes Symbol der Einheit gegen die Unterdrücker und eine spirituelle Übung. Die Briten verhängten daraufhin eine sechsjährige Haftstrafe gegen ihn, aus gesundheitlichen Gründen wurde er jedoch nach weniger als zwei Jahren wieder entlassen.

Die Taktik der Polarisierung

Als die Bewegung des zivilen Ungehorsams scheiterte, zog Gandhi sich in seinen Ashram in der Nähe von Ahmedabad zurück, wo er an seinem Spinnrad saß, tägliche Versammlungen zum gemeinsamen Gebet abhielt und zahlreiche Male öffentlich fastete, um gegen Ungerechtigkeiten zu protestieren. Sein Rückzug aus der aktiven Politik begann 1927, in dem Jahr, in dem der INC den Boykott der Simon-Kommission beschloss. Diese von der konservativen Regierung Stanley Baldwins eingesetzte Kommission hatte den Auftrag, die Umsetzung der Mont-Ford-Reformen zu überprüfen und eine Verfassung für ein selbstverwaltetes Indien auszuarbeiten. Verärgert darüber, dass kein einziger Inder in der Kommission saß, beschloss der INC, die Kommission »in jeder Phase und in jeder Form« zu boykottieren, und rang sich zum ersten Mal dazu durch, die vollständige Unabhängigkeit von den Briten als Ziel auszugeben. Ein Jahr später entwarfen Vertreter aller großen Unabhängigkeitsgruppen ihr eigenes Programm für eine Verfassungsreform.

Der im Dezember 1928 vom INC verabschiedete Nehru-Bericht, der unter dem Vorsitz von Motilal Nehru (1861–1931) erstellt wurde, besagt, dass der »nächste unmittelbare Schritt« für Indien der Dominion-Status sein müsse, den Kanada, Australien und andere unabhängig gewordene britische Kolonien bereits erlangt hatten. Indien solle eine Föderation werden, deren Zentralgewalt ein souveränes Zweikammerparlament bilden solle, dem die Ministerien verantwortlich wären. Der Bericht lehnte die Idee ab, Minderheiten in separaten Wählerschaften zusammenzufassen, und schlug stattdessen deren Schutz durch ein System von reservierten Listenplätzen vor.

Der Bericht wurde von den Radikalen im Indischen Nationalkongress abgelehnt, da sie in der Anerkennung des Dominion-Status einen Rückschritt gegenüber dem im Jahr zuvor beschlossenen Ziel der vollständigen Unabhängigkeit sahen. Dass das Prinzip der getrennten Wählerschaften nicht mehr weiterverfolgt werden sollte, verärgerte zudem die von Mohammad Ali Jinnah (1876–1948) geführte Muslimliga. Wie Gandhi war

Jinnah an der Londoner Rechtsanwaltskammer Inner Temple ausgebildet worden und war 1896 der jüngste Inder, der je als Anwalt zugelassen wurde. 1906, zwei Jahre nach seiner Rückkehr nach Indien, wo er als einziger muslimischer Anwalt in Bombay praktizierte, schloss er sich dem überwiegend hinduistischen INC an. Im Jahr 1913 wurde er dann Führer der Muslimliga. Seinen Einfluss auf das Indien in der Zeit vor der Unabhängigkeit verdankte er seiner Brillanz als Politiker – auch wenn noch immer strittig ist, ob seine Forderung nach einem eigenen Staat Pakistan lediglich eine Strategie war, um mehr Zugeständnisse für die Muslime zu erreichen, oder ob er den Staat wirklich wollte.

Die Ablehnung des Nehru-Berichts durch die Muslimliga beschleunigte den unvermeidlichen Abbruch der Zusammenarbeit zwischen der Liga und dem Indischen Nationalkongress. Durch die für eine künftige Zentralregierung vorgeschlagenen Befugnisse fühlten sich viele Muslime in ihrer Befürchtung bestärkt, das britische *Raj* solle lediglich durch das *Raj* des Nationalkongresses ersetzt werden, dem es darum gehe, ihre Teilhabe an der

Obwohl Jinnah für einen Staat eintrat, der ausschließlich auf der Grundlage der Religion gegründet war, war seine Vorstellung vom Islam gemäßigt und fortschrittlich. Er könne keine einzige Passage aus dem Koran rezitieren, hieß es, und bete nur selten in Moscheen.

Macht und ihre Möglichkeiten zum Schutz ihrer Interessen in einem künftigen demokratischen und unabhängigen Indien einzuschränken.

Der Parteitag des INC im Dezember 1929 in Lahore war ein entscheidender Moment für die Freiheitsbewegung. Um 0 Uhr in der Silvesternacht wurde am Ufer des Ravi die dreifarbige Flagge eines unabhängigen Indiens unter den Rufen *Inquilab zindabad* (›Es lebe die Revolution!‹) gehisst. Gandhi erklärte den 26. Januar 1930 zum Unabhängigkeitstag und legte dem Vizekönig Lord Irwin (1881–1959) ein Elf-Punkte-Programm vor, dessen Annahme der Gewährung der Unabhängigkeit gleichkäme. Um die Briten unter Druck zu setzen, entwarf er seine bisher spektakulärste *Satyagraha:* den Salzmarsch.

Seit den Tagen der Moguln war die Produktion und der Verkauf von Salz ein staatliches Monopol. Die Steuer war minimal, weniger als drei Anna-Münzen pro Jahr, aber da Salz eine Notwendigkeit für Arm und Reich gleichermaßen war, traf die Abgabe die Ärmsten am härtesten. Verfolgt von Journalisten und Kameraleuten aus aller Welt verließ Gandhi am 12. März 1930 seinen am Sabarmati gelegenen Ashram und machte sich zu Fuß auf den 380 Kilometer langen Weg nach Dandi an der Westküste Gujarats, wobei er seine Begleiter aufforderte, erst zurückzukehren, wenn Indien frei sei. Täglich lud er die Menschen ein, zusammenzukommen und gemeinsam zu beten, was große Menschenmengen anzog. Als er Dandi erreichte, hatten sich Zehntausende seinem Marsch angeschlossen. Am 5. April badete er im Meer und sammelte eine Handvoll Salz vom Strand auf – ein trivialer, aber symbolträchtiger Akt. Die Regierung schenkte der ganzen Episode wenig Beachtung und konzentrierte sich stattdessen auf die massenhafte Verhaftung von INC-Anführern. Auch Gandhi wurde inhaftiert, aber in den folgenden Wochen und Monaten folgten Hunderttausen-

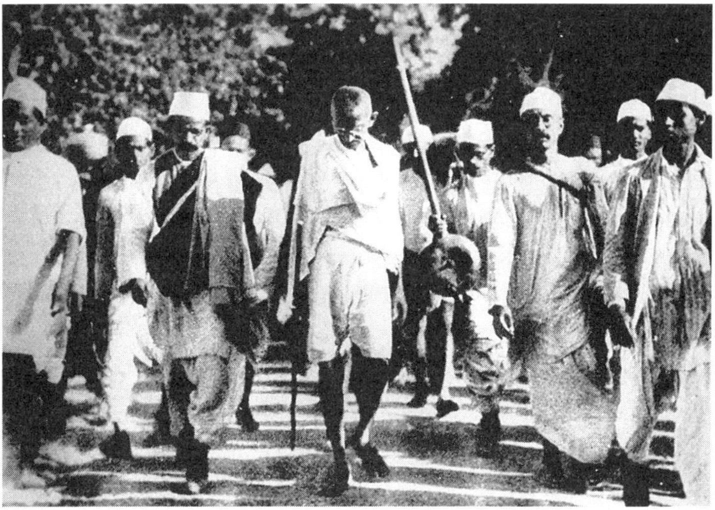

Als die Demonstranten Dandi erreichten, setzte die Polizei *Lahtis*, stahlbewehrte Schlagstöcke, ein. In Richard Attenboroughs Verfilmung *Gandhi* ist der Polizeieinsatz einprägsam dargestellt.

de seinem Beispiel, eine Reaktion, die Gandhi nie erwartet hatte.

In den letzten Monaten des Jahres 1930 erkannten beide Seiten, dass sie sich in einer Sackgasse befanden. Aus Angst, dass der Indische Nationalkongress zu gewaltsameren Methoden greifen könnte, lud Irwin Gandhi zu Gesprächen nach Delhi ein. In Irwin fand Gandhi endlich einen Vizekönig, der mit den Forderungen der gemäßigten Nationalisten sympathisierte. Er hielt den Mahatma für einen Führer mit »einem sehr guten Verstand; logisch, energisch, mutig, mit einem eigentümlichen Schuss Feinsinnigkeit«. Der Respekt beruhte auf Gegenseitigkeit. Gandhi sagte später: »Ich habe mich nicht Lord Irwin, sondern der Ehrlichkeit in ihm gebeugt.« Angesichts der Fotos vom Anführer der Freiheitsbewegung, wie er die Stufen des Vizekönigspalastes mit seinem typischen *Dhoti* bekleidet und auf einen Spazierstock gestützt hinaufschreitet, spottete Churchill im Unterhaus über Gandhi und lamentierte über dessen Wandlung von einem »Middle Temple«-Anwalt zu einem halbnackten »Fakir von der Art, wie sie aus dem Fernen Osten allseits bekannt sind«. Dennoch waren die Gespräche ein Erfolg und führten zum Gandhi-Irwin-Pakt. Der zivile Ungehorsam sollte ausgesetzt werden, wenn die überwiegende Mehrheit der 60 000 Menschen, die wegen ihrer Teilnahme an den Salzmärschen inhaftiert waren, im Gegenzug freigelassen würde. Gandhi erklärte sich auch dazu bereit, in London an einem zweiten Runden Tisch teilzunehmen (die erste Veranstaltung dieser Art war vom Indischen Nationalkongress boykottiert worden), damit dort eine Verfassung für Indien ausgearbeitet werden konnte.

Gandhi segelte nach England und kam am 12. September 1931 in London an. Drei Tage später sprach er, immer noch in *Dhoti* und Schal gekleidet, vor mehr als 100 Delegierten auf der Konferenz. Seine Anwesenheit in London weckte ein starkes Medieninteresse, doch nach wochenlangen Gesprächen verlief alles über der Frage im Sande, ob und in welcher Form Sitze für religiöse und andere Minderheiten reserviert werden sollten. Gandhis Forderung nach einer sofortigen und vollständigen Übergabe der Regierungsverantwortung wurde ignoriert. Desillusioniert verließ er London im Dezember 1931.

Als er nach Indien zurückkehrte, war Irwin bereits durch den erzkonservativen Lord Willingdon (1866–1941) ersetzt worden, der seine Absicht deutlich machte, die britische Macht in Indien um jeden Preis erhalten zu wollen.

Der INC reagierte mit der Ankündigung einer zweiten nationalen Ungehorsamskampagne. Die Regierung antwortete mit noch größeren Repressionen als zuvor, verbot den INC und verhaftete mehr als 100 000 Menschen. Als die Zusammenstöße eskalierten und es wieder Tote gab, sah sich Gandhi erneut gezwungen, den Aufstand abzubrechen.

Auf die entstandene Pattsituation folgte das Gesetz mit dem längsten Text, der je vom britischen Parlament verabschiedet wurde. Als *Government of India Act 1935* trat es im August des Jahres in Kraft. Provinzen mit gewählten Politikern ermöglichte es von der Zentralregierung unabhängige Entscheidungen. Auch das Recht zu wählen wurde ausgeweitet – auf etwa ein Sechstel der indischen Bevölkerung, dabei wurde erstmals Frauen das Wahlrecht zugestanden. Allein die komplexen Bestimmungen zum Wahlrecht füllten 51 Seiten. So konnten etwa Sikhs in einem muslimischen Wahlkreis aus dem Wählerverzeichnis gestrichen werden. Eine in Delhi tagende Versammlung mit 250 Sitzen, zur Hälfte von Vertretern aus den Fürstenstaaten besetzt, sollte zusammen mit der Zentralregierung eine machtvolle Exekutive bilden. Obwohl es einen Schritt nach vorn bedeutete, sahen Viele das Gesetz nur als einen weiteren Versuch an, Zeit zu gewinnen.

Zu denjenigen, die von dem Gesetz enttäuscht waren, zählte Jawaharlal Nehru (1889–1964). Der 1889 geborene Nehru war Absolvent von Harrow und Cambridge und hatte, wie Gandhi, seine juristische Ausbildung am Inner Temple abgeschlossen. Sein Vater Motilal war Anwalt am Obersten Gerichtshof von Allahabad und 1919 zum Präsidenten des INC gewählt worden. Im Jahr 1923 wurde Jawaharlal Nehru INC-Generalsekretär und stieg schnell zum Chefideologen auf. In seinen Schriften, die er hauptsächlich während seiner langen Gefängnisaufenthalte verfasste, wandte er sich gegen die britische Darstellung, Indien sei ein durch Kasten, Religionen und Sprachen zersplittertes Gebilde, das für eine Einigung der wohlwollenden Führung durch die Kolonialmacht bedürfe. Nehru lehnte die gesetzlichen Regelungen von 1935 als eine »Charta der Sklaverei« ab, die dem Erhalt

Jawaharlal Nehru (links) und Rabindranath Tagore (rechts) teilten die Vision eines säkularen Indiens. Die Schriften des bengalischen Nobelpreisträgers und seine Vorstellung von Universalität (als Beitrag zur Überwindung nationalistischen Denkens) hatten starken Einfluss auf Nehru.

Nehru über die indische Einheit: »In der einen oder anderen Weise hat der Traum von der Einheit Indien seit den Anfängen der Zivilisation beschäftigt. Diese Einheit wurde nicht als etwas von außen Aufgezwungenes, als Standardisierung von Äußerlichkeiten oder gar von Überzeugungen verstanden. Sie war etwas Tiefergehendes, und im Rahmen [dieser Einheit] wurde die größtmögliche Toleranz gegenüber Glauben und Bräuchen praktiziert und jede Form der Vielfalt anerkannt und sogar gefördert.«

der britischen Herrschaft dienen solle, und verglich das Dokument mit Verweis auf die vielen darin getroffenen Sicherheitsvorkehrungen mit einer »Maschine mit starken Bremsen, aber ohne Motor«.

Trotz Nehrus Bedenken beteiligten sich die INC-Mitglieder an den indischen Provinzwahlen im März 1937. Als die Stimmen ausgezählt waren, hatte die Partei in fünf Provinzen die absolute Mehrheit errungen und war in vier weiteren die größte Einzelpartei. Nachdem sie sich hatte zusichern lassen, dass die britische Zentralregierung ihre Sondervollmachten nicht nutzen würde, bildete sie in allen Provinzen mit Ausnahme von Punjab, Sindh und Bengalen ein Kabinett. Die Muslimliga hingegen konnte kaum ein Viertel der 482 für Muslime reservierten Sitze erringen. Jinnahs Angebote, Koalitionen in mehreren Provinzen zu bilden, wurden von der Kongresspartei abgelehnt, die, getragen von einer Welle der Unterstützung in der Bevölkerung, nun die Kontrolle über die meisten Regierungsaufgaben übernehmen konnte – mit Ausnahme der Ressorts Innere Sicherheit und Verteidigung.

Die Ablehnung der Zusammenarbeit mit der Liga bedeutete das Ende jeder realen Chance, dass Hindus und Muslime eines Tages Hand in Hand in die Unabhängigkeit spazieren würden. Die wachsende Entfremdung und Unsicherheit, die die Muslime empfanden, wurden von chauvinistischen Hindu-Parteien noch geschürt. Laut dem Vorsitzenden der bekanntesten dieser Parteien, der Akhil Bharatiya Hindu Mahasabha (der ›Gesamtindischen Hindu-Großversammlung‹), Vinayak Damodar Savarkar (1883–1966), einte die Hindus »das Band, das uns an unser gemeinsames Vaterland bindet, und das gemeinsame Blut, das durch unsere Adern fließt, und auch das Band der gemeinsamen Huldigung, die wir unserer großen Zivilisation beziehungsweise der hinduistischen Kultur schulden«. Nur Anhänger von Religionen, die ihren Ursprung in Indien hatten, konnten Hindus sein – ein Kriterium, das Sikhs, Buddhisten und Jainas einschloss, aber Muslime ausschloss. (Diese Unterteilung ist auch heute noch der Kern der hinduistischen nationalistischen oder Hindutva-Ideologie.) 1938 versuchte Nehru erfolglos, die Ängste der Muslime zu beschwichtigen, als er darauf bestand, Hindu-Fundamentalisten sollten aus dem INC ausgeschlossen werden. Das war zu wenig und kam zu spät. Als die Liga 1940 in Lahore zusammentrat, war die Idee einer eigenen Nation für Muslime nicht mehr nur ein fernes Ziel, sondern hatte einen Namen bekommen: Pakistan, das ›Land der Reinen‹.

»Verlasst Indien!« und der Countdown zur Unabhängigkeit

Als Großbritannien – und damit auch Indien – Deutschland am 3. September 1939 den Krieg erklärte, wurde der Indische Nationalkongress nicht konsultiert. Stattdessen traten eine Reihe von neuen Gesetzen in Kraft, die die Autonomie der Provinzregierungen einschränkten und die politischen Rechte und Freiheiten beschnitten. Gandhi, obwohl der Gewaltlosigkeit verpflichtet, sicherte Großbritannien bei einem Treffen mit Vizekönig Lord Linlithgow (1887–1952) seine Unterstützung zu. Der Parteivorstand des INC folgte diesem Beispiel und bekannte sich mit einer Resolution zur »völligen Missbilligung der Ideologie und Praxis des Faschismus und des Nationalsozialismus sowie deren Verherrlichung von Krieg und Gewalt und der Unterdrückung des menschlichen Geistes«. Die INC-Vertreter betonten aber auch, dass »die Frage von Krieg und Frieden für Indien vom indischen Volk entschieden werden muss«. Die britische Regierung wurde aufgefordert, »unmissverständlich zu erklären, was ihre Kriegsziele in Bezug auf Demokratie und Imperialismus und die angestrebte neue Ordnung sind, insbesondere was diese Ziele für Indien bedeuten und wie sie in der Gegenwart verwirklicht werden sollen«. Dass Großbritannien im Namen der Freiheit kämpfte und sich gleichzeitig weigerte, die Inder sich selbst regieren zu lassen, wurde als heuchlerisch angesehen. Als Linlithgow den Fragen auswich, traten die neun vom INC gestellten Provinzkabinette aus Protest zurück. Für die Muslimliga waren die Rücktritte ein Grund zum Feiern: Die Herrschaft des INC, so glaubten sie, war endlich vorbei. Im März 1940 verabschiedete die Liga die sogenannte Lahore-Resolution, in der sie »unabhängige Staaten« in den nordwestlichen und östlichen Teilen Indiens forderte. Ein Plan, wie dieses Ziel erreicht werden sollte, fehlte jedoch.

Nach dem Kriegseintritt Japans im September 1940, dem plötzlichen Fall Singapurs im Februar 1942 und dem schnellen japanischen Vormarsch durch Birma schien eine Invasion Indiens nur eine Frage der Zeit zu sein. In Bengalen wurden mehr als 40 000 Boote versenkt, damit sie nicht in japanische Hände fielen. In Madras wurden die Amtsstuben der Regierungsbeamten ins Landesinnere verlegt und die Tiger im Zoo erschossen, damit sie nicht während möglicher Kämpfe aus ihren Käfigen ausbrechen und durch die Straßen streifen konnten.

Währenddessen machte sich die Indische Nationalarmee (INA) bereit, die vorrückenden Japaner zu unterstützen. Ehemalige indische Kriegsgefangene, die zuvor zu Tausenden von den japanischen Streitkräften interniert worden waren, bildeten den Großteil der INA-Soldaten. Ihr Anführer hieß Subhash Chandra Bose (1897–1945), der kurzzeitig Vorsitzender des Indischen Nationalkongresses gewesen war, bis Nehru und Gandhi ihn wegen seiner radikalen Ansichten absetzten. Aufgrund antibritischer Protestaktionen, die Bose organisiert haben sollte, landete er Ende 1940 im Gefängnis, doch ihm gelang eine spektakuläre Flucht, die ihn über Afghanistan und Moskau bis nach Deutschland führte. Dort begrüßten ihn indische Studenten und ehemalige indische Kriegsgefangene als *Netaji* (bengalisch für ›respektierter Führer‹). 1943 kam er in einem U-Boot im japanisch besetzten Singapur an und segelte von dort aus zu den Andamanen, dem einzigen indischen Territorium in japanischer Hand. Mit Einverständnis der Japaner erklärte er die Andamanen zu *Azad Hind* (›Freies Indien‹) und sich selbst zum Staatsoberhaupt. Letztendlich stellte die Indische Nationalarmee nie eine echte Bedrohung für Indien dar. Von den 6000 Soldaten, die zum Einsatz kamen, starben mehr an Krankheiten als im Kampf, und viele mussten bei ihren vermeintlichen Verbündeten, den Japanern, Misshandlungen und Hunger erleiden. Bose starb bei einem Flugzeugabsturz auf dem Weg nach Tokio, nur wenige Tage nach der Kapitulation Japans.

Im März 1942 flog Stafford Cripps (1889–1952), ein Sozialist, ehemaliger britischer Botschafter in der Sowjetunion und Mitglied von Churchills Kriegskabinett, mit dem bis dato weitreichendsten Vorschlag zur indischen Unabhängigkeit nach Indien. Als Gegenleistung für die benötigte Unterstützung der Kriegsanstrengungen versprach die britische Regierung »die frühestmögliche Verwirklichung der Selbstverwaltung«. Es sollte eine »neue indische Union« geschaffen werden – ein »Dominion, das mit dem Vereinigten Königreich und den anderen Dominions durch eine gemeinsame Loyalität zur Krone verbunden, ihnen aber in jeder Hinsicht gleichgestellt und in keiner Weise untergeordnet ist«. Der Indische Nationalkongress wurde eingeladen, Abgesandte für den Rat des Vizekönigs zu nominieren, die als Minister eines indischen Regierungskabinetts fungieren sollten. Nach dem Krieg würde Indien völlige Freiheit erlangen, ob innerhalb oder außerhalb des britischen Empires – die Entscheidung würde bei den neuen politischen Führern liegen.

Während einige prominente INC-Politiker, darunter auch Nehru, bereit waren, die Vorschläge zu akzeptieren, bezweifelten Hardliner und Vertreter anderer Parteien die Aufrichtigkeit der erklärten Absicht Großbritanniens, die Exekutivgewalt teilen zu wollen, insbesondere in kritischen Bereichen wie der Verteidigung. Eine Bestimmung, die den Provinzen und Staaten die Möglichkeit zur Abspaltung einräumte, wurde als Versuch gewertet, die Muslimliga und die Fürstenstaaten zu beschwichtigen. Am Ende verließ Cripps Indien, ohne eine Vereinbarung getroffen zu haben. Gandhi bezeichnete das Angebot von Cripps als einen »vorausdatierten Scheck auf eine insolvente Bank«.

Gandhi dachte dabei nicht nur in wirtschaftlichen Dimensionen. Das von ihm proklamierte Ende der Zusammenarbeit mit der britischen Administration in Indien hatte nicht dazu geführt, dass die Briten den Subkontinent verlassen hätten, sein Fasten hatte wenig Wirkung gezeigt, und die Verhandlungen mit den Vizekönigen sowie mit der britischen Regierung bei der Konferenz am Runden Tisch in London hatten kaum Ergebnisse gebracht. In der Überzeugung, dass Großbritannien einem Vormarsch der Achsenmächte nicht standhalten konnte, beschloss Gandhi, dass es für die Briten an der Zeit war, »Indien seinem Schicksal zu überlassen«. Am 8. August 1942 billigte das Präsidium der Kongresspartei, das mehrere hundert Mitglieder starke *All-India Congress Committee*, den bisher riskantesten und kühnsten Schritt des INC: die Proklamation der *Quit India Resolution*. Mit der Verlasst-Indien-Resolution gab der INC den Startschuss zu einem »gewaltfreien Massenkampf im größtmöglichen Umfang«. Am nächsten Tag erklärte Gandhi: »Ich werde mich mit nichts Geringerem zufriedengeben als mit ungeteilter Freiheit. Wir werden siegen oder sterben. Entweder wird es uns gelingen, Indien zu befreien, oder wir werden bei dem Versuch sterben.«

Es sollte bis Kriegsende seine letzte Erklärung sein; kaum hatte er sie abgegeben, wurde er verhaftet, und mit ihm fast die gesamte Führung der Kongress-Partei. Da niemand da war, der ihnen sagte, was zu tun war, nahmen die Freiwilligen die Dinge selbst in die Hand. In vielen Städten und Gemeinden kam es zu weitgehend friedlichen Protesten, die jedoch bald in Gewalt umschlugen, als die Polizei *Lahtis* (die metallbewehrten Schlagstöcke) einsetzte, Schüsse fielen und weitere Aktivisten verhaftet wurden. Fabriken, die für den Krieg benötigte Produkte herstellten, wurden sabotiert und Telegraphenleitungen gekappt. Europäer wurden aus entgleisten Zügen gezerrt und getötet. In einigen Gebieten wurden »nationale Regierungen« ausgerufen. In einem Schreiben an Churchill bezeichnete Linlithgow die Unruhen als die »schwerwiegendsten seit der Rebellion von 1857«.

Die »Quit India!«-Bewegung sei der »letzte Trumpf« gewesen, den Gandhi habe aus dem Ärmel ziehen können, meinten manche. Jinnah nannte sie den »Himalaya-großen Fehler des Mahatma«. Die meisten Historiker stimmen dem zu. Dank der Inhaftierung der führenden INC-Politiker erstarkte die Muslimliga und konnte unwidersprochen auf die Teilung drängen. Mitten in einem Weltkrieg musste sich die britische Regierung nur wenig Sorgen machen, ob die öffentliche Meinung in Großbritannien ihr Vorgehen zu hart finden würde, also schonten sie den INC nicht. Inzwischen hatte Japan den größten Teil Südostasiens besetzt, so dass Indien mehr denn je als Quelle von Steuereinnahmen, Material und Arbeitskräften benötigt wurde. Wenn man den Forderungen des INC nachgab, so argumentierten britische Regierungsvertreter, riskiere man, kommunale Unruhen auszulösen – etwas, das sich Großbritannien nicht leisten könne. Und es war auch Stolz im Spiel. Großbritannien hatte noch nie Territorium aufgegeben, es sei denn, es war den Briten in einem Krieg abgetrotzt worden, und Indien war schließlich das Juwel in der imperialen Krone. Solange der Erzimperialist Churchill Premierminister war, hatte die indische Unabhängigkeit keine hohe Priorität, mehr noch, sie war mehr oder weniger ein aussichtsloser Fall.

Als wäre der drohende Krieg vor den Toren Indiens noch nicht Albtraum genug, zog ein weiteres Schreckensszenario herauf: eine Hungersnot in Bengalen. Mehrere Jahre schlechter Reisernten, zu wenige Boote, um die Nahrungsmittel verteilen zu können, die kriegsbedingte Unterbrechung der Reislieferungen aus Birma und Reis hortende indische Händler führten zu einer der schlimmsten Hungersnöte des 20. Jahrhunderts. Churchills Unnachgiebigkeit trug zu der Katastrophe noch bei, als er sich weigerte, Schiffe von der europäischen Verteidigung abzuziehen, um die Hungernden mit Nahrungsmitteln zu versorgen. Hungersnot hin oder her, die Inder vermehren sich in jedem Fall wie die Karnickel, war alles, was von Churchill dazu zu hören war. Zwischen 1,5 und 3 Millionen Menschen sollten sterben, bevor der neue Vizekönig Lord Wavell (1883–1950) Churchill überstimmte und der indischen Armee befahl, mit der Verteilung von Nahrungsmitteln zu beginnen.

Eine Verabredung mit dem Schicksal

Nach dem Ende des Krieges in Europa am 7. Mai 1945 fiel endgültig der Vorhang für Großbritanniens indisches Imperium. Am 26. Juli siegte die Labour-Partei in den Wahlen zum Unterhaus und löste Churchills Tory-geführte Regierung ab. Labour war seit langem für die indische Unabhängigkeit eingetreten; entsprechend ordnete der neue Premierminister Clement Attlee die Freilassung der INC-Führung an. Anfang des folgenden Jahres schickte Attlees Kabinett eine Delegation nach Indien. Es ging nicht mehr um die Frage, ob Großbritannien sich aus Indien zurückziehen würde oder unter welchen Umständen, sondern darum, wie schnell die Übergabe erfolgen könnte und vor allem an wen.

Für Nehru war die Muslimliga eine Schöpfung der Briten, ein Produkt ihrer Strategie des Teilens und Herrschens. Er glaubte, dass die Muslime in Scharen in den INC eintreten würden, sobald die Briten abgezogen seien. Doch sein Traum von einem geeinten Indien entsprach nicht der Realität. Die Wahlen zu den Provinzversammlungen im Dezember 1945 und Januar 1946 vertieften den Graben zwischen den Parteianhängern vor Ort noch. Wenig überraschend dominierte die Kongress-Partei in mehrheitlich von Hindus bewohnten Gebieten, und die Liga fuhr triumphale Siege in Gebieten mit einem hohen Bevölkerungsanteil an Muslimen ein. Als unbestrittener Führer der Muslime Indiens hatte Jinnah nun das Mandat, auf einen eigenen Staat zu drängen.

Nach zweimonatigen Gesprächen machte die britische Delegation einen nicht unkomplizierten Vorschlag, dass Indien eine in drei Ebenen gegliederte Staatsstruktur erhalten solle. Die Liga akzeptierte den Plan, obwohl er keine Bestimmungen für ein unabhängiges Heimatland der Muslime enthielt. Trotz einiger Vorbehalte gegenüber einer Vereinbarung, wonach sich der INC die Kabinettsposten mit der Liga würde teilen müssen, stimmte auch die Kongress-Partei zu. Es war Gandhi, der die letzte Hoffnung auf ein geeintes Indien sabotierte, denn er weigerte sich, einem Abkommen seinen Segen zu geben, das für die Muslimliga und den Indischen Nationalkongress eine gleichberechtigte Vertretung in der verfassungsgebenden Versammlung vorsah, und bezeichnete eine solche Parität als »schlimmer als Pakistan«. Die Beziehungen zwischen den beiden Lagern verschlechterten sich drastisch. Jinnah erklärte nach einem Treffen mit Nehru in Bombay, dass er nichts mehr mit seinem Gegner zu tun haben wolle, und kündigte für den 16. August 1946 einen *Direct Action Day* (›Tag der unmittelbaren Protestaktionen‹) an, um »der Kongress-Tyrannei entgegenzutreten« und ein Zeichen für die Gründung Pakistans zu setzen. Schwarze Fahnen hingen vor den

Häusern der Muslime. Seine Erklärung löste Unruhen aus, die als *Great Calcutta Killings* (›Große Kalkutta-Amokläufe‹) in die Geschichtsbücher eingingen und in einer wochenlangen Orgie des Blutvergießens an vielen Orten Tausende von Toten forderten.

Wavell befürchtete, Indien stehe kurz davor, in einen Bürgerkrieg abzugleiten, und kündigte einen Abzugsplan an, der vorsah, dass sich die Briten bis zum 31. März 1948 Provinz für Provinz, von Süden nach Norden, zurückziehen sollten. Der Plan wurde in London abgelehnt, da er mehr wie eine Kapitulation als wie eine geordnete Übergabe der Regierungsgeschäfte wirke. Wavell wurde zurückbeordert und der Termin für den britischen Abzug auf Juni 1948 verschoben. Gleichzeitig kündigte Premier Attlee an, dass Louis Mountbatten (1900–1979) als der letzte Vizekönig von Indien vorgesehen sei. Der ehemalige Oberbefehlshaber der Alliierten in Südostasien, ein Großcousin von König Georg VI., war bevollmächtigt, eine zügige Einigung mit den führenden indischen Politikern herbeizuführen. Mountbattens Ernennung wurde ausnahmsweise unisono sowohl von der Kongress-Partei als auch von der Liga begrüßt.

Wenige Tage nach seiner Ankunft in Indien am 22. März 1947 startete Mountbatten eine Charmeoffensive. In seiner Antrittsrede betonte er, dass das Amt, das er übernommen habe, »kein normales« Vizekönigsamt sei und dass er »das größtmögliche Wohlwollen der größtmöglichen Zahl« von Indern anstrebe. Seine einnehmende Offenheit überzeugte Gandhi, Nehru und andere hochrangige Führer der Kongress-Partei schnell. Zwischen Nehru und Mountbattens Frau Edwina (1901–1960) entwickelte sich eine besonders enge Beziehung, was viele Beobachter veranlasst habe, »die Augenbrauen hochzuziehen«, wie Shahid Hamid bemerkte, der im Stab des Befehlshabers der indischen Streitkräfte Claude Auchinleck Offizier war. Jinnah für sich zu gewinnen, gelang Mountbatten jedoch nicht. Im privaten Kreis bezeichnete er den Vorsitzenden der Muslimliga als »böses Genie«, einen »Verrückten« und einen »Fall für die Psychiatrie«.

Dem neuen Vizekönig wurde bald klar, dass die Teilung unvermeidlich war. Die Kongress-Partei stimmte schließlich am 28. April prinzipiell zu, wobei Nehru der Meinung war, ein neugegründetes Pakistan werde nicht mehr als ein paar Jahre überleben und schließlich zu Indien zurückkehren. Eine Ansicht, die Mountbatten teilte, der Pakistan mit einer Wellblechhütte verglich – vorübergehend errichtet und leicht wieder abzubauen, wie seinerzeit die typischen mobilen Militärbaracken. Unter dem Druck des Vizekönigs musste Jinnah seinen Traum von einem zusammenhängenden Staatsgebiet für die Muslime Indiens aufgeben. Er sollte sich stattdessen mit einem, wie er es nannte, »verstümmelten und mottenzerfressenen« Pakistan begnügen – aus den mehrheitlich muslimischen Distrikten Westpunjab und Ostbengalen gebildet, die durch mehr als 2000 Kilometer indisches Territorium getrennt waren. Zu denjenigen, die die Lebensfähigkeit eines solchen Staates in Frage stellten, gehörte Richard Gardiner Casey (1890–1976), der Generalgouverneur von Bengalen. Er sagte voraus, dass das bevölkerungsreichere und sprachlich wie ethnisch anders geprägte Ostpakistan sich schließlich abspalten würde. Seine Prophezeiung erwies sich als richtig. Aus der Asche eines blutigen Bürgerkriegs sollte sich 1971 der Staat Bangladesch erheben.

Am 4. Juni 1947, einen Tag, nachdem beide Parteien dem Teilungsplan zugestimmt hatten, erklärte Mountbatten auf einer Pressekonferenz, dass die Machtübergabe »um den 15. August herum« erfolgen könnte. Damit wurde der bisherige Zeitplan um fast ein Jahr verkürzt. Das Datum, von dem er später zugab, dass es aus der Luft gegriffen war, ließ der Regierung nur 73 Tage Zeit, um die notwendigen verfassungsrechtlichen, militärischen und wirtschaftlichen Vorkehrungen für die Unabhängigkeit zu treffen. Der Indische Nationalkongress hatte mittlerweile akzeptiert, dass die Teilung unvermeidlich war. Doch zwei große Hürden gab es noch: Die erste bestand in den Hunderten von Fürsten, deren Staaten ein Drittel des Subkontinents ausmachten und die nun davon überzeugt werden mussten, ihre Macht aufzugeben und sich entweder Indien oder Pakistan anzuschließen. Die zweite bestand darin, die Grenzen der beiden bald unabhängigen Staaten festzulegen. Mit dieser nahezu unlösbaren Aufgabe wurde der Londoner Rechtsanwalt Cyril Radcliffe (1899–1977) betraut, der selbst noch nie in Indien gewesen war – was sowohl Jinnah als auch Nehru begrüßten, da sie der Meinung waren, seine mangelnde Erfahrung sei einer möglichen Voreingenommenheit vorzuziehen. Die Mehrheit der Fürsten akzeptierte ihr Schicksal, doch die Gemeinden vor Ort beiderseits der zukünftigen Grenze – mochten sie Hindus, Muslime oder Sikhs sein – machten sich auf das Schlimmste gefasst.

Kurz vor Mitternacht am 15. August 1947, einem von Astrologen als günstig erachteten Zeitpunkt, hielt Jawaharlal Nehru eine Rede vor der gesetzgebenden Versammlung in Neu-Delhi und erklärte: »Vor vielen Jahren trafen wir eine Verabredung mit dem Schicksal, und nun ist die Zeit gekommen, da wir unser Versprechen einlösen. […] Wenn es Mitternacht schlägt und die übrige Welt schläft, wird Indien zu Leben und Freiheit erwachen.« Zwei Tage zuvor waren die Mountbattens nach Karatschi geflogen, wo am 14. August die Feierlichkeiten zur Unabhängigkeit Pakistans stattfinden sollten. Im Anschluss an ihre Reden im Parlamentssaal nahm der Vizekönig neben Jinnah, dem ersten Generalgouverneur Pakistans, in einem geliehenen Rolls-Royce Platz; mit offenem Verdeck fuhren sie feierlich durch die Stadt. Mountbatten hatte von einer Verschwörung zur Ermordung Jinnahs durch Hindus oder Sikhs erfahren und glaubte, seine Anwesenheit würde einen solchen Versuch verhindern.

Für alle diejenigen, die in den neu aufgeteilten Distrikten mit dem ethnischen Aderlass konfrontiert waren, der beinahe augenblicklich außer Kontrolle geriet, gab es keinen solchen Schutz. Historiker sind sich uneins darüber, ob die Beschleunigung der Machtübergabe einen Bürgerkrieg verhinderte oder die Gewalt erst recht befeuerte. Schon im Juli war es zu Gewalttaten mit Todesopfern gekommen. Gruppen von Sikhs und Hindus hatten sich zusammengerottet und Muslime angegriffen, die sich in Richtung Westen aufmachen wollten, da sie befürchteten, bald in einer Nation gefangen zu sein, die ihrem Glauben feindlich gesinnt war. Die Gewaltausbrüche nahmen noch zu, als der endgültige Entwurf von Radcliffes Grenzziehung eine Woche vor dem offiziellen Veröffentlichungsdatum am 16. August unter der Hand an die Muslimliga und an die Kongress-Partei weitergegeben wurde.

Die Teilung löste die größte und nach manchen Schätzungen auch blutigste erzwungene Migration der Geschichte aus. Bis zu 15 Millionen Hindus, Muslime und Sikhs überquerten die neu gezogenen Grenzen, um das jeweilige Land der Verheißung zu erreichen. Dabei wurden alte Rechnungen mit einer Brutalität beglichen, die geradezu mittelalterlich war: mit Äxten, Sensen, Schwertern, Speeren und Keulen. Tausende von Frauen wurden vergewaltigt, verschleppt oder verstümmelt. Neuere Forschungen gehen von 500 000 bis 600 000 Toten aus, darunter mehr oder weniger zu gleichen Teilen Muslime und Nichtmuslime. Lokale Polizeikräfte konnten nur wenig tun, und das Militär war keine Hilfe, da die britischen Truppen bereits mit dem Rückzug begonnen hatten und Mountbatten nur bereit war, ein Eingreifen anzuordnen, wenn englische Staatsangehörige in Gefahr waren. Die 50 000 Mann starke Grenztruppe war weitgehend wirkungslos, da sie sich aus Hindus und Muslimen zusammensetzte, die nicht bereit waren, gegen ihre eigenen Glaubensgenossen vorzugehen. Ungeachtet aller Massaker ließ Nehru wissen: »Lieber würde ich jedes Dorf in Indien in Flammen aufgehen lassen, als auch nur einen einzigen britischen Soldaten länger als nötig in Indien zu behalten.«

Mahatma Gandhi war bei den Feierlichkeiten zur Unabhängigkeit in Delhi nicht anwesend. Er saß 1500 Kilometer entfernt in Kalkutta am Spinnrad und fastete und betete. Als Regierungsbeamte ihn um eine Stellungnahme zum 15. August baten, erklärte er, seine Stimme sei »versiegt«, und weiter: »Es gibt keinerlei Botschaft. Wenn es schlecht ist, soll es so sein.« Gandhis Enttäuschung rührte von der Teilung des Subkontinents her, gegen die er sich so sehr gewehrt hatte. Als er sich in Kalkutta zeigte, sorgte das für einen vorübergehenden Aufschub der andauernden grausamen Gewaltausbrüche, von denen die Stadt seit mehr als einem Jahr heimgesucht worden war. Hindus und Muslime paradierten gemeinsam zur Feier der Unabhängigkeit durch die Stadt. Doch was als das »Wunder von Kalkutta« bezeichnet wurde, hielt nur neun Tage an. Als der hinduistische und muslimische Mob seine Angriffe wieder aufnahm, begann Gandhi erneut demonstrativ zu fasten. Diesmal kamen Bandenführer an sein Krankenbett; einige bekannten unter Tränen ihre Schuld, aber alle versprachen, sich zu bessern.

Nachdem der Frieden wiederhergestellt war, machte sich der Mahatma auf den Weg nach Delhi, wo die Unruhen unvermindert anhielten. Er besuchte muslimische Flüchtlingslager, um den Bewohnern zu versichern, dass sie in Indien eine Zukunft hätten, und stürzte sich in die Hilfsarbeit für traumatisierte Hindus und Sikhs. Im Januar 1948 erklärte der inzwischen 78-Jährige, der an den Folgen eines Nierenversagens litt, dass er so lange fasten werde, wie es nötig sei, um die Gewalt zu beenden. Das zeigte sofort Wirkung: Sowohl hinduistische als auch muslimische Organisationen versprachen, sich aktiv für den Frieden zu engagieren. Es wurden Gruppen gebildet, um beschädigte Tempel und Moscheen zu reparieren. Die einzige Partei, die ein Friedensgelöbnis ablehnte, war die rechtsextreme Hindu Mahasabha.

Am 30. Januar 1948, zwölf Tage, nachdem Gandhi sein Fasten beendet hatte, kam ein Mitarbeiter der Hindu-Mahasabha-Partei ins Birla-Haus in Delhi, wo der Mahatma täglich gemeinsam mit anderen betete. Ghandi war in Begleitung von zwei jungen Assistentinnen auf dem Weg zum Gebetsplatz, als sich Nathuram Godse durch die Menge drängte, bis er direkt vor Gandhi stand. Er zog eine Beretta-Pistole und gab drei Schüsse ab. Gandhi war beinahe auf der Stelle tot. Die letzten Worte des Mahatma waren *Hey Ram* (›Oh, Gott [Rama]‹). Nur wenige Monate zuvor hatte Gandhi geschrieben: »Selbst wenn ich getötet werde, werde ich nicht aufhören, die Namen Rama und Rahim zu wiederholen, die für mich denselben Gott bedeuten. Mit diesen Namen auf den Lippen werde ich fröhlich sterben.« Sein Wunsch war in Erfüllung gegangen.

Obwohl er noch immer weltweit dafür verehrt wird, dass er an einen gewaltfreien Wandel glaubte, sind indische Historiker nach wie vor in der Frage gespalten, wie Gandhis Vermächtnis zu beurteilen ist. Sunil Khilnani schreibt:

> »In einer Gesellschaft, in der es in der Vergangenheit keine groß angelegten kollektiven Aktionen gab und in der Politik für die meisten eine Domäne ferner und spektakulärer Macht war, überzeugte Gandhi die Menschen davon, dass sie etwas bewirken könnten. Er baute eine Bewegung auf, formte die Vorstellung von einer Nation und erweiterte das Verhaltensrepertoire bei Dissens, Protest und friedlicher Auseinandersetzung auf der ganzen Welt.«

Ramesh Chandra Majumdar, Professor für indische Geschichte, geht es darum, Gandhi von seinem Sockel herunterzuholen, wenn er betont: Gandhi »mangelte es sowohl an politischer Weisheit als auch an politischer Strategie«. Weit davon entfernt, unfehlbar zu sein, habe Gandhi »einen schweren Fehler nach dem anderen begangen, alles im Streben nach einigen utopischen Idealen und Vorgehensweisen, die jeden Realitätssinn vermissen ließen«. Die Wahrheit liegt, wie immer, irgendwo dazwischen.

Trotz all der Hagiographie, die Gandhi umgibt, lässt sich argumentieren, dass Indien auch ohne ihn die Unabhängigkeit erreicht hätte. Wie die britische Wissenschaftlerin Judith Brown vermutet:

> »Weitaus tiefgreifendere wirtschaftliche und politische Kräfte als das Führungsvermögen eines einzelnen Mannes sorgten dafür, dass sich die Bindungen zwischen Großbritannien und Indien zu lockern begannen – Kräfte, die ihren Ursprung in Indien, in Großbritannien und in der Weltwirtschaft sowie dem Gleichgewicht der Kräfte hatten. Doch seine Fähigkeiten und seine besondere Geistesgröße hinterließen ihre Spuren in der nationalistischen Bewegung [Indiens] und gaben ihr einen Charakter, der bei keinem anderen antiimperialen Nationalismus dieses Jahrhunderts zu finden ist.«

Es war nun an Nehru und anderen politischen Führern, Gandhis Kampf fortzusetzen und ein freies Indien Realität werden zu lassen.

Kapitel 9

Ein Nationalstaat wird erschaffen

Die Ermordung Mahatma Gandhis warf einen langen Schatten auf die ersten Jahre der Unabhängigkeit Indiens. Die Urheber der Gewalttat, die sich im Kern gegen andersgläubige Gruppen richtete, hatten das Land in seinem verwundbarsten Moment getroffen. Doch Gandhis Vision für ein neues Indien erwies sich als widerstandsfähiger als die Botschaft des Hasses, mit der seine Mörder ihre Tat rechtfertigten. Jawaharlal Nehru war ein starker und charismatischer Führer. Mit seiner Partei im Rücken – der Indische Nationalkongress hatte sich inzwischen zur größten und effektivsten politischen Organisation Asiens entwickelt – machte er sich daran, den neuen indischen Staat auf vier Säulen zu errichten: Säkularismus, Demokratie, Sozialismus und Blockfreiheit.

Die Herausforderungen, denen sich die neue Nation stellen musste, waren extrem. Rund acht Millionen Flüchtlinge mussten ernährt, untergebracht und in die Gesellschaft integriert werden. Als Indien 1951 die erste Volkszählung nach der Unabhängigkeit durchführte, lag die Alphabetisierungsrate bei nur 16 Prozent. In den ländlichen Gebieten konnten nur 4,9 Prozent der Frauen lesen und schreiben. Die Lebenserwartung lag bei 32 Jahren, und 47 Prozent der Landbevölkerung lebten unterhalb der Armutsgrenze (Mitte der 1950er Jahre erreichte der Anteil mit 64 Prozent seinen Höhepunkt). Die Briten hatten Indien zwar ein beneidenswertes Netz von Eisenbahnstrecken und Bewässerungskanälen hinterlassen, aber die Industrie trug nur 6,5 Prozent zum Nationaleinkommen bei und beschäftigte weniger als drei Prozent der Arbeitskräfte – eine Zahl, die sich seit Anfang des Jahrhunderts kaum verändert hatte. Von 640 000 Dörfern hatten nur 1500 Zugang zu Elektrizität. Für eine Bevölkerung von 360 Millionen Menschen im Jahr 1951 gab es nur 735 auf die medizinische Grundversorgung ausgerichtete Kliniken. Indiens neue Führer sahen sich auch mit der Aufgabe konfrontiert, eine heterogene Gesellschaft zu einen, die durch ihre Sprache, Religion, Geographie, ethnische Zugehörigkeit und vor allem durch die Kastenordnung geteilt war, denn diese folgte einer hierarchischen Ideologie, die der Idee der politischen Gleichheit entgegenstand. Zudem hatte die Ethnie der Naga im Nordosten des Landes einen bewaffneten Aufstand mit der Forderung nach einem separaten Heimatland gestartet, und im Dekkan hatte ein kommunistischer Aufstand Fuß gefasst.

Die unmittelbarste Bedrohung für das Überleben Indiens als Nation kam jedoch von unerwarteter Seite. Kurz vor der Unabhängigkeit Indiens wurden die Herrscher von 562 Fürstenstaaten vor die Wahl gestellt, sich Indien oder Pakistan anzuschließen oder unabhängig zu bleiben. Abgesehen von den Staaten, die sich innerhalb der neugeschaffenen Grenzen Pakistans befanden, traten auf indischer Seite alle bis auf drei der Indischen Union bei. Von den Fürstentümern, die sich dem Trend zur Einheit widersetzten, war Junagadh auf der Halbinsel Kathiawar in Westindien das kleinste. Der muslimische Fürst und Nawab Muhammad Mahabat Khan III. (1900–1959), der für seine Hundeobsession bekannt war (er gab mehr als 10 Prozent des Staatseinkommens für den Unterhalt der hochherrschaftlichen Zwinger aus), herrschte über eine mehrheitlich hinduistische Bevölkerung. Am 15. August 1947 vollzog der Nawab den Beitritt zu Pakistan. Doch als eine indische Militärintervention und ein Volksaufstand seiner hinduistischen Untertanen drohten, warf er das Handtuch und übertrug die Verwaltung seines Staates an Indien. Er floh mit vieren seiner Lieblingshunde nach Karatschi. Die Annullierung des von Junagadh gestellten Beitrittsgesuchs durch die indischen Behörden wurde von Pakistan nie anerkannt, das den winzigen Staat auf offiziellen Karten noch immer als Teil seines Territoriums ausweist.

Doch eine noch viel schwerwiegendere Krise sollte sich in Hyderabad anbahnen, dessen Herrscher Nizam Asaf Jah VII. (Osman Ali Khan, 1886–1967) aufgrund seiner Besitztümer – riesige Ländereien und Schmuck en masse – als der reichste Mann der Welt galt. Wie in Junagadh herrschte auch dort ein Muslim über eine mehrheitlich hinduistische Bevölkerung. Unterstützt von islamischen Eiferern, den sogenannten Razakars, erklärte er die Unabhängigkeit Hyderabads. Angesichts der strategischen Lage des Staates, seiner Größe (etwa so groß wie Frankreich) und der Tatsache, dass dies einen Präzedenzfall schaffen würde, war die neue indische Regierung nicht bereit, das zu akzeptieren. Trotz aller Bemühungen – Lord Mountbatten, der als erster Generalgouverneur in Indien geblieben war, versuchte zu vermitteln – weigerte sich der Nizam nachzugeben.

Nehru war bald mit seiner Geduld am Ende und beschloss, die Angelegenheit mit Gewalt zu regeln. Eine Invasion der indischen Armee machte kurzen Prozess mit den schlecht ausgerüsteten Truppen Hyderabads, die sich am 18. September 1948 ergaben. Jinnah, der nur wenige Tage zuvor gestorben war, hatte vorausgesagt, dass sich im Falle einer Invasion Hyderabads hundert Millionen Muslime erheben würden. Es kam zwar zu keinem Aufstand, doch die Annexion, von der indischen Armee unter dem Codenamen »Operation Polo« durchgeführt, forderte die Leben von Tausenden von Zivilisten, hinzu kam eine Welle von Vergeltungsangriffen der Hindus gegen die Muslime.

Eine noch weit komplexere Problemlage bot sich im Fürstentum Jammu und Kaschmir. Der hinduistische Maharaja Hari Singh (1895–1961) herrschte über einen heterogenen Staat, dessen Grenzen nun an die neuen Herrschaftsgebiete Pakistans und

Indiens stießen. Die Region Jammu war überwiegend hinduistisch, während Ladakh im äußersten Osten des Staates hauptsächlich buddhistisch war. Nur in einer Region, im atemberaubend schönen Kaschmirtal, gab es eine muslimische Bevölkerungsmehrheit. Der Maharaja hatte bereits im Juli 1946 mit dem Gedanken an die Unabhängigkeit gespielt und davon geträumt, seinen Staat zur »Schweiz des Fernen Ostens« zu machen: unabhängig und neutral. Im Gegensatz zu Junagadh und Hyderabad verfügte der Staat über eine gut organisierte Opposition unter der Führung eines charismatischen muslimischen Politikers. Scheich Mohammed Abdullah (1905–1982) war ein enger Verbündeter Nehrus und hatte sich zum Ziel gesetzt, Kaschmir solle Teil Indiens bleiben.

Die Situation war für Singh mehr als schwierig. Er verabscheute den Indischen Nationalkongress, und dessen Vertreter hatten für ihn ebenso wenig übrig. Ein Beitritt zu Indien würde das Ende seiner feudalen Autokratie bedeuten. Ein ähnliches Schicksal erwartete ihn, wenn er sich Pakistan anschloss. Die Frage wurde obsolet, als am 22. Oktober 1947 Stammesmilizen, hauptsächlich Paschtunen aus der in Pakistans Nordwesten gelegenen Grenzprovinz, nach Kaschmir eindrangen. Ein Dreivierteljahrhundert später gibt es noch immer keine endgültige Antwort auf die Frage, warum die bewaffneten Verbände die Grenze überquerten und wer ihnen dabei half. Sicher ist, dass Indien völlig unvorbereitet war. Als die Invasoren nur noch 80 Kilometer von Srinagar entfernt waren, ersuchte der Maharaja dringend um militärische Unterstützung. Nehru stimmte zu, aber verlangte dafür den Beitritt Kaschmirs zu Indien. Hari Singh hatte keine andere Wahl als einzuwilligen. Innerhalb weniger Stunden nach der Unterzeichnung des Beitrittsabkommens wurden Tausende von indischen Soldaten nach Srinagar geflogen. Nachdem sie die Hauptstadt abgesichert hatten, machten sich die Truppen daran, die von den pakistanischen Freischärlern eingenommenen Städte zurückzuerobern. Der Fortbestand Kaschmirs war zwar gewährleistet, aber seine Zukunft musste erst ausgehandelt werden. Und die Feindseligkeiten waren noch nicht zu Ende. Nach der Schneeschmelze im Winter 1948 flammten die Kämpfe erneut auf; die nun besser ausgerüsteten und von Pakistan unterstützten Freischärler erzielten von Norden aus erhebliche Landgewinne.

Als der von den Vereinten Nationen eilig vermittelte Waffenstillstand im Jahr 1948 begann, war Pakistan im Besitz der Berge und Täler im Norden und Westen des Kaschmirtals. Diese auch *Line of Control* genannte Demarkationslinie wurde zur De-facto-Grenze. In einem Plebiszit sollten die Menschen in Kaschmir über ihre Zukunft selbst entscheiden; Nehru stimmte grundsätzlich zu, doch es kam zu keiner Volksbefragung. Dass er dieses Versprechen nicht einlöste, brachte Scheich Abdullah gegen den Premierminister auf. Für die separatistischen Ansichten, für die er sich seither stark machte, verbrachte er den Rest seines Lebens mehr Zeit im Gefängnis als außerhalb. Bis heute ist der umstrittene Status von Kaschmir das hartnäckigste und gefährlichste politische Problem des Subkontinents.

Die Geburtsstunde der indischen Republik

Nehru stand unerschütterlich zur Idee des Säkularismus. In seinem Buch *Die Entdeckung Indiens* betont er, es sei »völlig irreführend, die indische Kultur als Hindu-Kultur anzusehen«. Für die Verfassungsväter war die Gewährleistung der Rechte von Minderheiten ein zentraler Punkt in der indischen Grundordnung. Nach einer vierjährigen Vorbereitungszeit trat die Verfassung am 26. Januar 1950 in Kraft und verwandelte Indien von ei-

In ihrer Enttäuschung darüber, dass sich der indische Staat als unfähig erwies, den Status der Unberührbarkeit abzuschaffen, konvertierten Tausende von Unberührbaren, darunter auch Ambedkar, in einer Massenveranstaltung im Jahr 1956 zum Buddhismus.

nem Herrschaftsgebiet mit einem britischen Monarchen als Staatsoberhaupt in eine vollwertige Republik. Die Verfassung war mit 395 Artikeln und acht Anhängen die längste der Welt. Der Vorsitzende des Ausschusses, der den Verfassungsentwurf erstellte, war Bhimrao Ramji Ambedkar, der erste Justizminister des Landes und Anführer der Unberührbaren. Während Anhänger von Mahatma Gandhi sich für eine Verfassung auf der Grundlage lokal gewählter Dorfrepubliken ausgesprochen hatten, befürworteten andere ein Präsidialsystem nach amerikanischem Vorbild, doch beide Extreme wurden zugunsten des Zwei-Kammer-Modells von Westminster verworfen. Auf der Grundlage des allgemeinen Wahlrechts wird das Unterhaus, die *Lok Sabha*, direkt gewählt, die Abgeordneten des sie kontrollierenden Oberhauses, der *Rajya Sabha*, werden in indirekter Wahl durch die

Der Weg der Demokratie

Die ersten nationalen Wahlen in Indien fanden 1951 statt. Obwohl es keine Ausweispapiere gab und 85 Prozent der Bevölkerung nicht lesen und schreiben konnten, mussten sich alle Einwohner über 21 Jahren, damals über 170 Millionen Menschen, registrieren lassen. Es waren 489 Sitze in der *Lok Sabha* und weitere 4000 Sitze in den Provinzparlamenten zu besetzen. 56 000 Wahlleiter und 224 000 Polizisten waren erforderlich, um die Sicherheit in den 132 560 Wahllokalen zu gewährleisten. Überall prangten die Symbole der unzähligen politischen Parteien. Um die Menschen aufzufordern, für die Kongress-Partei zu stimmen – deren Symbol war ein Ochsengespann –, hatten INC-Anhänger in Kalkutta frei umherlaufende Rinder mit Slogans bemalt. Die Wahlbeteiligung lag bei knapp 46 Prozent. Der Indische Nationalkongress gewann mit komfortablem Vorsprung vor den anderen Parteien: Auf die Partei entfielen 45 Prozent der Stimmen und 364 Sitze in der *Lok Sabha*. Die Kommunistische Partei Indiens, die damals wichtigste Oppositionspartei, konnte nur 16 Parlamentssitze erringen. Bis zu den Parlamentswahlen 2019 stieg die Gesamtzahl der Wahlberechtigten (ab 18 Jahren) auf 911 Millionen. Die Wahlbeteiligung war mit 67 Prozent so hoch wie nie zuvor. Und der Anteil der weiblichen Wähler erreichte einen Rekordwert von 68 Prozent. Es gab etwas mehr als eine Million Wahllokale, viele davon mit elektronischen Wahlmaschinen. Mehr als 2,25 Millionen Polizisten und Mitglieder nationaler Eingreiftruppen sorgten für Sicherheit. Die Bharatiya-Janata-Partei gewann 303 der 543 Sitze in der *Lok Sabha*, während die Kongress-Partei nur 52 Sitze für sich verbuchen konnte. Die Gesamtzahl der weiblichen Kandidaten stieg von 2,9 Prozent bei den Wahlen 1957 auf knapp 8 Prozent im Jahr 2019. 66 Frauen zogen in die *Lok Sabha* ein – damit lag Indien im Vergleich von 193 Staaten in Bezug auf den Anteil weiblicher Abgeordneter im Parlament an 149. Stelle.

Parlamente der Bundesstaaten und Unionsterritorien oder vom Staatspräsidenten bestimmt. Ein komplexes föderales Steuersystem regelt die Erhebung der Abgaben.

In der Verfassung sind die Grundsätze der Gewaltenteilung, der Gleichheit vor dem Gesetz, der Religionsfreiheit und der freien Meinungsäußerung verankert. Diskriminierung aufgrund der Religion, der Rasse, der Kaste oder des Geschlechts wurde verboten. Artikel 17 schaffte die Unberührbarkeit ab. Obwohl die Verfassung keine Quotenregelung zugunsten von Muslimen oder Frauen erließ, lautete ihre Empfehlung, Regierungsstellen, Studienplätze und Sitze in den zu wählenden Parlamenten sollten quotiert vergeben werden. Als der umstrittenste Punkt in der Verfassung stellte sich der Artikel heraus, der dem Staatspräsidenten die Befugnis zubilligt, den Ausnahmezustand zu verhängen, die Verfassung außer Kraft zu setzen und jeden verhaften zu lassen, der als Bedrohung für die Sicherheit des Staates angesehen wird. Ein Vierteljahrhundert später sollte Indira Gandhi (1917–1984) diese Befugnisse nutzen, um über einen fast zwei Jahre umfassenden Zeitraum den nationalen Notstand zu verhängen. Zudem bekam der Staatspräsident die Befugnis, die Regierung eines Bundesstaates zu entlassen und die jeweilige Region direkt von Delhi aus zu regieren – eine Regelung, die ab den 1980er Jahren mit zunehmender Regelmäßigkeit auch tatsächlich angewendet wurde. Obwohl die Gleichstellung in der Verfassung garantiert war, entwickelte sich die Situation von Frauen im Allgemeinen nicht zum Positiven. Kinderheiraten waren weiterhin verbreitet, Scheidungen blieben schwierig. Frauen hatten kaum die Möglichkeit, ihre Erbschafts- oder Eigentumsrechte geltend zu machen; der Zugang zu Bildung war für Mädchen und Frauen stark eingeschränkt.

Nehrus wirtschaftliches Mantra war die Eigenständigkeit, die sich seiner Vorstellung gemäß am besten nach sozialistischem Vorbild umsetzen ließ. Von einem Besuch in der Sowjetunion im Jahr 1927 war er voller Euphorie zurückgekehrt und hatte erklärt: »Wenn die Zukunft voller Hoffnung ist, so liegt das vor allem an Sowjetrussland und dem, was dort erreicht worden ist.« Die Philosophie des Marxismus, so schrieb er in seiner Autobiographie, »brachte Licht in so manche dunkle Ecke meines Geistes«. Er gab sich jedoch keiner Illusion hin: Der Sozialismus würde an die indischen Verhältnisse angepasst werden müssen. Der Staat würde die wichtigsten Bereiche der Wirtschaft kontrollieren, aber in Industriezweige, deren Aufbau für die Regierung besonders hohe Priorität hatte, sollte der private Sektor investieren dürfen. Um eine Gesellschaft zu schaffen, deren Basis soziale Gerechtigkeit sein sollte, wurden Obergrenzen für den Grundbesitz festgelegt; wohlhabende Einzelpersonen und finanzstarke Unternehmen zahlten hohe Steuersätze. Die Einfuhr ausländischer Waren wurde stark eingeschränkt.

Fünfjahrespläne legten Produktionsziele fest und formulierten die Maßgaben, anhand derer der wirtschaftliche Fortschritt des Landes überwacht wurde. Das Ziel war die Autarkie der Industrie unter Leitung eines staatlich kontrollierten Regierungsapparates – und der sollte sich zum größten der Welt außerhalb des kommunistischen Blocks entwickeln. Die »neuen Tempel des modernen Indiens«, die Nehru bauen lassen wollte, waren riesige Stahlwerke, Ölraffinerien, Kraftwerke, Zementwerke und Düngemittelanlagen. Gewaltige Staudämme entstanden – ohne Rücksicht auf die Umweltauswirkungen oder die verarmten Bauern, die dadurch zwangsläufig zu Tausenden vertrieben wurden. Äußerst protektionistische Zollschranken mit Zöllen

Der Ambassador basierte auf dem Modell »Oxford Serie III« des britischen Kraftfahrzeugherstellers Morris und lief mit nur minimalen Änderungen von 1956 bis 2014 vom Band. Einem Journalisten zufolge hatte der Wagen »eine Lenkung mit dem Feingefühl eines Ochsenkarrens, schluckte Sprit wie ein Scheich, schwankte wie ein Säufer und brachte es dennoch bei allen Händlern zu mehrjährigen Wartelisten«.

von bis zu 350 Prozent sorgten dafür, dass veraltete, ineffiziente und minderwertige Produkte starken Absatz fanden; das bekannteste Beispiel dafür ist ein PKW, der Hindustan Ambassador.

Hergestellt wurde der Hindustan Ambassador unter dem Dach der Birla Corporation, einem von mehreren renommierten Familienunternehmen, die unter britischer Herrschaft in der indischen Geschäftswelt aufgestiegen waren, sich nun aber durch Vorschriften behindert sahen. Selbst wenn Hindustan Motors, das Birla-Unternehmen, das den Ambassador fertigte, dessen Leistung verbessern wollte, indem so etwas Grundlegendes wie eine Servolenkung eingebaut werden sollte, stießen die Verantwortlichen auf eine Mauer an bürokratischen Hürden, die Innovationen im Keim erstickten. Alle Aspekte des Produktionsprozesses, von der Einstellung oder Entlassung von Mitarbeitern bis zum Bau neuer Produktionsanlagen und Werke, unterstanden der staatlichen Entscheidungsgewalt, bald *Licence Raj* genannt. Die strengen Vorschriften für Wirtschaftskontakte mit dem Ausland machten die Einfuhr neuer Technologien und Ausrüstungsteile nahezu unmöglich. Allerdings konnten sich die Birlas eigentlich kaum beschweren. Durch die hohen Zollschranken waren sie vor dem Import der billiger und besser hergestellten Autos in Ostasien geschützt, und es gab praktisch keinen Wettbewerb. Damit entfiel auch der Anreiz, die in Indien produzierten Produkte zu verbessern oder die Effizienz zu steigern.

Das Gleiche galt für den staatlichen Sektor. Mitte der 1980er Jahre beschäftigte die indische Stahlbehörde 247 000 Menschen, um sechs Millionen Tonnen Stahl zu produzieren, während in Südkorea für die Herstellung von 14 Millionen Tonnen lediglich 10 000 Stahlarbeiter benötigt wurden. Zur schwachen Wirtschaftsleistung trug auch der Mangel an Investitionen in Häfen, Straßen, Eisenbahnen, Stromerzeugung und Kommunikation bei. In den ersten vier Jahrzehnten nach der Unabhängigkeit kam die indische Wirtschaft kaum über die vielgescholtene »Wachstumsrate nach dem hinduistischen Prinzip der Genügsamkeit« hinaus und lag mit rund 3,5 Prozent nur knapp über dem jährlichen Bevölkerungswachstum mit einer Rate von 2,5 Prozent. Im gleichen Zeitraum schaffte Pakistan ein Wirtschaftswachstum von vier Prozent, Südkorea sogar neun Prozent. 1947 war das Pro-Kopf-Einkommen in Südkorea doppelt so hoch wie in Indien, 1990 hatte Südkoreas Pro-Kopf-Einkommen einen Wert erreicht, der um das 20-fache höher lag als der indische.

In Nehrus Vision war die vierte tragende Säule für das neue Indien die Blockfreiheit. Als er diese Politik 1947 formulierte, sagte er, Indien werde nicht »in der Hoffnung, dass ein paar Krümel von ihrem Tisch fallen«, die Vereinigten Staaten der Sowjetunion vorziehen. Nun, nachdem sich Europa von der Kolonialpolitik hatte verabschieden müssen, sah Nehru die Unabhängigkeit Indiens als Teil eines Neuerstarkens der asiatischen Weltregion. Ein Zusammenschluss blockfreier Staaten könnte in einer sich zunehmend auf die konkurrierenden Machtzentren in Ost und West ausrichtenden Welt als stabilisierender Faktor Einfluss auf die Weltpolitik nehmen. 1955 spielte Nehru auf der Bandung-Konferenz in Indonesien eine entscheidende Rolle; die Konferenz, an der Vertreter aus 29 Ländern Asiens und Afrikas teilnahmen, gilt als der Beginn der Bewegung der Blockfreien Staaten. Im folgenden Jahr schloss Indien einen Freundschaftsvertrag mit China, der die Grundsätze der Nichteinmischung in innere Angelegenheiten, der friedlichen Koexistenz und der wechselseitigen Anerkennung der territorialen Integrität betonte.

Doch die *Hindi-Chini Bhai Bhai*, die ›chinesisch-indische Freundschaft‹, fand 1962 ein jähes Ende, als China seinem südlichen Nachbarn einen demütigenden Schlag versetzte: China eroberte im Nordosten große Teile des heutigen Bundesstaates Arunachal Pradesh und erhob im Nordwesten Anspruch auf die umstrittene Region Aksai Chin bei Ladakh. Das Versäumnis, dass die genaue Grenze zwischen China und Indien nicht zu einem früheren Zeitpunkt festgelegt worden war, stellte nun ein Problem dar. Und dass Indien den geistigen Führer der Tibeter, den Dalai Lama, mit offenen Armen begrüßt hatte, als dieser 1959 mit Tausenden von Anhängern vor der chinesischen Unterdrückung geflohen war, und ihm nun Exil gewährte, hatte die Spannungen zwischen den beiden asiatischen Giganten noch erhöht. Doch die indische Armee war schlecht vorbereitet und der chinesischen Volksbefreiungsarmee nicht gewachsen. Zwar ersparte der von Chinas Führung angeordnete einseitige Rückzug Indien weitere Demütigungen, aber Nehru sollte sich, einmal derartig vorgeführt, davon politisch nie mehr erholen. Die Oppositionsparteien nutzten das Thema und schossen sich verstärkt auf ihn als Person ein, zogen seine Führungsfähigkeit in Zweifel und warfen ihm Versagen vor, weil er die frühen Anzeichen einer drohenden chinesischen Aggression nicht erkannt hatte. Die Kongress-Partei verlor eine Reihe von Nachwahlen, und regionale Parteien gewannen an Bedeutung.

Nehrus Tod am 27. Mai 1964 löste einen kurzen Machtkampf innerhalb des INC aus, der in die Wahl Lal Bahadur Shastris (1904–1966) zum neuen Premierminister mündete. Feldmarschall Muhammed Ayub Khan (1907–1974), der sich in Pakistan an die Macht geputscht hatte, hielt Shastri für einen schwachen, wenig einflussreichen Anführer und Indien daher für verwundbar. Als »zivile Freiwillige« getarnte Truppen strömten im April 1965 über die Demarkationslinie in das von Indien verwaltete Kaschmir, in der Hoffnung, Srinagar einnehmen und in der Region einen propakistanischen Aufstand anzetteln zu können. Srinagar fiel aber nicht, und einen Aufstand gab es ebenso wenig. Shastri reagierte, indem er der Armee befahl, Lahore einzunehmen. Nach dieser Demütigung sah sich Ayub Khan gezwungen, um Frieden zu bitten. Sein Ansehen war dauerhaft beschädigt, und zwei Jahre später wurde er durch einen Volksaufstand gestürzt. Nur drei Jahre nach der Demütigung, die Indien vonseiten Chinas hatte hinnehmen müssen, war die pakistanische Niederlage für die indische Seite ein erhebender Moment. Doch nicht alle in der Führung Indiens konnten den Moment auskosten. Shastri starb am 11. Januar 1966 in Taschkent an einem Herzinfarkt, einen Tag nach der Unterzeichnung des Friedensabkommens mit Pakistan, das den Krieg von 1965 formell beendete.

Diesmal beschloss der Parteivorsitzende des Indischen Nationalkongresses Kumaraswami Kamaraj (1903–1975), in der Nachfolgefrage Nehrus Tochter Indira zu unterstützen, die in

Shastris Regierung als Ministerin für Information und Rundfunk tätig gewesen war. Kamaraj und seine Clique glaubten, diese »dumme Puppe«, wie sie sie hinter ihrem Rücken nannten, leicht lenken zu können – doch sie irrten sich. Von ihrem Vater hatte Indira Nehru, seit 1942 verheiratete Gandhi, die Kunst der politischen Manipulation gelernt. Sie selbst sollte zudem eine Meisterschaft darin entwickeln, ihr politisches Überleben zu sichern. Zunächst musste sie sich primär der Herausforderung stellen, wie die katastrophale wirtschaftliche Lage des Landes in den Griff zu bekommen sei, die sich infolge der Kriege mit China und Pakistan sowie einer Reihe von Jahren, in denen die Monsunregenfälle weit hinter den erwarteten Niederschlagsmengen zurückgeblieben waren, noch verschärft hatte. Indiens offensichtliche Abhängigkeit von Nahrungsmittelhilfen aus den USA und eine Rettungsaktion des IWF, die die Wirtschaft über Wasser halten sollte, riefen ihre Feinde auf den Plan, die sie beschuldigten, Indien an ausländische Interessen zu verkaufen. Obwohl sie im Wahlkampf mehr als 24 000 Kilometer zurücklegte und auf über 160 Kundgebungen sprach, gelang es Indira Gandhi nicht, die Zersetzungsprozesse in ihrer Partei aufzuhalten. Die Wahlen von 1967 endeten mit deutlichen Verlusten für den INC, dessen Mehrheit auf 283 von 520 Sitzen schrumpfte. Hauptnutznießer des schwindenden INC-Rückhalts in der Bevölkerung waren die kommunistischen Parteien, die zusammen 42 Sitze erringen konnten, und die rechtsextreme Bharatiya Jan Sangh, die 35 Sitze verbuchen konnte, sowie regionale Gruppierungen wie die Sikh-Partei Shiromani Akali Dal im Punjab und in Südindien die tamilisch orientierte Dravida Munnetra Kazhagam. Die noch aus der Nehru-Ära stammenden politischen Beschwörungsformeln und der auf die Tochter übergegangene Ruhm des ersten demokratisch gewählten indischen Regierungschefs vermochten immer weniger Menschen in ihren Bann zu ziehen.

Indira Gandhi wurde zu einer der mächtigsten Frauen der Welt. Ihre Entscheidung, im Jahr 1975 den Ausnahmezustand auszurufen, hat ihrem Andenken allerdings geschadet.

Das Wahlergebnis von 1967 stärkte innerparteilich die Position von Indiras Hauptkonkurrenten um das Amt des Premierministers: Morarji Desai (1896–1995). Desai hatte die mächtigen Provinzführer der Partei, das sogenannte Syndikat, hinter sich. Um der Herausforderung zu begegnen, rückte Indira Gandhi die Ideologie der Partei stark nach links. Sie kündigte ein Programm zur Verstaatlichung der Banken an und die Streichung aller an Indiens frühere Fürsten zuvor gezahlten Unterhaltszahlungen inklusive vieler Vergünstigungen. Letzteres sollte ihr nicht weiter schwerfallen, da einige Vertreter vormaliger Fürsten-Dynastien in die Politik gegangen waren und der eine oder andere sogar für Gruppierungen, die dezidiert gegen den INC angetreten waren, einen Sitz in der *Lok Sabha* gewonnen hatte.

Indira Gandhis populistische Politik führte zu einem Zerwürfnis innerhalb der Kongress-Partei. 1969 wandte sie sich ge-

Es bleibt alles in der Familie

Erfolgreiche Dynastien gehörten in Südasien über viele Dekaden zur politischen Normalität. 1960 folgte in Sri Lanka Sirimavo Bandaranaike (1916–2000) auf ihren Mann als Premier und wurde die erste weibliche Staatschefin in einer Demokratie. Indira Gandhi in Indien war die zweite Frau in dieser Position. In Pakistan ging Benazir Bhutto (1953–2007) in die Politik, nachdem der Militärdiktator des Landes ihren Vater Zulfikar Ali Bhutto (1928–1979) hatte hinrichten lassen. Sie wurde in den ersten freien Wahlen nach Ende der Diktatur Premierministerin. In Bangladesch dominiert Scheich Hasina Wajed noch immer die Politik des Landes, das ihr Vater gegründet hat. In Indien reichen die Wurzeln der politischen Dynastiebildung bis ins Jahr 1929 zurück, als der Vorsitzende des Indischen Nationalkongresses, Motilal Nehru, seinen Sohn Jawaharlal zu seinem Nachfolger machte. Jawaharlal wiederholte das Ganze 1959 mit seiner Tochter Indira (ihr Nachname Gandhi geht auf ihre Ehe mit Feroze Gandhi zurück, der jedoch nicht mit Mahatma Gandhi verwandt war). Nach Indira Ghandis Ermordung im Jahr 1984 ging der Staffelstab an ihren Sohn Rajiv (1944–1991) über. Nach dessen Ermordung im Jahr 1991 bat der INC seine in Italien geborene römisch-katholische Ehefrau Sonia (geb. 1946), seine Nachfolge anzutreten. Sie lehnte zunächst ab, wurde aber einige Jahre später Vorsitzende der Kongress-Partei. Unter der Führung ihres Sohnes Rahul (geb. 1970) musste der INC dann 2014 und 2019 demütigende Niederlagen bei den Parlamentswahlen hinnehmen.

gen Desai samt seinem Syndikat an Provinzführern und gründete eine abtrünnige Fraktion, genannt Indischer Nationalkongress (R) – das R stand dabei für *Requisitionists*, sprich die ›Verstaatlicher‹. Ein Großteil der alten Garde der Partei folgte Gandhi. In der neuen Organisation gab es keine internen Wahlen, Loyalität war die einzige Voraussetzung für einen Platz in leitender Funktion auf nationaler oder bundesstaatlicher Parteiebene. Damit war der Übergang von einer funktionierenden politischen Partei zu einem Wahlverein zugunsten der Familie Nehru-Gandhi abgeschlossen.

Indira Gandhis Popularität sollte noch einen weiteren Schub erhalten. 1970 fanden in West- und Ostpakistan nach Jahrzehnten der Militärherrschaft erstmals wieder Parlamentswahlen statt. Die Abstimmung machte die tiefe Spaltung zwischen den beiden ›Flügeln‹ des Landes deutlich. Im Osten siegte die Awami-Liga von Scheich Mujibur Rahman (1920–1975), getragen von einer Welle der Unzufriedenheit mit mangelnden Investitionen der Zentralregierung in Ostpakistan. Im März 1971 löste er das primäre Wahlversprechen seiner Partei ein und verkündete die Unabhängigkeit Bangladeschs. Pakistan schickte daraufhin Panzer in die Straßen von Dhaka, was einen Bürgerkrieg auslöste. Millionen von Flüchtlingen strömten über die indische Grenze nach Westbengalen. Im Dezember 1971 begann die pakistanische Luftwaffe, indische Flugplätze zu bombardieren, was Indien einen Vorwand lieferte, um Truppen nach Ostpakistan zu schicken. Pakistan antwortete mit einer Invasion an der Westgrenze Indiens. Die Nachricht, dass die Siebte Flotte der US-Navy auf dem Weg in den Golf von Bengalen war, weckte auf pakistanischer Seite die Hoffnung, ihre amerikanischen Verbündeten würden zu ihren Gunsten eingreifen. Doch es war zu spät. Am 16. Dezember hatte Indien nach einem zweiwöchigen Krieg die Kapitulation von 93 000 pakistanischen Soldaten in Ostpakistan bewirkt. An der Westfront, wo Indien die pakistanischen Truppen zurückgedrängt und rund 13 000 Quadratkilometer Land besetzt hatte, wurde ein Waffenstillstand angeordnet. Durch den klaren Sieg in diesem Krieg hatte Indira Gandhi Indiens geknickten Stolz wieder aufgerichtet. Die Presse verglich sie mit Durgā, der auf einem Tiger reitenden hinduistischen Göttin des Krieges. Nach einem Jahrtausend demütigender Niederlagen gegen muslimische Invasoren aus dem Westen, europäische Kolonisatoren und zuletzt die chinesische Armee konnten die Inder endlich wieder einen Sieg feiern. Indira Gandhi befand sich auf dem Höhepunkt ihrer Macht und belegte Platz eins einer Gallup-Umfrage zur meistbewunderten Frau der Welt. Mit dem Versprechen, nun die Armut zu beenden, rief sie im März 1971 zu Wahlen auf. Ihr Indischer Nationalkongress (R) errang 352 Sitze. Die andere Fraktion der Partei, der Indische Nationalkongress (O), konnte nur 16 Sitze für sich verbuchen. Doch die glücklichen Tage sollten nicht von Dauer sein.

Zwei Jahre lag dieser Wahlsieg erst zurück, da drosselten die arabischen Mitglieder der Organisation erdölexportierender Länder (OPEC) als Vergeltung für den Jom-Kippur-Krieg die Produktion, so dass sich der Ölpreis vervierfachte. Die stark von Ölimporten abhängige indische Wirtschaft geriet ins Stocken, und die Inflation erreichte 33 Prozent pro Jahr. Das Wahlkampfversprechen, die Armut zu beseitigen, von Anfang an nicht unbedingt realistisch, klang zunehmend hohl. Um dem entgegenzuwirken, suchte Gandhi nach populistischen Maßnahmen und ordnete an, die Großunternehmen stärker an die Kandare zu nehmen; nur mit der entsprechenden Genehmigung konnten solche Unternehmen nun ihre Kapazitäten erweitern, in neue Anlagen investieren oder mit anderen Unternehmen fusionieren.

Um Mitternacht gehen die Lichter aus

Im Jahr 1974 fand in der Wüste Thar Indiens erster erfolgreicher Atombombentest statt, mit dem das Land zur sechsten atomar bewaffneten Macht der Welt aufstieg. Doch wenn damit beabsichtigt war, die Unterstützung der Bevölkerung zu gewinnen, scheiterte dies kläglich. Als die gravierenden wirtschaftlichen Probleme des Landes immer offensichtlicher wurden, sammelten sich regionale Parteien wie die Shiromani Akali Dal und die Dravida Munnetra Kazhagam, aber auch die Kommunisten und die rechtsextremen Hindu-Nationalisten sowie Indira Gandhis alte Feinde aus dem Indischen Nationalkongress um einen altgedienten Mitstreiter Mahatma Gandhis, den Sozialisten Jayaprakash Narayan (1902–1979). Es sollte noch schlimmer kommen. Im Juni 1975 entschied der Oberste Gerichtshof von Allahabad über eine vier Jahre zuvor eingereichte Petition: Die Richter befanden Indira Gandhi des Wahlbetrugs für schuldig, erklärten die Wahl für ungültig, mit der sie ihren Parlamentssitz errungen hatte, und verboten ihr für einen Zeitraum von sechs Jahren, für ein Amt zu kandidieren.

Anstatt zurückzutreten, zwang Gandhi den ihr ergebenen Staatspräsidenten Fakhruddin Ali Ahmed, am 26. Juni 1975 um Mitternacht den landesweiten Ausnahmezustand auszurufen. Die Verfassung wurde außer Kraft gesetzt, Hunderte von Oppositionsführern wurden inhaftiert, den Redaktionen der großen Zeitungen wurde der Strom abgestellt und Organisationen wie die hindu-aktivistische Rashtriya Swayamsevak Sangh (RSS) wurden verboten. Die meisten Schätzungen gehen davon aus, dass rund 110 000 Menschen ohne Gerichtsverfahren in Haft kamen. Gandhi verteidigte den Ausnahmezustand als notwendig, um »das Land vor Zerstörung und Zusammenbruch zu bewahren«. Es handele sich nicht um die Abschaffung der Demokratie, sondern um einen »Versuch, sie zu schützen«, betonte sie. Das Gegenteil war jedoch der Fall. Die Verfassungsänderungen Nummer 38 und 39, die im Eiltempo durch das Parlament gebracht wurden, schlossen eine gerichtliche Überprüfung des Notstands aus und hoben das Recht des Obersten Gerichtshofs auf, die Wahl des Premierministers anzufechten.

Die ungeheuerlichsten Auswüchse des Ausnahmezustands veranlasste Indira Gandhis Sohn Sanjay (1946–1980), der Führer der Jugendorganisation des Indischen Nationalkongresses. Auf Sanjays Anweisung wurden Slums mit Bulldozern geräumt und mehr als sechs Millionen Menschen, vor allem Männer, zwangssterilisiert – 15-mal so viele wie in Europa unter den Nationalsozialisten. Indische Beamte, die ihre Quoten nicht erfüllten, wurden entlassen oder mussten aus ihren vom Staat bereitgestellten Wohnungen ausziehen. Im Endergebnis warf diese fehlgeleitete Kampagne die Bemühungen um freiwillige Familienplanung um ein Jahrzehnt zurück.

Im Januar 1977 hob Gandhi den Ausnahmezustand ebenso abrupt und unerwartet auf, wie sie ihn hatte ausrufen lassen. Hinter dieser Entscheidung steckte wohl eher Selbstüberschätzung als ein Bekenntnis zur Demokratie. Sie glaubte, der Sieg bei den anstehenden nationalen Wahlen sei ihr sicher und sie könne ihre rücksichtslose Herrschaft unter dem Deckmantel der Demokratie fortsetzen. Doch sie hatte ihr Blatt spektakulär überreizt. Als die Wahlergebnisse bekanntgegeben wurden, hatte der Indische Nationalkongress nur 154 Sitze gewonnen, das bisher schlechteste Ergebnis der Partei. Im Bundesstaat Uttar Pradesh, dem Kernland des INC, gingen sämtliche Wahlkreise verloren. Ihr alter Feind Morarji Desai hatte verschiedene Parteien zu einer Allianz zusammengeführt, sein Janata-Bündnis (›Volksbündnis‹) ging als Sieger aus den Parlamentswahlen hervor, und Desai wurde Premierminister.

Das Janata-Bündnis, der erste Versuch einer Koalitionsregierung in Indien, endete in einem kläglichen Fehlschlag. Die Oppositionsparteien, die sich zusammengeschlossen hatten – darunter Sozialisten, dezidiert rechte Gruppierungen und Vertreter von Bauerninteressen –, waren nicht in der Lage, gemeinsame Ziele zu formulieren, und die regierungsinternen Streitigkeiten verwandelten sich bald in offene Konflikte. Ende 1979 brachten zwei Kabinettsmitglieder, die von Desai entlassen worden waren, die Regierung durch ein Misstrauensvotum zu Fall. Für Januar 1980 wurden Neuwahlen angesetzt.

Größtenteils in Begleitung Sanjays bewältigte die 62-jährige Indira Gandhi einen zermürbenden Wahlkampf, in dem sie 64 000 Kilometer zurücklegte, täglich zwei Kundgebungen abhielt und vor schätzungsweise 100 Millionen Wählern sprach. In einem der bemerkenswertesten Comebacks in der Geschichte der indischen Politik schüttelte sie den Makel ab, den die Verhängung des Ausnahmezustands für ihre politische Bilanz bedeutet hatte, und führte die Kongress-Partei zu einem überwältigenden Sieg, der ihr in der *Lok Sabha* eine absolute Mehrheit einbrachte: 351 von 524 Sitzen. Als seine Mutter wieder im Amt war, wurde Sanjay zum Generalsekretär des INC ernannt, was Spekulationen nährte, er werde auf das Amt des Premierministers vorbereitet. Doch am 23. Juni 1980 stürzte sein neues Sportflugzeug mit ihm am Steuer kurz nach dem Start vom Safdarjung-Flughafen in Neu-Delhi ab; er und sein Co-Pilot kamen ums Leben. Verzweifelt und einsam wandte sich Indira ihrem ältesten Sohn Rajiv zu. Der Berufspilot der staatlichen indischen Fluggesellschaft, bisher ohne politische Erfahrung und ohne Interesse an der Politik, sollte die Lücke schließen. Im Jahr 1981 trat er im traditionellen Wahlkreis der Familie, in Amethi in Uttar Pradesh, zur Parlamentswahl an und wurde in die *Lok Sabha* gewählt.

In den letzten Jahren vor seinem Tod hatte Sanjay einen Sikh-Wanderprediger namens Jarnail Singh Bhindranwale (1947–1984) unterstützt – in der Absicht, der Akali Dal, der wichtigsten Oppositionspartei im Punjab, das Wasser abzugraben. Die Kongress-Partei befürchtete, dass die Forderung der Akali Dal nach einem separaten Sikh-Staat innerhalb der indischen Union einer »Balkanisierung« Indiens Vorschub leisten würde, da andere ethnisch-religiöse Gruppen ähnliche Forderungen stellen könnten. Indira Gandhis Reaktion bestand in der Teilung des Punjab entlang der Sprachgrenze und der Schaffung des Bundesstaates Haryana, in dem mehrheitlich Hindi gesprochen wird. Allerdings konnte sie die Akali Dal damit nicht besänftigen. Die Hardliner unter den Sezessionisten sahen sich durch diesen Schritt erst recht ermutigt, ein eigenes unabhängiges Heimatland für ihre Gemeinschaft zu fordern.

Anstatt sich zu einem Wasserträger der Kongress-Partei machen zu lassen, entwickelte Bhindranwale selbst eine Vorliebe für die Macht und wurde zum Verfechter der Forderung nach einem puritanischen Sikh-Staat, genannt Khalistan. Inspiriert von seinen Predigten griffen Sikh-Extremisten Hindus an und ermordeten Mitglieder der Sicherheitsdienste, aber auch unschuldige Zivilisten. Auch gemäßigte Mitglieder der Akali Dal gerieten ins Visier von Bhindranwales Schergen. Im Mai 1984 verbarrikadierte sich der Sikh-Prediger mit Hunderten seiner Anhänger im Harmandir Sahib, dem Goldenen Tempel von Amritsar. Sie begannen den weitläufigen Komplex, zu dem das höchste Heiligtum der Sikhs gehört, mit Waffen zu befestigen. Am 4. Juni startete die indische Armee die sogenannte »Operation Bluestar« und schickte Panzer in die Tempelanlage. Nach 24-stündigen Kämpfen war Bhindranwale tot, ebenso die etwa 500 Sikh-Extremisten. Die Anlage wurde schwer beschädigt, und viele unersetzliche Schriften der Sikhs wurden zerstört.

Indira Gandhi erhielt schon nach kurzer Zeit Drohungen; vor allem von großen Sikh-Gemeinschaften in Großbritannien, den Vereinigten Staaten und Kanada wurde ihr Vergeltung angekündigt. Als ihr jedoch vorgeschlagen wurde, Sikhs, die als Leibwächter bei ihr eingesetzt waren, aus dem Sicherheitsdienst zu entfernen, schrieb sie auf die Akte: »Sind wir nicht säkular?« Am Morgen des 31. Oktober 1984 waren es zwei Sikh-Offiziere, die erst kürzlich wieder als ihre persönlichen Leibwächter eingesetzt worden waren, die sie aus nächster Nähe erschossen.

Innerhalb von 40 Minuten, nachdem All India Radio Indira Gandhis Tod bekanntgegeben hatte, wurde ihr Sohn Rajiv als Premierminister der größten Demokratie der Welt vereidigt. Dass er auf diese Aufgabe nicht vorbereitet war, wurde schnell deutlich. Auf Indira Gandhis Ermordung folgte die schlimmste Welle an Gewalt zwischen indischen Gesellschaftsgruppen seit der Teilung, vor allem in den Städten Nordindiens brach sich die Aggression der Hindus gegen die Sikhs Bahn. In den meisten Fällen sah die Polizei entweder zu, ohne einzugreifen, oder sorgte für die Entwaffnung der mehrheitlich von Sikhs bewohnten Viertel, damit der Mob Rache nehmen konnte. Anstatt die Randalierer auf den Straßen in die Schranken zu weisen, ermutigten manche INC-Politiker sie noch; einige prominente Kongress-Anführer setzten sich sogar an die Spitze des Mobs. Der drei Tage dauernde staatlich sanktionierte Gewaltausbruch forderte mindestens 3000 Todesopfer unter den Sikhs und zerstörte Eigentum, aber vor allem Vertrauen. Erst zwei Wochen später gab Rajiv Gandhi offizielle Zahlen zu den Opfern des Blutvergießens bekannt.

Bei den Wahlen im Dezember 1984 errang die Kongress-Partei 415 von 543 Sitzen – das stattlichste Mandat für eine Partei in der Geschichte der Republik Indien. Auf die Frage eines Journalisten, warum die von ihm geführte Partei so haushoch gewonnen habe, antwortete Rajiv Gandhi: »Hauptsächlich wegen des Todes meiner Mutter […]. Niemand wusste etwas über mich, also haben sie mich zu ihrer Projektionsfläche gemacht. Ich wurde zum Symbol für ihre Hoffnungen.«

Höflich und zurückhaltend startete Rajiv Gandhi in sein öffentliches Leben als »Mr. Clean« (›Herr Saubermann‹), aber ihm fehlte die Aura seiner Mutter. Öffentliche Aufmerksamkeit hatte er zuvor so weit wie möglich gemieden und ein privilegiertes Leben geführt, das ihn vom wahren Indien entfremdet hatte. Einer seiner Lieblingsslogans – »bis zum 21. Jahrhundert ein Computer in jeder Schule« – lässt die Tatsache außer Acht, dass die meisten Dörfer nicht einmal an das Stromnetz angeschlossen waren. Obwohl er die Lizenzvergabe in rund 30 Branchen abschaffte, übertraf die Wirtschaftsleistung kaum die »hinduistische Wachstumsrate«. Unter der Führung seiner Mutter hatte sich die »Aktenkoffer-Politik« – Geschäftsleute zahlten Schmiergelder, getarnt als Parteispenden, um sich Vertragsabschlüsse und Betriebsgenehmigungen zu sichern – wie eine Epidemie verbreitet. Auf der Feier zum 100-jährigen Bestehen der Kongress-Partei im Dezember 1985 gab Rajiv Gandhi sogar zu: »Korruption ist nicht nur geduldet, sondern wird sogar als Markenzeichen unserer Führung angesehen.«

18 Monate später sollte er seinen Ausspruch bereuen, als schwedische Medien enthüllten, dass bei einem Waffengeschäft mit dem schwedischen Unternehmen Bofors hohe Schmiergeldsummen an Spitzenbeamte der INC-Regierung geflossen waren. Der Skandal brachte den Reformprozess ins Stocken. Mit Blick auf die bevorstehenden Wahlen setzte auch Rajiv Gandhi auf die populistische Politik, die in der Vergangenheit so gut funktioniert hatte: Er erhöhte die Steuern auf Luxusgüter und führte eine Beschäftigungsgarantie für den ländlichen Raum ein.

Gandhis Unvermögen, der Korruption einen Riegel vorzuschieben, war nicht der einzige Makel, der seiner Regierung anhaftete. Noch weitreichender war sein Verrat an der Idee eines

Bei den Parlamentswahlen von 1984 errang Rajiv Gandhi ein breites Mandat, das er nutzte, um einen wirtschaftlichen Reformprozess anzustoßen. Doch erinnern wird man sich an ihn als an den Premier, der die säkulare Verfasstheit Indiens unterminierte und es nicht schaffte, die Korruption einzudämmen.

säkularen Indiens. Als es darum gegangen war, ein gemeinsames religionsübergreifendes Zivilgesetzbuch einzuführen, hatte es an Nehrus Entschlossenheit keinen Zweifel gegeben, und Ambedkar hatte ihn darin unterstützt, doch der Widerstand der großen muslimischen Minderheit Indiens hatte es verhindert. Mitte der 1950er Jahre wurden schließlich für alle Gemeinschaften mit Ausnahme der Muslime Vorschriften zum Personenrecht in Bereichen wie Eheschließung, Vormundschaft und Unterhaltszahlungen eingeführt. 1985 prangerten muslimische Traditionalisten ein Urteil des Obersten Gerichtshofs an, das im Präzedenzfall Shah Bano den zivilrechtlichen Anspruch der geschiedenen Ehefrau auf Unterhalt über die im islamischen Recht vorgesehenen drei Monate hinaus bestätigt hatte. Doch anstatt ein Gerichtsurteil zu begrüßen, das muslimischen Frauen faktisch Gleichheit vor dem Gesetz gewährte, beugte sich Rajiv Gandhi den muslimischen Hardlinern, die damit drohten, der Kongress-Partei die Unterstützung ihrer Gemeinschaft zu entziehen, und brachte im Eiltempo ein Gesetz durch, das muslimische Männer von der Unterhaltspflicht befreite.

Dass sich der Premier den muslimischen Wünschen gebeugt hatte, stärkte die Hindu-Nationalisten – die nun auch über eine politische Organisation verfügten, die ihrer Stimme Gehör verschaffen konnte: die Bharatiya-Janata-Partei (BJP). Die Partei wurde 1980 als Neuauflage der Jana Sangh gegründet, die eine der wichtigsten rechten Gruppierungen nach der Erlangung der Unabhängigkeit gewesen war. 1984, als die BJP zum ersten Mal zu den Wahlen antrat, errang sie gerade einmal zwei Sitze, doch die Lage sollte sich für die Partei bald sichtlich bessern. 1986 entschied ein Bezirksgericht über eine Petition und erlaubte es Hindus, in der *Babri Masjid* (sprich in der Moschee des Moguln Babur) zu beten, die angeblich der Geburtsort des Gottes Ram war. Als Tausende von muslimischen Demonstranten dagegen auf die Straße gingen, vermied Rajiv Gandhi eine eindeutige Stellungnahme, woraufhin die BJP der Kongress-Partei vorwarf, sich hinter dem staatlich erzwungenen Säkularismus zu verstecken, um die Muslime zu besänftigen. Verärgert über diese Anschuldigungen, erlaubte Gandhi den Hindus, auf dem Gelände der *Babri Masjid* den Grundstein für einen Tempel zu legen, der aus Tausenden von speziell geweihten Ziegeln aus Dörfern in ganz Indien errichtet werden sollte.

Zur Parlamentswahl von 1989 hatte sich die Parteienlandschaft Indiens unwiderruflich verändert. Politische Gruppierungen, die sich im Norden auf die Kastenzugehörigkeit und im Süden auf eine gemeinsame Sprache stützten, gewannen kontinuierlich an Zulauf. Und religiöse Nationalisten füllten die Lücke, die eine schwächelnde Kongress-Partei hinterlassen hatte; sie beteuerten, den verletzten Stolz der Hindus wieder aufzurichten, und erneuerten ihr Versprechen, der Ram-Tempel werde gebaut. Die Strategie ging auf. 1989 siegte die BJP landesweit in 85 Wahlkreisen, während die Kongress-Partei feststellen musste, dass sich die Anzahl ihrer Sitze in der *Lok Sabha* mehr als halbiert hatte.

Da keine Partei eine absolute Mehrheit erreicht hatte, übernahm eine Koalition der »Nationalen Front« unter der Führung der Janata Dal von Vishwanath Pratap Singh (1931–2008) die Regierung. Die BJP beteiligte sich nicht an der Koalition, sondern zog es stattdessen vor, die »Nationale Front« von außerhalb der Regierung zu unterstützen. Singh, der meinte, vom Zuspruch der sogenannten »rückschrittlichen Kasten« abhängig zu sein, entschloss sich, die Empfehlungen der Mandal-Kommission umzusetzen. Der Bericht dieser Kommission zur Situation der »rückschrittlichen Kasten« lag seit mehr als 20 Jahren in der Schublade, da die resultierenden Empfehlungen als so umstritten galten, dass keine Regierung gewagt hatte, das Thema anzugehen: 27 Prozent der Studienplätze sowie der staatlichen Stellen sollten für Mitglieder »rückschrittlicher Kasten« reserviert werden – zusätzlich zu den 22,5 Prozent, die bereits den in der Verfassung aufgelisteten benachteiligten Kasten und indigenen Volksgruppen zustanden. Die Aussicht, von der Hälfte aller staatlichen Stellen ausgeschlossen zu werden, löste bei den oberen und mittleren Kasten Wut aus. Aus Protest verbrannten sich zwölf Menschen, die meisten von ihnen Studenten.

Doch das Scheitern der Regierung Singh bei der Ausarbeitung eines Kompromisses zur Babri-Moschee in Ayodhya erwies sich als ihr Todesurteil. 1990 brach der BJP-Vorsitzende Lal Krishna Advani vom heiligen Tempel von Somnath in Gujarat zu einer 10 000 Kilometer langen Pilgerfahrt nach Ayodhya auf, und zwar in einem Lastwagen, der wie ein mythischer Streitwagen des Gottes Ram dekoriert war. Aus Angst vor einem Gewaltausbruch zwischen den Konfliktparteien ordnete der Regierungschef des Bundesstaates Bihar an, Advani zu verhaften, bevor er die Stadt erreichen konnte. Die BJP zog daraufhin auf nationaler Ebene ihre Unterstützung für die Regierungskoalition zurück. Nachdem Singh ein Misstrauensvotum verloren hatte, trat er zurück. Als Chef der größten Partei in der *Lok Sabha* erhielt daraufhin Rajiv Gandhi vom Staatspräsidenten das Angebot, er könne den Auftrag bekommen, eine Regierung zu bilden. Doch er lehnte ab und entschied sich stattdessen dafür, eine abtrünnige Fraktion der Janata Dal mit nur 54 Mitgliedern zu unterstützen, die von dem Politikveteranen Chandra Shekhar (1927–2007) angeführt wurde. Wie die Vorgängerregierung war auch dieses Experiment einer Koalition zum Scheitern verurteilt. Am 13. März 1991 trat Chandra Shekhar zurück, und das Parlament wurde aufgelöst, die wahlmüde Bevölkerung wurde zum zweiten Mal innerhalb von nur 15 Monaten an die Urnen gerufen.

Rajiv Gandhi trat an, um sich das Amt des Premiers für eine dritte Wahlperiode zu sichern; die größte Herausforderung stellten diesmal nicht etwa innenpolitische Themen dar, sondern es war ein auswärtiger Konflikt, der seiner Wiederwahl gefährlich werden konnte. 1987 hatte der Präsident Sri Lankas, Junius Richard Jayewardene (1906–1996), Rajiv Gandhi um Hilfe gebeten – bei der Schlichtung eines langjährigen, brutalen Bürgerkriegs, in dem die *Tamil Tigers*, die für ein separates tamilisches Heimatland im Norden des Inselstaates kämpften, und die Truppen der Zentralregierung sich gegenüberstanden. Im Rahmen einer zwischen Colombo und Neu-Delhi ausgehandelten Vereinbarung sollte eine indische Friedenstruppe auf die Insel entsandt werden, damit die regulären Truppen Sri Lankas in ihre Kasernen zurückkehren konnten, woraufhin die *Tamil Tigers* dazu bewegt werden sollten, ihre Waffen abzugeben. Da sich die Hardliner sowohl auf singhalesischer als auch auf tamilischer Seite gegen das Abkommen aussprachen, hatte der Vorstoß keine Chance. Anstatt dass die indischen Soldaten als Friedenstruppe begrüßt worden wären, wurden sie bald als Besatzer angesehen. Sri Lanka wurde zu Indiens Vietnam. Als Neu-Delhi seine

Truppen Anfang 1990 abzog, hatte das Engagement auf dem ausländischen Schlachtfeld mehr als 1000 indische Soldaten das Leben gekostet.

Am 21. Mai 1991 rächten sich die *Tamil Tigers*: Als Rajiv Gandhi in Tamil Nadu auf einer Wahlkampfveranstaltung auftrat, verübte eine von der Gruppe entsandte Selbstmordattentäterin einen Anschlag auf ihn. Mit Rajiv Gandhis Tod stellte sich für die Kongress-Partei wieder einmal die Frage, wie in solch einem extremen Fall die Nachfolge zu regeln sei. Wenig überraschend traten die Parteivertreter an Rajivs trauernde Witwe Sonia heran. Als Sonia Gandhi nachdrücklich ablehnte, entschied sich die Partei schließlich für Narasimha Rao, einen Politiker aus dem südlichen Bundesstaat Andhra Pradesh. Der 70-jährige Rao hatte sich schon halb aus der Politik zurückgezogen, als sich aussichtsreiche Politiker innerhalb der Kongress-Partei, die sich bereits für seine womöglich baldige Nachfolge in Stellung brachten, für ihn als neutrale Übergangslösung starkmachten. Eine Sympathiewelle zugunsten des INC ermöglichte es der Partei, bei den Parlamentswahlen 244 Sitze zu erringen. Damit fehlten noch immer etwa 30 Sitze zur Mehrheit, so dass Rao auf Unterstützung durch unabhängige Abgeordnete angewiesen war. Zugleich war die BJP mit 120 Sitzen stärkste Oppositionspartei geworden.

Anders als manche erwartet hatten, konnte Rao Indien und die Kongress-Partei in seiner neuen Rolle überzeugen, da er sich als entschlossene Führungspersönlichkeit erwies. Sein erster vielbeachteter Schritt war, mit Manmohan Singh (geb. 1932) einen in Oxford ausgebildeten ehemaligen Wirtschaftsprofessor und vormaligen Leiter der Zentralbank von Indien zum Finanzminister zu ernennen. Der Zusammenbruch der Sowjetunion hatte Indien seines wichtigsten Handelspartners beraubt, und infolge der Invasion in Kuwait flüchteten Tausende von indischen Arbeitern aus der Golfregion, so dass ihre Geldüberweisungen versiegten, die zuvor die Auslandsreserven des Landes aufrechterhalten hatten. Der Krieg ließ zusätzlich die Ölpreise in die Höhe schnellen, so dass die monatlich zu zahlende Summe für Indiens Erdölimporte um 60 Prozent anstieg. Unter dem Druck des Internationalen Währungsfonds wertete Rao die Rupie zweimal ab und kündigte ein drastisches Sparpaket an. Die *Licence Raj* wurde abgeschafft: Singh deregulierte die Industrie, beseitigte Hindernisse für ausländische Investitionen in 34 Wirtschaftszweigen, darunter die Lebensmittelverarbeitung und die Stromerzeugung, und gewährte privaten Unternehmen Steuervergünstigungen. Die Zölle wurden von 300 auf 50 Prozent gesenkt. Auswirkungen dieser Maßnahmen zeigten sich beinahe umgehend: Die Industrieproduktion und die Beschäftigung erlebten ein nie gekanntes Wachstum. Bis 1995/96 stieg das Bruttoinlandsprodukt um 6,2 Prozent. Der indische Tiger war entfesselt worden, aber er konnte es noch immer nicht mit China aufnehmen.

Das Anspruchsdenken der Hindu-Mehrheit wird zur politischen Agenda

Als Chef einer Minderheitsregierung versuchte Rao zunächst, die BJP zu umwerben und eine Verhandlungslösung für den Konflikt um die religiöse Stätte in Ayodhya zu finden. Doch die Hardliner, die ein entschiedenes Vorgehen forderten, setzten sich durch. Nach einem Aufruf von Hindu-Führern zur Befreiung Ramas aus der Moschee und zur Errichtung eines *Rama Rajya*, eines Gottesreiches, versammelten sich am 6. Dezember 1992 mehr als 100 000 *Kar sevaks* (›Freiwillige‹) in Ayodhya. Bewaffnet mit Dreizack, Pfeil und Bogen oder Äxten und Hämmern erklommen Tausende von fanatischen Hindus die Mauern

Die Babri-Moschee war ein Symbol für die Entschlossenheit der indischen Regierung, die Muslime zu schützen und die Tradition des säkularen Staates zu wahren.

um die Babri-Masjid-Anlage, und innerhalb weniger Stunden waren die drei Kuppeln der Moschee in Schutt und Asche gelegt. Rao reagierte mit der Entlassung der BJP-geführten Regierungen in vier Bundesstaaten, einem Verbot bestimmter Hindu-Organisationen und der erneuten Verhaftung Advanis. In ganz Indien brachen Unruhen zwischen Hindus und Muslimen aus. Die Handelsmetropole Mumbai war am stärksten von den Ausschreitungen betroffen: Mindestens 900 Menschen wurden getötet, die meisten von ihnen Muslime. Der Schriftsteller und Journalist Kapil Komireddi schrieb zur Zerstörung der *Babri Masjid*: »Die Barbarei in Ayodhya enthielt eine selbstermächtigende, ja erlösende Botschaft: Eine alte Zivilisation hatte sich von der Schande der Geschichte befreit, indem sie das Denkmal ihrer Unterwerfung niederriss. Die Vergangenheit, so meinten viele, sei gerächt worden.«

Raos Regierung überstand die Ayodhya-Krise, aber für die Kongress-Partei war die Zeit als stärkste politische Kraft nun endgültig abgelaufen. Die Muslime wandten sich von der Partei ab, als deutlich wurde, dass das Versprechen, die Moschee wieder aufzubauen, nicht eingelöst werden würde. Singhs Wirtschaftsreformen hatten die Ungleichheit verschärft, und Korruption war noch immer weit verbreitet. Die arme Landbevölkerung, die traditionell die Basis der Kongress-Partei gewesen war, hatte die Hauptlast der steigenden Lebensmittelpreise sowie der Kürzungen bei öffentlichen Investitionen und Sozialprogrammen zu tragen. Als die Auszählung der Stimmen bei den Wahlen von 1996 abgeschlossen war, hatte der Indische Nationalkongress seine schlimmste Niederlage erlitten. Er konnte nur 140 Sitze halten, während die BJP 160 Sitze errang. Unfähig, einzusehen, dass es eine echte Erneuerung – und auch neues Führungspersonal – brauchte, ›salbten‹ die INC-Getreuen Sonia Gandhi zur neuen Leitfigur und machten sie zur Vorsitzenden der Partei.

Obwohl Atal Bihari Vajpayee (1924–2018), der BJP-Vorsitzende, die größte Fraktion in der *Lok Sabha* anführte, gelang es ihm nicht, eine Regierung zu bilden – die Erinnerungen an Ayodhya waren für die meisten Parteien noch zu frisch, um sich an einer von Hindu-Nationalisten geführten Regierung beteiligen zu wollen. Eine Koalition regionaler Parteien, die sich »Vereinigte Front« nannte, hielt sich die nächsten zwei Jahre im Amt, bis die BJP bei den Zwischenwahlen 1998 so stark zulegen konnte, dass sie genügend Verbündete fand, um die Regierung zu übernehmen. Wenige Wochen nach ihrem Amtsantritt ließ die BJP-Regierung ihre Muskeln spielen, indem sie unter der Wüste Thar in Rajasthan drei Atombomben zünden ließ. Pakistan reagierte prompt: Lediglich ein paar Wochen später ließ die pakistanische Regierung fünf Atombomben unter den Bergen von Belutschistan testen. Obwohl die BJP ihre nationalistische Gesinnung unter Beweis gestellt hatte, hielt sich die von ihr angeführte Koalition kaum ein Jahr, bevor ein wichtiger Koalitionspartner, eine der für regionale Interessen eintretenden Parteien, der Regierung die Unterstützung entzog. Bei den Parlamentswahlen von 1999, den fünften innerhalb eines Jahrzehnts, büßte die Kongress-Partei weiter an Unterstützung ein und erhielt nur noch 114 Sitze. Diesmal verfügte die BJP über die nötige Anzahl an Mandaten, um eine Koalitionsregierung zu schmieden, die fünf Jahre lang halten sollte – mit Vajpayee an der Spitze.

Als geschickter Redner und bekannter Dichter repräsentierte Vajpayee das gemäßigte Gesicht des Hindu-Nationalismus. Er legte drei der umstrittensten Ziele der Partei auf Eis: den Bau eines Ram-Tempels in Ayodhya, die Verabschiedung eines religionsübergreifenden Zivilgesetzbuches und die Streichung der Verfassungsartikel, die den Sonderstatus von Kaschmir regelten, indem sie dem Land eine begrenzte Autonomie, eine Staatsflagge und bestimmte Rechte in Bezug auf Eigentum und andere Angelegenheiten einräumten. Im Februar 1999 weihte er mit einem Besuch in Lahore eine Buslinie zwischen Indien und Pakistan ein. Die Hoffnungen, dieser Besuch könnte zu einem langfristigen Tauwetter in den Beziehungen führen, wurden jedoch schnell zunichte gemacht, als pakistanische Truppen die strategisch wichtigen Höhen bei Kargil an der Straße von Srinagar nach Leh besetzten und damit einen Gegenschlag der indischen Streitkräfte auslösten. Im Dezember 2001 verübten dann von

Pakistan unterstützte Militante am helllichten Tag einen Anschlag auf das Parlamentsgebäude in Neu-Delhi und steigerten die Spannungen noch; die beiden inzwischen atomar bewaffneten Nationen schrammten gefährlich nahe an einem weiteren offenen Konflikt vorbei.

In Vajpayees Amtszeit als Premierminister kam es auch zu einem alarmierenden Anstieg der Gewaltausbrüche, die auf Konflikte zwischen verschiedenen ethnischen, religiösen oder sozialen Gruppierungen zurückgingen. Am 27. Februar 2002 wurde ein Zug mit aus Ayodhya zurückkehrenden Hindu-Pilgern in Brand gesetzt, als er in Godhra, einer Stadt im Gujarat, einfuhr. 58 Menschen wurden getötet. Ungeachtet der Tatsache, dass keine Beweise zur Identität der Angreifer vom Bahnhof in Godhra oder ihrer Motive vorlagen, wurden in Godhra und zahlreichen weiteren Städten im Gujarat Muslime angegriffen – schätzungsweise 3000 Menschen starben und mehr als 100 000 wurden vertrieben.

Der Anschlag ereignete sich vier Monate, nachdem der Generalsekretär der BJP zum Ministerpräsidenten von Gujarat gewählt worden war. Narendra Modi, dessen Vater noch als *Chai Walla* auf einem Bahnsteig Tee zubereitet und verkauft hatte, war 1971 aktives Mitglied der Rashtriya Swayamsevak Sangh (RSS) geworden, einer paramilitärischen radikal-hinduistischen Freiwilligenorganisation. Anderthalb Jahrzehnte später schloss er sich der BJP an, stieg schnell in deren Reihen auf und erwarb sich einen Ruf als äußerst effizienter Organisator und Redner. Im Jahr 2001 fiel die Wahl auf ihn, als die Nachfolge für Keshubhai Patel als Ministerpräsident von Gujarat bestimmt werden musste und es galt, den Niedergang der BJP in diesem Bundesstaat zu stoppen.

Eine vom Obersten Gerichtshof eingesetzte Untersuchungskommission fand keine Beweise für eine Mitschuld Modis an den Gewaltausbrüchen. Kritiker warfen ihm jedoch vor, zu wenig getan zu haben, um das Blutvergießen zu stoppen, das zum großen Teil von Mitgliedern seiner Partei orchestriert worden sei. Einem Bericht von Human Rights Watch zufolge seien die umherziehenden Hindu-Gruppen mit Schwertern und *Trishuls* (dreizackigen Speeren) bewaffnet gewesen und hätten Sprengstoff sowie Gasflaschen mit sich geführt. »Sie hatten Computerausdrucke dabei, auf denen die Adressen muslimischer Familien und deren Grundstücke aufgelistet waren – die Informationen gingen unter anderem auf die Kommunalverwaltung von Ahmedabad zurück –, und entfesselten einen mörderischen Amoklauf im Vertrauen darauf, dass die Polizei auf ihrer Seite war. In vielen Fällen führte die Polizei den Angriff an und tötete Muslime, die sich dem Mob in den Weg stellten, mit Gewehrsalven.«

Bei den Wahlen im Jahr 2004 hatte der Wahlkampfslogan der BJP, »Indien leuchtet«, bereits an Strahlkraft eingebüßt. Tatsächlich kam die Kongress-Partei wieder an die Macht – mit dem ehemaligen Finanzminister Manmohan Singh an der Spitze der United Progressive Alliance (UPA, ›Vereinigte Progressive Allianz‹) und dank der Rückbesinnung auf populistische Slogans, die die Bekämpfung der Armut und den Schutz von Minderheiten thematisierten. Zunächst konnte die Kongress-Partei von einem starken Wirtschaftswachstum von durchschnittlich über acht Prozent profitieren, das dazu beitrug, die Armut in allen Bevölkerungsgruppen und Regionen zu verringern. Und 2007 überschritt Indien, im selben Jahr wie Russland, eine volkswirtschaftliche Schwelle und gehörte nun zum ›Club‹ der Staaten mit einem Bruttoinlandsprodukt von mehr als 1 Billion US-Dollar pro Jahr. Doch hinter der beeindruckenden Zahl verbarg sich eine ausgesprochen mediokre Geschichte. Mit seinem Pro-Kopf-Einkommen von 950 US-Dollar lag Indien an 160. Stelle von 197 Ländern. Im Jahr 2010 lebten immer noch 400 Millionen Inder unterhalb der Armutsgrenze, während das oberste eine Prozent der Bevölkerung die Hälfte des nationalen Vermögens besaß. Fast 45 Prozent der Kinder unter fünf Jahren waren mangelernährt. Chinas Wirtschaft war inzwischen siebenmal so groß wie die Indiens und wuchs weiter.

In der zweiten Amtszeit der UPA (2009–14) war auch ihr Glanz verblasst. Ihre misslungene Reaktion auf die Terroranschläge von Mumbai 2008 – einen viertägigen Amoklauf pakistanischer Kämpfer, die 166 Menschen töteten – war der Koalition von den Wählern noch immer nicht verziehen worden. Im Jahr 2011 trat der 74-jährige ehemalige Armeeoffizier Kisan Baburao »Anna« Hazare in Neu-Delhi in einen Hungerstreik, um die Regierung dazu zu bringen, das Anti-Korruptionsgesetz seiner Partei im Parlament verabschieden zu lassen. Seine Kritik wurde von Millionen von Indern aus der Mittelschicht aufgegriffen. Anstatt aber den Anlass zu nutzen und die »Aktenkoffer-Politik« zurückzudrängen, reagierte Premier Singh mit dem Aussetzen der Wirtschaftsreformen und legte lieber ein umfangreiches Programm mit Vergünstigungen in ländlichen Regionen und Wohlfahrtspflege für in der Landwirtschaft arbeitende Menschen auf.

Die Neugestaltung Indiens

Als Manmohan Singh es ablehnte, bei den Wahlen 2014 anzutreten, wandte sich der Indische Nationalkongress an Rajiv Gandhis Sohn Rahul, einen politischen Neuling, der nahezu unsichtbar geblieben war, obwohl er bereits seit zwei Wahlperioden einen Parlamentssitz bekleidete, und der zuvor sogar das Angebot eines Kabinettpostens abgelehnt hatte. Sein Konkurrent Modi führte eine Kampagne, die ganz darauf abzielte, be-

Narendra Modi bezeichnete Rahul Gandhi spöttisch als *Shahzada*, einen ›Prinzling‹, und betonte damit auch den Kontrast zu seinem Image als Selfmademan aus einer der unteren Kasten und der Arbeiterklasse.

stehende – oder fehlende – persönliche Qualitäten der Bewerber in den Vordergrund zu spielen. Er hob die privilegierte Erziehung hervor, die Rahul erhalten hatte, und kultivierte gleichzeitig seinen eigenen Ruf in puncto Entschlossenheit und Durchsetzungsvermögen. Da Rajiv Gandhi bei der Eindämmung der Gewalt gegen die Sikhs im Jahr 1984 versagt hatte, konnte Rahul Modi schwerlich für dessen Umgang mit den Unruhen im Gujarat im Jahr 2002 kritisieren. Unwidersprochen pries Modi den Erfolg des »Gujarat-Modells«, das auf seiner guten Regierungsführung und Steigerungsraten bei den Einkommen sowie den Beschäftigungszahlen beruhe. Er sprach die Sehnsucht nach Veränderung bei den Wählern an, spielte die hindu-nationalistische Agenda der BJP herunter und stellte stattdessen die wirtschaftsfreundliche, an Marktliberalisierung orientierte Ausrichtung seiner Partei heraus. Die RSS mobilisierte die Basis, während am anderen Ende des Spektrums das Großkapital begann, der Kongress-Partei die Unterstützung zu entziehen. Zu denjenigen, die sich öffentlich für Modis autoritäre Methoden aussprachen, gehörte Jagdish Bhagwati, Wirtschaftsprofessor an der Columbia University in New York, der gegenüber der *Financial Times* erklärte: »Wenn die Menschen keine Autorität ausüben, geht nichts voran. Man braucht jemanden, der mit seiner Vision ein Ziel vorgibt, das man erreichen kann.«

Die Erstwähler im Alter von 18 bis 23 Jahren – eine riesige Gruppe von 120 Millionen Menschen – favorisierten laut einer Umfrage zu 42 Prozent Modi. Nur 17 Prozent unterstützten Rahul, der 20 Jahre jünger war als sein Rivale. Er schien jedoch »die Sprache eines älteren Indiens zu sprechen«, wie der renommierte Journalist Rajdeep Sardesai bemerkte, in der es vordringlich um »Almosen, Ansprüche und sogar feste Blöcke von sicheren Wahlkreisen« ging. Die BJP dagegen nutzte die sozialen Medien intensiv. Und Modi sprach virtuell auf Hunderten von Kundgebungen im ganzen Land in Form eines Hologramms. Als die Ergebnisse bekanntgegeben wurden, hatte die BJP 282 Sitze gewonnen. Die Kongress-Partei konnte lediglich 44 Sitze erringen und 19,4 Prozent der Stimmen auf sich vereinen. Zu allem Übel fehlten dem INC auch noch 15 Sitze, um den in den Parlamentssitzungen relevanten Status der offiziellen (stärksten) Oppositionspartei verliehen zu bekommen.

Die Wahlen 2014 waren ein Wendepunkt für Indien. Zum ersten Mal seit 30 Jahren hatte mit der BJP wieder eine einzelne Partei die parlamentarische Mehrheit erreicht. Da die BJP nur eine Handvoll muslimischer Kandidaten nominiert hatte, gab es zum ersten Mal in der Geschichte Indiens in der *Lok Sabha* keine Muslime in der Fraktion der Regierungspartei. Als Rahul Gandhi wegen seines schlechten Abschneidens bei den Wahlen seinen Rücktritt einreichte, lehnte die alte Garde der Kongress-Partei das ab.

Die BJP war einst als reine Brahmanen-Bania-Partei abgetan worden – eine Anspielung darauf, dass sie nur von Hindus aus hohen Kasten und der mittleren Kaufleute-Kaste der Bania unterstützt wurde. Doch sie hatte ihre Basis inzwischen weit über regionale wie Kastengrenzen hinweg erweitert. Die einzige Gemeinschaft, die nicht für die Partei gestimmt hatte, war die der Muslime. Mit Blick auf das Debakel erklärte der Historiker Ramachandra Guha: »Das von Motilal Nehru und seinen Nachkommen errichtete ›Gebäude des [politischen] Ansehens‹, das mal edle, mal unrühmliche Tage gesehen hat, ist heute nur noch ein Trümmerhaufen.«

Bei den Wahlen 2019 konnte die BJP weiter zulegen: Ihr Stimmenanteil stieg von 31 Prozent auf 37,4 Prozent, und sie erreichte 303 Sitze. Und das trotz eines alarmierenden Anstiegs religiös motivierter Gewalt gegen Minderheiten und schockierender Sexualverbrechen gegen Frauen. Die Wähler hatte auch der wirtschaftliche Schock nicht beeindruckt, der durch die plötzliche Entscheidung vom November 2016 verursacht worden war, die 500- und 1000-Rupien-Scheine aus dem Verkehr zu ziehen. Dadurch wurden 86 Prozent des im Umlauf befindlichen Bargelds wertlos – angeblich eine Maßnahme, um die Korruption zu bekämpfen.

Auf der Basis ihres bisher stärksten Mandats setzte die BJP ihr langjähriges Versprechen um, Artikel 370 der Verfassung aufzuheben, der Jammu und Kaschmir ein gewisses Maß an Autonomie garantierte. Der Artikel gestattete dem Bundesstaat eine eigene Verfassung, eine eigene Flagge und ein eigenes Strafgesetzbuch, das Gesetze enthielt, die Außenstehenden den Erwerb von Land untersagten. Die Regierung brachte auch einen Gesetzentwurf zur Teilung von Jammu und Kaschmir ein, der die mehrheitlich buddhistische Region Ladakh zu einem separaten Unionsterritorium machte. Die Aufhebung von Artikel 370, so argumentierte die Regierung, werde dazu beitragen, Gewalt und Militanz zu beenden, und Kaschmir besser in den indischen »Mainstream« integrieren, da die angeschlagene Wirtschaft der Region durch mehr Investitionen angekurbelt würde. Kritiker warfen der BJP vor, verfassungswidrig zu handeln und den demographischen Charakter der mehrheitlich muslimischen Region verändern zu wollen. Proteste in Kaschmir gegen die Streichung des Artikels 370 führten zu einem monatelangen Ausfall der Kommunikationseinrichtungen, so dass in der Region weder Festnetztelefon- noch Internetanschlüsse funktionierten.

Unabhängig davon, wie die Analyse der Wahlen von 2019 im Einzelnen ausfällt, steht außer Frage, dass der Aufstieg der BJP an die Macht eine Anomalie darstellt. Ein fast 20 Jahre währender, oftmals steiniger Weg der politischen Experimente mit Mehrparteienregierungen war damit beendet. Das Ausmaß des Zuspruchs, den Modi verzeichnen konnte, hat aber auch Befürchtungen geweckt, dass die politische Landschaft nun von einer »demokratisch legitimierten Diktatur« oder einer Variante des »bürokratischen Autoritarismus« dominiert werden könnte, zumal dieser Sieg auf einer starken Personalisierung der politischen Führung beruhte.

Dass die indische Wählerschaft eine Verschiebung hin zu einem eher hegemonialen Politikstil akzeptiert, wird von den Ergebnissen einer Studie des Pew Research Center aus dem Jahr 2017 bestätigt. Der Bericht hält fest, dass die Unterstützung für eine autokratische Herrschaft in Indien höher ist als in jedem anderen untersuchten Land. Eine Mehrheit (55 Prozent) der Inder ist für ein Regierungssystem, in dem ein starker Führer Entscheidungen ohne Einmischung des Parlaments oder der Gerichte treffen kann, während 53 Prozent eine Militärregierung befürworten. Eine Mehrheit sprach sich auch dafür aus, dass das Land nicht von gewählten Parlamentariern regiert werden sollte, sondern von Experten auf der Grundlage dessen, was ihrer Meinung nach das Beste für die Nation ist. Auf der Suche nach einem Vorbild, wie Länder vorgehen können, wenn sie sich aus der Armut befreien und zu einer Wirtschaftsmacht aufsteigen wollen, wird im heutigen Indien zunehmend ein Land als überzeugendes Modell angesehen: China. Und dabei wird angemerkt, dass das Land diesen Aufstieg der starken Hand der dortigen Herrscher verdanke.

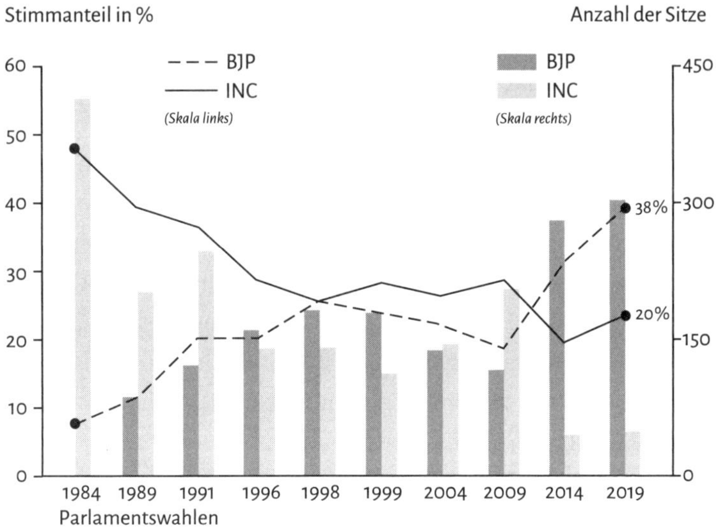

Die zunehmend schrillen Töne, die von der BJP-Regierung angeschlagen werden und die an eine Diktatur der Mehrheit denken lassen, beunruhigen viele Inder, nicht nur die große muslimische Minderheit. Aber das Geschenk, das Indien mit der Demokratie erhalten hat, ist eine starke, widerstandsfähige Zivilgesellschaft – und die bietet ein Ventil, um Frustration und Wut zu äußern. Die Inder nehmen ihre demokratischen Rechte ernst und bestrafen Regierungen, wenn sie die in sie gesetzten

Erwartungen nicht erfüllen. Außerdem hat die BJP in den Bundesstaaten, in denen sie seit 2017 angetreten ist, bis auf wenige Ausnahmen alle Wahlen verloren. Im Winter 2019/20 nahmen Tausende von Menschen an einem landesweiten Protest gegen die Verabschiedung des Staatsbürgerschaftsänderungsgesetzes teil. Das Gesetz sah einen schnellen Weg zur Staatsbürgerschaft für aus Afghanistan, Pakistan und Bangladesch nach Indien geflohene Immigrationswillige aller Glaubensrichtungen vor – mit Ausnahme von Muslimen. Ein Jahr später traten schätzungsweise 250 Millionen Menschen in den Streik, um die Landwirte zu unterstützen, die aus Protest gegen die von der Regierung geplante Deregulierung des Agrarsektors in die indische Hauptstadt marschiert waren – der größte Protest der Geschichte. Im November 2020 beugte sich Modi den Forderungen der Landwirte und hob drei umstrittene Landwirtschaftsgesetze auf, mit denen Agrarsubventionen und Preisregulierungen für Nutzpflanzen abgeschafft worden wären.

Indiens Wirtschaftsreformen haben bei jungen Indern Erwartungen geweckt, so dass sie auf eine bessere Ausbildung, sichere Arbeitsplätze, Zugang zu erschwinglichem Wohnraum und ein sicheres Umfeld hoffen, in dem sie eine Familie gründen können. Die Reformen, die Anfang der 1990er Jahre begannen, sind zwar unumkehrbar, doch der Protest der Bauern zeigt, wie schwierig es sein wird, sie schrittweise auszuweiten, ohne weitreichende Unruhen auszulösen.

Kapitel 10
Ein »neues Indien«?

Rund fünf Jahrtausende sind seit den Anfängen der Harappā-Zivilisation verstrichen; gemessen daran ist der Zeitraum, in dem Indien als unabhängige Nation existiert, nur ein unbedeutender Moment. Selbst die zwei Jahrhunderte der Kolonialherrschaft sind nur eine Fußnote in diesem großen historischen Bogen. Die Reiche der Maurya, der Gupta und der Moguln übertreffen die Zeitspanne der britischen Herrschaft in puncto Dauerhaftigkeit – und manche würden darauf bestehen: auch was den unvergänglichen Ruhm angeht. Niemand kann bestreiten, welche herausragenden Leistungen in Indien während dieser goldenen Zeitalter, sei es in den Bereichen Philosophie oder Literatur, Mathematik oder Medizin, Architektur oder Kunst, gelungen sind.

Nun, da Indien im Jahr 2022 den 75. Jahrestag seiner Unabhängigkeit gefeiert hat, scheint die Geschichte beim Blick in die Zukunft eher eine Bürde zu sein. Der Wunsch, den vergangenen Ruhm wiederherzustellen, lastet schwer auf der Politik, ja der ganzen Gesellschaft des Landes. Zu Beginn des 18. Jahrhunderts war Indien die größte Volkswirtschaft der Welt. Als die Briten das Land verließen, war der Anteil Indiens an der globalen Wirtschaftsleistung auf weniger als vier Prozent gesunken. Das gerade unabhängig gewordene Indien war ein Synonym für Hunger und Entbehrungen. Trotz der Fortschritte, die seither erzielt wurden, hat Indien diese Stereotypen noch nicht abschütteln oder sein volles Potential entfalten können.

Zum ersten Mal seit 300 Jahren könnte China, Indiens Hauptrivale in strategischen und wirtschaftlichen Belangen, bald das Blatt wenden und die Vorherrschaft des Westens brechen. Dann sieht Indien seinen rechtmäßigen Platz an der Seite Chinas, wenn die Verhältnisse aus der Zeit vor der Renaissance wiederhergestellt werden. In bestimmten Bereichen ist Indien dabei, in der Weltrangliste aufzusteigen. Selbst wenn man die Auswirkungen der Covid-19-Pandemie berücksichtigt, ist das Land auf dem besten Weg, Japan zu überholen und bis Anfang der 2030er Jahre die drittgrößte Volkswirtschaft der Welt zu werden. Seit 2023 ist es das bevölkerungsreichste Land der Erde. Bei den Militärausgaben wird Indien im aktuellen Jahrzehnt voraussichtlich seinen dritten Platz halten können. Doch abgesehen von der Bevölkerungszahl ist China in fast allen Bereichen auf dem Vormarsch: Mit dem Bau von Flugzeugträgern erweitert es seine strategische Reichweite; es erhöht weiterhin seinen Anteil am Welthandel und zieht den Großteil der nach Asien gehenden ausländischen Investitionen an. China hat seine Initiative einer Neuen Seidenstraße (*One Belt, One Road*) in allen Nachbarländern Indiens erfolgreich umgesetzt, ist aber auch mit seinen Projekten weiter in die Region des Indischen Ozeans vorgedrungen – und kommt damit Neu-Delhi in einer Region ins Gehege, die Indien selbst als seinen ureigensten Einflussbereich ansieht.

Da die politische Landschaft Indiens fest in der Hand der BJP ist, dominiert die Diskussion um die Wiedergutmachung der Fehler der Vergangenheit das politische Geschehen. Führungspositionen in einst politisch neutralen Institutionen wie etwa Universitäten, wissenschaftlichen und kulturellen Einrichtungen werden mit Regierungsvertretern besetzt. Die Geschichte und die Lehrpläne der Schulen werden umgeschrieben. Auch der Sport ist vor der schleichenden Fremdenfeindlichkeit nicht gefeit: Im Bundesstaat Uttar Pradesh wurden sieben indische Muslime verhaftet, weil sie angeblich den Sieg der pakistanischen Nationalmannschaft über die indische bei einem Länderspiel während der Kricket-Weltmeisterschaften im Oktober 2021 gefeiert hatten. Noch weitaus schlimmer war die jüngste Welle von Lynchmorden an Muslimen, die verdächtigt wurden, Rindfleisch zu essen, oder die einfach nur zur falschen Zeit am falschen Ort waren. In den sozialen Medien werden Aufnahmen von Szenen verbreitet, in denen Muslime Schlägen und Beschimpfungen ausgesetzt sind. Von der Regierung wurden diese Vorgänge kaum oder gar nicht verurteilt. Ihre Kritiker, sowohl im Inland als auch im Ausland, hat die BJP ebenfalls ohne Zweifel im Visier. Modi-Anhänger verbrannten Anfang 2021 Bildnisse der Klimaaktivistin Greta Thunberg, nachdem sie in einem Tweet ihre Unterstützung für streikende Bauern in Delhi bekundet hatte. Ein paar Monate später geriet Twitter selbst unter Druck; das Medienunternehmen sollte Beiträge löschen, die den Umgang der indischen Regierung mit der zweiten Welle der Covid-19-Pandemie kritisierten.

Kein anderes Ereignis in der Zeit nach der Unabhängigkeit Indiens hat ein so grelles Licht auf das Versagen der indischen Regierung geworfen, den erbärmlichen Zustand des Gesundheitswesens verdeutlicht und die Notlage der Menschen offengelegt, die im informellen Sektor arbeiten. Vor der Pandemie war Indien stolz darauf, der größte Lieferant von Generika in der Welt zu sein. Während in allen Ländern die Herstellung von Covid-19-Impfstoffen angekurbelt wurde, rühmte sich Indien als die Nation, die »die Menschheit vor einer großen Katastrophe retten« werde. Im Februar 2021 verabschiedete die BJP eine Resolution, in der sie verkündete, dass »die fähige, vernünftige, engagierte und visionäre Führung von Premierminister Modi« Covid-19 besiegt habe. Zwei Monate später wurde Indien zum globalen Epizentrum der Pandemie. Massenversammlungen beim religiösen Fest Kumbh Mela in Haridwar und politische Kundgebungen während der Wahlen in den Bundesstaaten trugen zur explosionsartigen Ausbreitung des Virus bei. Die Bilder von Angehörigen, die um Sauerstoffflaschen bettelten, um ihre Angehörigen zu retten, gingen um die Welt. Scheiterhaufen, die auf Parkplätzen angezündet wurden, weil in den Krematorien kein Platz mehr war, und der Anblick aufgedunsener Leichen von Covid-19-Opfern, die den Ganges hinuntertrieben, werden noch viele Jahre lang die weltweite Wahrnehmung in Bezug auf Indien prägen.

Die Pandemie hat vor allem die Diskrepanz deutlich gemacht, die sich zwischen den Versprechungen der Regierung und der Umsetzung auftat. Einer Schätzung zufolge rutschten durch die Covid-bedingten Abriegelungen 230 Millionen Menschen zusätzlich unter die nationale Armutsgrenze. Die Hälfte aller Frauen, die zuvor im formellen und informellen Sektor gearbeitet hatten, verlor ihren Arbeitsplatz. Im Haushaltsjahr 2020/21 schrumpfte die Wirtschaft um 7,3 Prozent, der größte Einbruch der Wirtschaftsleistung in der Geschichte des Landes.

Selbst Modis treueste Anhänger warfen ihm Hybris und Selbstgefälligkeit vor. Die einst willfährigen Medien postierten Reporter vor Krankenhäusern oder Leichenhallen und fanden Beweise dafür, dass die Zahl der Covid-19-Infektionen und Todesfälle bis zu zehnmal höher war als in den offiziellen Statistiken angegeben. Eine konzertierte Impfaktion, die in der zweiten Jahreshälfte 2021 begann, trug dazu bei, die Pandemie einzudämmen, ging allerdings auf Kosten anderer Bereiche des allerorten schwer belasteten nationalen Gesundheitssystems.

Doch obwohl inzwischen die verheerenden Folgen der Covid-19-Pandemie offensichtlich geworden sind, wird dies den Rechtsruck in der indischen Politik kaum aufhalten können. Eine im Jahr 2021 veröffentlichte Umfrage des Pew Research Center ergab, dass eine große Mehrheit der Inder zwar den Respekt vor anderen Religionen als wichtigen Teil der indischen Identität ansieht. Gleichzeitig ließ die überwiegende Zahl der

Antworten aber auf ein starkes Bedürfnis nach religiöser Segregation schließen, insbesondere wenn es um Eheschließungen ging oder darum, Menschen bestimmter Glaubensrichtungen als Nachbarn zu akzeptieren. Dieser tiefverwurzelte Konservatismus wird der BJP und ihren Verbündeten weiterhin zugutekommen, zumal der Partei keine geschlossene politische Opposition gegenübersteht.

Von der BJP geprägte Begriffe wie »Neues Indien« und »Zweite Republik« finden Eingang in den Mainstreamdiskurs. Der jahrzehntelang dominierende säkulare Nationalismus, der auf kulturellem Pluralismus beruhte, wird nun von einem kulturellen Nationalismus abgelöst, der auf einer Mehrheitsreligion gründet: dem Hinduismus. Im 21. Jahrhundert wird Autarkie zu einem Kampfbegriff, der mit Mahatma Gandhis Konzept des *Swaraj* wenig zu tun hat. Supermärkte ersetzen das Spinnrad: Die indische Mittelschicht kauft lieber in H&M-Filialen ein als in staatlich geführten Khadi-Kooperativen, in denen handgefertigte Kleidungsstücke verkauft werden. Die Tage, in denen sich Indien als eine Nation sah, die international für Ausgleich eintreten will, sind vorbei, stattdessen strebt Indien eine Rolle als Führungsmacht an – eine Wandlung, die die Vereinigten Staaten begrüßen, da sie nach Möglichkeiten suchen, Chinas Einfluss in der Region entgegenzuwirken.

Die Spannungen zwischen den beiden über Nuklearwaffen verfügenden Nachbarn Indien und Pakistan bereiten den politischen Entscheidungsträgern noch immer schlaflose Nächte – die ungelöste Kaschmir-Frage und die staatliche Förderung des Terrorismus haben die Situation nur verschärft. Doch inzwischen wird das Verhältnis zwischen Neu-Delhi und Peking nach dem neuerlichen Zerwürfnis als die »Großmachtbeziehung mit dem weltweit höchsten Risikopotential« bezeichnet. Eine giftige Mischung aus nationalistischen Tendenzen, jahrzehntelang ungelösten territorialen Streitigkeiten, Fehleinschätzungen der außenpolitischen Ziele der jeweils anderen Seite und Misstrauen hinsichtlich der Absichten in Nachbarregionen schüren gefährliche neue Rivalitäten. Im Juni 2020 starben mindestens 20 indische Soldaten, als im Galwan-Tal im Osten von Ladakh Truppen beider Seiten aufeinander losgingen. An der *Line of Actual Control*, wie die De-facto-Grenze zwischen den beiden Ländern genannt wird, waren das die ersten Todesopfer seit mehr als einem halben Jahrhundert. Ohne die bilateralen Abkommen, die den Einsatz von Waffen zur Beilegung von Grenzstreitigkeiten verbieten, wäre die Zahl der Todesopfer wohl noch weit höher ausgefallen. Nach den Zusammenstößen weiteten beide Länder ihre Militärpräsenz an der Grenze aus und investierten in den Aufbau neuer Infrastruktur zur Versorgung und Verstärkung der Truppen.

In Indien steigt angesichts als Aggression empfundener chinesischer Aktivitäten die Bereitschaft, sich wieder ernsthafter im Vier-Parteien-Dialog zu Fragen der internationalen Sicherheit zu engagieren. Im Rahmen des Quadrilateralen Sicherheitsdialogs wollen Indien, die Vereinigten Staaten, Japan und Australien gemeinsame Wege finden, den wachsenden Einfluss Pekings im indisch-pazifischen Raum auszugleichen. Es wird sich zeigen, ob die Quadrilateralen die Spannungen und Missverständnisse abbauen können, die Indien und China in einen offenen Konflikt zu bringen drohen. Würde ein solches Szenario Wirklichkeit, bedeutete das unvorstellbares Leid und Zerstörung, ganz zu schweigen von den längerfristigen Folgen – letztlich würde es auch das Bestreben beider Länder untergraben, die Ordnung der Alten Welt wiederherzustellen, in der westliche Händler, gekleidet in Kniehosen und angetan mit feierlichen Halskrausen, noch gezwungen waren, vor die Herrscher ihrer Länder zu treten und um Handelsrechte zu betteln.

Die postkoloniale Periode mag ein bloßes Postskriptum in der langen und bewegten Geschichte Indiens sein, aber sie ist eine, auf die das indische Volk stolz sein kann. Im Jahr 1931 lag das für die indische Bevölkerung erreichbare Durchschnittsalter bei 27 Jahren. Die Herausforderungen bei der Ernährung der riesigen Bevölkerung waren so groß, dass Mahatma Gandhi einmal sagte: »Sollte Gott in Indien erscheinen, er müsste die Form eines Brotlaibs annehmen.« Seit der Unabhängigkeit ist die Quote der extrem Armen in Indien auf 21 Prozent der Bevölkerung gesunken, und die Kindersterblichkeit hat sich in den vergangenen zwei Jahrzehnten mehr als halbiert. Im Jahr 2021 lag die Lebenserwartung bei knapp 70 Jahren. Nach Angaben des McKinsey Global Institute wird sich die Zahl der zur Mittelschicht zählenden Personen bald verzehnfacht haben: von 50 Millionen im Jahr 2005 auf mehr als 550 Millionen im Jahr 2025. Mitte des nächsten Jahrzehnts wird es in Indien mehr englischsprachige Menschen geben als in den Vereinigten Staaten, was dem Land einen enormen Vorteil auf dem globalen Arbeitsmarkt verschaffen wird.

Trotz dieser Errungenschaften bleiben die Herausforderungen, ganz gleich in welchem Bereich, für Indien enorm. Ein UNICEF-Bericht aus dem Jahr 2020 stellt fest, dass 38,4 Prozent der Kinder aufgrund von Unterernährung unterentwickelt sind und nur 42,5 Prozent der Kinder in der dritten Klasse einen für die erste Klasse gedachten Text lesen können. Indien gehört zu den wenigen Ländern der Welt, in denen die Sterblichkeitsrate der unter Fünfjährigen bei Mädchen höher ist als bei Jungen, zurückzuführen ist das vor allem auf kulturell geprägte Einstellungen, nach denen Jungen und Männer zu bevorzugen sind. Dass in Indien bei den Neugeborenen 914 Mädchen auf 1000 Jungen kommen, ist ebenfalls ein Zahlenverhältnis, das zu den schlechtesten der Welt gehört. Obwohl bereits Gesetze den Einsatz von pränatalen Diagnosetechniken zur Geschlechtsbestimmung verbieten, ist die Praxis, bei Schwangerschaften eine geschlechtsspezifische Wahl zu treffen, weit verbreitet.

Bei der momentanen demographischen Entwicklung wird Indien jährlich eine Million Arbeitsplätze außerhalb der Landwirtschaft schaffen müssen, um die 60 Millionen neuen Arbeitskräfte aufzunehmen, die bis 2030 zusätzlich auf den Arbeitsmarkt drängen werden. Um das für die Schaffung dieses Beschäftigungsniveaus erforderliche jährliche Wirtschaftswachstum von 8 bis 8,5 Prozent zu erreichen, muss Indien massiv in den Aufbau weltweit wettbewerbsfähiger Produktionszentren investieren und seinen Vorsprung in Bereichen wie der IT und den digitalen Dienstleistungen, Produkten der Medizintechnik als auch der medizinischen Pflege sowie im hochpreisigen Tourismus weiter ausbauen.

Die meisten dieser Arbeitsplätze werden in den wie Pilze aus dem Boden schießenden städtischen Ballungsgebieten entstehen müssen, wo es aufgrund mangelnder Planung und fehlender Investitionen Millionen von Menschen an grundlegenden Annehmlichkeiten wie Strom, Wasser und sanitären Einrichtungen mangelt. Laut einer Analyse zur globalen Urbanisierung von Oxford Economics werden 17 der 20 Städte, die zwischen 2019 und 2035 weltweit am schnellsten wachsen werden, in Indien liegen. Die hohe Umweltverschmutzung und die Verkehrsüberlastung haben viele dieser Städte bereits jetzt fast unbewohnbar gemacht. Im Jahr 2020 befanden sich in Indien 21 der 30 am stärksten verschmutzten Städte der Welt, wobei Neu-Delhi die Liste anführte. In Indien fließen auch mehrere der am stärksten verschmutzten Flüsse der Welt, darunter der heilige Ganges. Bis zum Jahr 2030 könnten bis zu 40 Prozent der Bevölkerung keinen Zugang zu sauberem Trinkwasser haben.

Indien hat jedoch auch die weltweit größte Bevölkerung im tertiären Alterssegment (18 bis 22 Jahre). Die Zahl der Menschen dieses Alters wird voraussichtlich im Jahr 2026 mit 126 Millionen ihren Höchststand erreichen, bevor sie sich bis 2035 bei 118 Millionen stabilisieren wird. Wenn es gelingt, für diese jungen Erwachsenen qualitativ hochwertige Bildungsmöglichkeiten zu schaffen, wird das Angebot an qualifizierten Arbeitskräften enorm sein. Doch die Hürden sind groß: Der Anteil der Studienanfänger an der Kohorte eines Jahrgangs liegt mit 27 Prozent in Indien weit hinter den Quoten von Ländern wie China zurück, das 43 Prozent vorzuweisen hat. Um die Nachfrage nach Studienplätzen zu befriedigen, werden in Indien 700 neue Universitäten benötigt.

Positiv zu vermerken ist, dass Indiens stark föderalistisch geprägtes Staatswesen es den Regierungen der Bundesstaaten ermöglicht hat, ihre eigenen Reformprogramme aufzulegen, um Investitionen anzuziehen und Arbeitsplätze zu schaffen; südliche Bundesstaaten wie Tamil Nadu, Karnataka und Kerala spielen dabei schon seit einiger Zeit eine Vorreiterrolle. Indien ist seinen Konkurrenten bei der Entwicklung von Software für Kunden in anderen Zeitzonen nach wie vor überlegen, und es besteht kaum ein Zweifel daran, dass sich die globale Dominanz in diesem Bereich fortsetzen wird, da KI zunehmend allgegenwärtig wird. Doch selbst in diesem Sektor sind die Leistungen des Landes uneinheitlich. Während die universitären Technologieinstitute nach wie vor den Ruf genießen, sie böten »Ivy-League«-Standard, hinkt der Rest des indischen IT-Bildungssektors hinterher. Etwa ein Drittel der Inder, die einen IT-Job antreten, sind Autodidakten, und die Mehrheit der Absolventen, die von Technologieunternehmen eingestellt werden, muss um- oder nachgeschult werden. Auch bei den Ausgaben für Forschung und Entwicklung hinkt Neu-Delhi im Vergleich zu Peking hinterher: Indien investiert nur ein Prozent des Bruttoinlandsprodukts in diesen Sektor, in China sind es zwei Prozent.

Es zählt noch immer jede Stimme

Indiens stolzeste Errungenschaft ist zweifelsohne seine fast ungebrochene Erfolgsgeschichte als liberale Demokratie. Als Indien 1947 endlich die Unabhängigkeit erlangte, glaubten viele ausländische Kommentatoren, der Staat werde nicht lange überleben: Die sprachlichen und regionalen Unterschiede würden eine Balkanisierung unvermeidlich machen; das Kastenwesen lasse sich mit dem Konzept der Gleichheit und damit der Demokratie nicht vereinbaren; die niedrige Alphabetisierungsquote stehe im Widerspruch zur notwendigen politischen Meinungsbildung.

Indien bewältigte den Übergang von einer Kolonie zu einer modernen, funktionierenden Republik nicht reibungslos – das anhaltend hohe Maß an Korruption, die staatliche Unterdrückung in Kaschmir und die wachsende Ungleichheit gehören zu den eklatantesten Beispielen für das Versagen des Landes. Nichtsdestoweniger hat Indien in mehr als sieben Jahrzehnten beanstandungsfrei 17 Wahlen auf nationaler Ebene und Hunderte von gültigen Abstimmungen in den einzelnen Bundesstaaten durchgeführt, wobei die Wahlbeteiligung regelmäßig höher lag als in der nächstgrößten demokratischen Nation der Welt, den Vereinigten Staaten. Eine freie und lebendige Presse sowie eine starke Zivilgesellschaft sorgen dafür, dass sich die unvermeidlichen Fehltritte der politischen Klasse in Grenzen halten. Wie der bekannte Schriftsteller Ved Mehta feststellte, hat sich Indiens demokratische Tradition als »Sicherheitsventil für jede Art von nationaler, religiöser und kastenbezogener Rivalität« verdient gemacht. Eines der beeindruckendsten Ergebnisse war, dass eine Unberührbare zur Ministerpräsidentin von Indiens bevölkerungsreichstem Bundesstaat Uttar Pradesh gewählt werden konnte. Und Kumari Mayawati gewann die Wahl zur Ministerpräsidentin nicht nur einmal, sondern viermal; zuletzt war sie von 2007 bis 2012 im Amt.

Doch der in Indien geborene Wirtschaftswissenschaftler und Nobelpreisträger Amartya Sen mahnt:

> »Es reicht nicht aus, weiterhin systematisch Wahlen abzuhalten, politische Freiheiten und Bürgerrechte zu schützen und Redefreiheit und offene Medien zu garantieren. Es reicht auch nicht aus, den Hunger zu beseitigen oder den Vorsprung Chinas bei Lebenserwartung und Überlebensrate zu verringern. Eine energischere – und lautstarke – Nutzung der demokratischen Teilhabe kann in Indien viel mehr bewirken, als bisher erreicht worden ist.«

Die Stärke Indiens sieht Sen in der Fähigkeit, von anderen zu lernen sowie Ideen zu transformieren und sie sich zu eigen zu machen. Ein Beispiel dafür ist die Allgegenwart der Chilischote – von den Portugiesen nach Indien gebracht, ist sie heute ein wesentlicher Bestandteil der indischen Küche. Sen ist auch der Meinung, dass Indiens »argumentative Tradition«, wie er sie nennt, die auf dem öffentlichen Austausch von Argumenten beruht, die beste Verteidigung des Landes gegen autoritäre Tendenzen und wachsende Ungleichheiten ist.

Was Indien verloren hat und was am schwersten wiederherzustellen sein wird, ist das Bekenntnis des Staates zum Säkularismus. Als Lal Bahadur Shastri – Indiens zweiter Premierminister, der von 1964 bis 1966 im Amt war – von einem Journalisten gebeten wurde, über seinen Glauben zu sprechen, antwortete er: »Man sollte in der Öffentlichkeit nicht über seine Religion sprechen.« Damit nahm er sich zum Teil ein Beispiel an Nehru, einem bekennenden Atheisten. Heute identifiziert sich Nehrus Kongress-Partei, die einst als Speerspitze und Bastion des Säkularismus galt, offen mit Anliegen wie dem Bau eines Ram-Tempels in Ayodhya – um die Wähler zurückzugewinnen, die sie an die BJP verloren hat.

In den vergangenen Jahrzehnten hat sich die Vorstellung von Indien als historischer Einheit, als Volk und als Zivilisation stark politisiert. Hindu-Nationalisten bezeichnen Indien als *Bharat Varsha*, die alte Sanskrit-Bezeichnung für ein hinduistisches Heimatland, das sich vom »Indus bis zum Meer« erstreckt. Die Belege dafür, was sich in der Geschichte Indiens zugetragen hat, finden sich nicht mehr in den archäologischen Funden oder der genetischen DNA, sondern in mythologischen Epen wie dem *Mahābhārata*. Indiens »wahre Überlieferung« ist in noch älteren Texten wie den Veden enthalten. Dazu schreibt der indische Autor und INC-Politiker Shashi Tharoor: »Der zentrale Kampf innerhalb der indischen Zivilisation findet heute zwischen denjenigen statt, die anerkennen, dass unsere Kultur aufgrund der historischen Erfahrung Indiens ebenso vielfältig wie umfangreich ist, und denjenigen, die es sich anmaßen, in immer engeren Begriffen zu definieren, was und wer ›wirklich‹ indisch ist.« Dafür, dass religiöse Toleranz als Thema so großgeschrieben wird, sind Angehörige der großen muslimischen Minderheit des Landes nach wie vor auffallend wenig vertreten in leitenden Positionen öffentlicher Einrichtungen wie den Streitkräften, der Polizei, den Gerichten, den Universitäten und den Medien.

Doch obwohl die BJP über eine breite Basis verfügt, zumal sie auf Kaderorganisationen wie die RSS zurückgreifen kann, und zugleich ein eklatanter Mangel an tragfähigen politischen Alternativen besteht, ist Indiens Abdriften in Richtung einer »demokratisch legitimierten Diktatur der Mehrheit« nicht unvermeidlich. So schreibt der bekannte Politikwissenschaftler Sumit Ganguly:

»Die schiere kulturelle, sprachliche und ethnische Vielfalt des Landes wird sich nicht so leicht niederwalzen lassen. Indiens inhärente Diversität wird einem Regime, das sich dem Illiberalismus verschreibt, im Wege stehen. Tatsächlich lässt sich argumentieren, dass Indien als funktionierender, wenn auch teils chaotisch vorgehender Staat gerade aufgrund seines (wenn auch defizitären und halbherzigen) Bekenntnisses zur liberalen Demokratie überlebt hat.«

Bei der Bekanntgabe des Wahlergebnisses im Juni 2024 stellte sich heraus, dass die BJP ihre absolute Mehrheit in der Lok Sabha eingebüßt hatte und lediglich 240 der zur Wahl stehenden 543 Parlamentssitze erringen konnte. Insbesondere das Ergebnis in Uttar Pradesh kam einer Demütigung gleich, denn allein in der Region, die zuvor als unerschütterliche Basis der BJP galt und geschlossene Unterstützung erwarten ließ, musste die Partei 29 Sitze abgeben. Doch auch in Bundesstaaten wie Maharashtra und Haryana schnitt die hindu-nationalistische Partei überraschend schlecht ab. Modis Wahlkampf, der Muslime und andere Minderheiten zum Sündenbock für politische Versäumnisse und gesellschaftliche Probleme gemacht hatte, fand nicht den erwarteten Zuspruch bei den Wählern. Die Opposition, die sich unter Führung des INC zu einer parteiübergreifenden Allianz (India National Developmental Inclusive Alliance oder INDIA) formiert hatte, schnitt besser ab als zuvor prognostiziert. Die Allianz hatte die Sorgen der Wähler aufgegriffen, die nicht nur weiter steigende Arbeitslosigkeit und Inflation fürchteten, sondern auch, dass die BJP, würde sie die absolute Mehrheit erringen, das Momentum nutzen würde, um die verfassungsmäßigen Garantien abzuschaffen, die Minderheiten und Angehörigen niedrigerer Kasten bevorzugten Zugang zu Bildung und staatlichen Stellen gewähren. Das Wahlbündnis INDIA gewann 232 Sitze, von denen 99 auf den INC entfallen (der damit sein Ergebnis von 2019 fast verdoppeln konnte).

Das Wahlergebnis unterstreicht, was viele Beobachter als die Widerstandsfähigkeit der indischen Demokratie ansehen: Wenn sie die geweckten Erwartungen nicht erfüllen, werden Regierungen abgestraft. Die Wähler haben aber mit der neuen Sitzverteilung in der Lok Sabha auch die Rückkehr zu unsicheren politischen Verhältnissen eingeläutet, da frühere Experimente mit Koalitionsregierungen stets schnell scheiterten. Modi steht nun vor einer heiklen Aufgabe. Nachdem er sowohl als Ministerpräsident von Gujarat als auch als Premierminister uneingeschränkte Macht genossen hatte, muss er sich nun bei den neuen politischen Kräfteverhältnissen auf Koalitionspartner einlassen, die eine eher säkulare Position vertreten und verlangen werden, dass sie zu politischen und wirtschaftlichen Reformen konsultiert werden. Noch dazu betonte der Chefredakteur des einflussreichen wie auflagenstarken Magazins *India Today* Arun Puri in einem Kommentar: »Die BJP kann sich nicht mehr ausschließlich auf die Magie Modis verlassen. Sie muss andere regionale Führungspersönlichkeiten fördern, will sie die Zahl ihrer Unterstützer erhöhen. […] Der aggressive Hindutva-Nationalismus hat die Grenzen seiner politischen Expansion erreicht.«

Letztlich liegen die Gegenwart und die Zukunft Indiens nicht in den Händen seiner Politiker oder Priester, sondern in den Händen der Menschen: der armen Landbevölkerung, die bereit ist, jede Rupie in die Bildung der eigenen Kinder zu investieren; der rastlosen Jugend, die nach einer besseren Lebensqualität strebt; der dynamischen Mittelschicht, die von den gewählten Vertretern zunehmend Rechenschaft fordert; der dynamischen Diaspora, die der Welt Indiens Talente präsentiert.

Das »indische Experiment« ist inspirierend, wenn auch mit einigen Fehlern behaftet. Als Zivilisation hat Indien jedoch zweifellos eine bemerkenswerte Widerstandsfähigkeit bewiesen, es hat Herausforderungen wie wachsende Ungleichheit und Autoritarismus gemeistert und kann der Welt ein Vorbild sein. In Indien werden sich visionäre Führungspersönlichkeiten und die Vordenker von morgen daran machen, die verschiedenen Gemeinschaften ihres Landes zu vereinen und dafür zu sorgen, dass die auf dem sozialen und wirtschaftlichen Fortschritt basierenden Erträge gleichmäßig und nachhaltig verteilt werden. Indien hat in der Vergangenheit solche Persönlichkeiten hervorgebracht, von Aśoka bis Mahatma Gandhi, von Kautilya bis Rabindranath Tagore. Als älteste ununterbrochen fortbestehende Zivilisation der Welt kann Indien auf unermesslich viel zurückgreifen und hat der Welt noch so viel mehr zu bieten. Wenn Indiens mehr als eine Milliarde Einwohner die Chance erhalten, ihr volles Potential zu entfalten, dann ist eines gewiss: Indiens größte Momente werden nicht in der Vergangenheit zu suchen, sondern in der Zukunft zu finden sein.

Zeittafel

Antikes Indien

Ca. 1,5 Mio. Jahre v. Chr.	Älteste Spuren von Menschen in Indien.
Ca. 65 000 Jahre v. Chr.	Migration aus Afrika erreicht Indien.
Ca. 7000 Jahre v. Chr.	Frühester Nachweis von Landwirtschaft.
Ca. 3300–2600 Jahre v. Chr.	Frühe Harappā-Kultur.
Ca. 2600–1900 Jahre v. Chr.	Mittlere Harappā-Kultur.
Ca. 2000–1500 Jahre v. Chr.	Āryanische Migration aus Zentralasien.
Ca. 1900–1300 Jahre v. Chr.	Späte Harappā-Kultur.
Ca. 1200–1100 Jahre v. Chr.	Zusammenstellung des *Ṛg Veda.*
Ca. 800–300 Jahre v. Chr.	Niederschrift der *Upanishaden.*
Ca. 599–527 Jahre v. Chr.	Mahāvīra, Begründer des Jainismus.
Ca. 563–483 Jahre v. Chr.	Siddhārtha Gautama, Begründer des Buddhismus.
Ca. 400–300 Jahre v. Chr.	Entstehung der Epen *Mahābhārata* und *Ramayana.*
Im Jahr 326 v. Chr.	Alexander der Große marschiert in Nordindien ein.

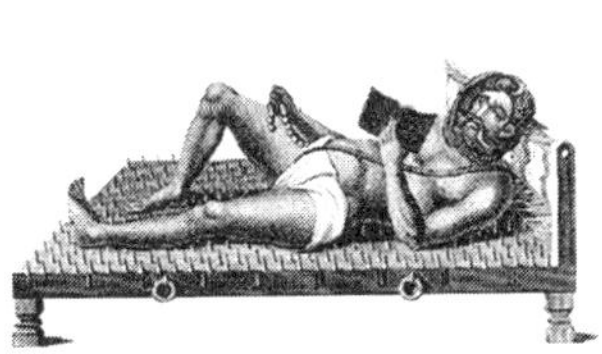

Zeitalter der Großreiche

Ca. 322–185 Jahre v. Chr.	Maurya-Reich.
Ca. 240–100 Jahre v. Chr.	Erste von Indien ausgehende buddhistische Missionen erreichen China.
Ca. 135 Jahre v. Chr. bis 150 n. Chr.	Kuśāṇa-Reich.
Ca. 100–500	Blütezeit des Gandhara-Stils in Nordindien und Afghanistan.
Ca. 320–550	Gupta-Reich.
Ca. 200–400	Aufzeichnung des *Kāmasūtra.*

Zeitalter der Invasionen

Ca. 455	Erste Invasion der iranischen Hunnen.
Ca. 606–647	Regierungszeit von Harṣa.
Ca. 712	Araber besetzen Sindh.
Ca. 300–888	Pallava-Dynastie in Kāñcī.
Ca. 871–907	Aufstieg des Chola-Reichs.
1004–30	Mahmud von Ghazni überfällt Indien.
1192	Prithviraj Chauhan wird in der Schlacht von Tarain besiegt.
1206–1526	Sultanat von Delhi.
1336–1565	Vijayanagara-Reich.

Epoche der Großmoguln

1526–30	Herrschaft Baburs.
1530–40, 1555/56	Herrschaft Humayuns.
1556–1605	Herrschaft Akbars.
1605–27	Herrschaft Jahangirs.
1627–58	Herrschaft Schah Jahans.
1632–54	Bau des Taj Mahal.
1658–1707	Herrschaft Aurangzebs.

Kolonialismus

1600	Gründung der Britischen Ostindien-Kompanie.
1739	Delhi wird vom persischen Schah Nadir eingenommen.
1756	Kerker »Schwarzes Loch von Kalkutta«.
1757	Schlacht von Plassey.
1765	Die Britische Ostindien-Kompanie erhält das Recht, in Bengalen Steuern zu erheben.
1773	Mit dem *Regulating Act* (›Regulierungsgesetz‹) wird ein Generalgouverneur bestimmt und ihm ein Verwaltungsbeirat zur Seite gestellt.

1799 Niederlage Tipu Sultans bei Shrirangapattana.

1813 Der *Charter Act* erlaubt christlichen Missionaren die Einreise nach Indien.

1817/18 Dritter Marathenkrieg und britische Eroberung Indiens.

1856 Lord Dalhousie ordnet die Annexion von Avadh an.

1857 Erster indischer Aufstand.

1858 Indien wird der britischen Krone unterstellt.

Britisches Kaiserreich Indien

1876	Königin Viktoria wird Kaiserin von Indien.
1885	Gründung des Indischen Nationalkongresses.
1905	Abspaltung Bengalens.
1906	Gründung der Muslimliga.
1918	Mahatma Gandhis erste *Satyagraha* in Bihar.
1919	Massaker von Amritsar.
1930	Indischer Nationalkongress fordert Selbstverwaltung.
1931	Gandhi nimmt an der Britisch-Indischen Konferenz, dem »Runden Tisch«, in London teil.
1942	»Quit India!«-(›Verlasst Indien‹)-Resolution, Führung des Indischen Nationalkongresses wird inhaftiert.
16. August 1946	Jinnah proklamiert den »Tag der direkten Aktion«.
14./15. August 1947	Pakistan und Indien werden von Großbritannien unabhängig.

Unabhängigkeit Indiens

Oktober 1947	Erster Indisch-Pakistanischer Krieg (in Kaschmir).
30. Januar 1948	Ermordung Gandhis.
26. Januar 1950	Indien wird offiziell eine Republik.
1952	Erste allgemeine Wahlen.
1962	Grenzkrieg zwischen Indien und China.
27. Mai 1964	Todestag Jawaharlal Nehrus.
September 1965	Zweiter Indisch-Pakistanischer Krieg (um Kaschmir).

Januar 1966	Indira Gandhi wird Premierministerin.
Dezember 1971	Dritter Indisch-Pakistanischer Krieg (um Ostpakistan).
Juni 1984	Indische Truppen stürmen den Goldenen Tempel der Sikhs.
31. Oktober 1984	Ermordung Indira Gandhis; Rajiv Gandhi wird Premierminister.
21. Mai 1991	Ermordung Rajiv Gandhis.
1991	Der Indische Nationalkongress leitet weitreichende Wirtschaftsreformen ein.
6. Dezember 1992	Radikale Hindus zerstören die Babri-Moschee in Ayodhya.
1998	Wahlsieg der Bharatiya-Janata-Partei und erste Koalitionsregierung.

Mai 1998	Atomtests in Indien und Pakistan.
Mai 1999	Kargil-Krieg.
Mai 2004	Manmohan Singh wird Premierminister.
November 2008	Terroranschlag in Mumbai.
Mai 2014	Narendra Modi wird Premierminister.
November 2016	Demonetisierung (Geldentwertung).
Mai 2019	Die Bharatiya-Janata-Partei gewinnt Wiederwahl.
März–Juni 2021	Verheerende zweite COVID-19-Welle mit Abertausenden Toten.

Weiterführende Lektüre

Fast ebenso schwierig, wie die Geschichte Indiens in neun kurze Kapitel zusammenzufassen, ist es, eine Auswahl der weiterführenden Literatur zu treffen.

Zur Einführung in die Geschichte Indiens führt kein Weg an dem zweibändigen Werk *The Wonder That Was India* (›Das Wunder, das Indien einst war‹) vorbei. Arthur Llewellyn Basham behandelt das vor-muslimische Indien bis zum Jahr 1200; Saiyid Athar Abbas Rizvi gibt einen Überblick über Indien von 1200 bis 1700. John Keays sehr lesenswertes *India: A History* umfasst die gesamte Spanne der indischen Geschichte bis in die 1990er Jahre. Weitere lohnende Einführungswerke sind *India: Brief History of a Civilisation* (›Indien: Kurze Geschichte einer Zivilisation‹) von Thomas Trautmann und Jawaharlal Nehrus *Die Entdeckung Indiens*, das er während seiner Zeit in britischer Gefangenschaft schrieb. Zu den wesentlichen Büchern über die Anfänge der indischen Zivilisation gehören *Early India: From the Origins to AD 1300* (›Historisches Indien: Von den Anfängen bis 1300 n. Chr.‹) von Romila Thapar und *Early Indians: The Story of Our Ancestors and Where We Came From* (›Historische Inder: Die Geschichte unserer Vorfahren und woher wir kommen‹) von Tony Joseph, der anhand der Ergebnisse von DNA-Analysen die frühe Vergangenheit des Landes rekonstruiert.

Die Maurya- und Gupta-Reiche werden in Vincent Arthur Smiths klassischem Werk *The Early History of India from 600 B. C. to the Muhammadan Conquest* (›Die frühe Geschichte Indiens von 600 v. Chr. bis zur Eroberung durch die Mohammedaner‹) und Damodar Dharmananda Kosambis *An Introduction to the Study of Indian History* (›Eine Einführung in das Studium der indischen Geschichte‹) behandelt. Einen kontrovers diskutierten, dafür leicht zugänglichen Überblick über den Hinduismus gibt *The Hindus. An Alternative History* (›Die Hindus: eine alternative Geschichte‹) von Wendy Doniger. Diana Ecks *India: A Sacred Geography* (›Indien: Geographie des Heiligen‹) bietet wertvolle Einblicke in die religiöse Welt von Indiens größter Religion. Eine zuverlässige und umfassende Einführung in den Buddhismus gibt *A Concise History of Buddhism* (›Eine komprimierte Geschichte des Buddhismus‹) von Andrew Skilton.

Die Zeit des beginnenden muslimischen Einflusses und der Eroberung ab ca. 1100 n. Chr. wird in Abraham Eralys *The Age of Wrath: A History of the Delhi Sultanate and Emperors of the Peacock Throne: The Saga of the Great Mughals* (›Das Zeitalter des Zorns: Eine Geschichte des Sultanats von Delhi und der Kaiser auf dem Pfauenthron: Die Saga der Großmoguln‹) behandelt. Richard Eatons *India in the Persianate Age* (›Indien im persischen Zeitalter‹) deckt detailliert die islamische Periode bis zum 18. Jahrhundert ab. *Die Großmoguln: Glanz und Größe mohammedanischer Fürsten in Indien* von Bamber Gascoigne ist eine sehr lesenswerte Einführung in die Epoche, während *The Last Mughal* (›Der Letzte der Moguln‹) von William Dalrymple den traurigen Untergang dieser Ära dokumentiert. Wer sich für die Geschichte Indiens von 1600 bis 1857 interessiert, kommt an Dalrymples *White Mughals: Love and Betrayal in Eighteenth-Century India* (›Weiße Moguln: Liebe und Verrat im Indien des 18. Jahrhunderts‹) und *The Anarchy. The Relentless Rise of the East India Company* (›Die Anarchie: Der unerbittliche Aufstieg der Ostindien-Kompanie‹) kaum vorbei. Ebenfalls empfehlenswert für alle, die sich mit dem Aufstieg und Fall der Ostindien-Kompanie beschäftigen wollen, sind *The Corporation That Changed the World: How the East India Company Shaped the Modern Multinational* (›Das Unternehmen, das die Welt veränderte: Wie die Ostindien-Kompanie den modernen multinationalen Konzern entwickelte‹) von Nick Robins und *The Scandal of Empire: India and the Creation of Imperial Britain* (›Der Skandal des Empires: Indien und die Entstehung des imperialen Großbritannien‹) von Nicholas B. Dirks. Mike Davis' Studie *Late Victorian Holocausts: El Niño Famines and the Making of the Third World* (›Spätviktorianische Holocausts: El-Niño-Hungersnöte und die Entstehung der Dritten Welt‹) bietet eine interessante sozioökonomische Perspektive auf Indien im 19. Jahrhundert. Ein polemisches, aber sehr lesenswertes Buch ist *An Era of Darkness: The British Empire in India* (›Eine Ära der Finsternis: Das britische Empire in Indien‹) von Shashi Tharoor, das die vom Kolonialismus angerichteten Schäden thematisiert. David Gilmours *The British in India* (›Die Briten in Indien‹) und Charles Allens *Plain Tales from the Raj* (›Schnörkellose Geschichten aus dem Reich des britischen Raj‹) gehören zu den besten Werken, die die europäische Gesellschaft in der Kolonialzeit beschreiben.

Zu den lesenswerten Biographien von Personen, die mit dem indischen Unabhängigkeitskampf in Verbindung stehen, gehören *Gandhi Before India: How the Mahatma Was Made* (›Gandhi vor der Unabhängigkeit Indiens: Wie der Mahatma entstand‹) von Ramachandra Guha und Stanley Wolperts *Nehru, A Tryst with Destiny* (›Nehru: Verabredung mit dem Schicksal‹) sowie *Gandhi's Passion: The Life and Legacy of Mahatma* (›Gandhis Passion: Das Leben und Vermächtnis des Mahatma‹). Des Weiteren ist zu Indiens bekanntester historischer Figur interessant zu lesen Judith Browns *Gandhi, Prisoner of Hope* (›Gandhi, Gefangener der Hoffnung‹) und von Gandhi selbst verfasst: *Eine Autobiographie oder Die Geschichte meiner Experimente mit der Wahrheit.* Zu den empfehlenswerten Büchern über die Unabhängigkeit gehören *Indian Summer: The Secret History of the End of an Empire* (›Indischer Herbst: Die geheime Geschichte vom

Ende eines Imperiums‹) von Alex von Tunzelmann und *Um Mitternacht die Freiheit* von Larry Collins und Dominique Lapierre. Khushwant Singhs *Train to Pakistan* (›Zug nach Pakistan‹) ist nach wie vor der beste historische Roman über diese Zeit.

Wer sich einen Überblick über das unabhängige Indien verschaffen will, kommt an einem weiteren Buch von Ramachandra Guha nicht vorbei: *India After Gandhi: The History of the World's Largest Democracy* (›Indien nach Gandhi: Die Geschichte der größten Demokratie der Welt‹). Der französische Schriftsteller Christophe Jaffrelot ist eine Autorität auf dem Gebiet des Hindu-Nationalismus. Zu seinen Büchern gehören *The Sangh Parivar: A Reader* (›Der Sangh Parivar: ein Lesebuch‹), und *Majoritarian State: How Hindu Nationalism Is Changing India* (›Der Staat der Mehrheit: Wie der Hindu-Nationalismus Indien verändert‹). Eine hervorragende wirtschaftshistorische und politische Geschichte der Zeit nach der Unabhängigkeit liefert *The Idea of India* (›Indien als Idee‹) von Sunil Khilnani, während sein Buch *Incarnations: India in 50 Lives* (›Inkarnationen: Indien in 50 Biographien‹) den weiten Bogen der indischen Geschichte anhand biographischer Skizzen von Schlüsselpersonen nachvollzieht. *The Argumentative Indian* (›Der argumentierende Inder‹) des Wirtschaftsnobelpreisträgers Amartya Sen beleuchtet in einer Reihe von Essays die Geschichte Indiens und wie die Historie Indiens kulturelle Identität beeinflusst und geprägt hat. *Indira: The Life of Indira Nehru Gandhi* (›Indira: Das Leben der Indira Nehru Gandhi‹) von Katherine Frank ist eine fesselnde Biographie der zweiten gewählten weiblichen Staatslenkerin der Welt, während *The Emergency: A Personal History* (›Der Notstand: eine persönliche Geschichte‹) von Coomi Kapoor detailliert beschreibt, wie Indira Gandhi die Demokratie außer Kraft setzte. Zu den neueren Büchern über die indische Wirtschaft gehören Edward Luces *In Spite of the Gods* (›Den Göttern zum Trotz‹),

John Elliotts *Implosion: India's Tryst with Reality* (›Implosion: Indiens Verabredung mit der Realität‹) und James Crabtrees *Billionaire Raj* (›Raj der Milliardäre‹). Kapil S. Komireddis *Malevolent Republic: A Short History of the New India* (›Böswillige Republik: Eine kurze Geschichte des neuen Indien‹) ist eine scharfe Kritik an der zeitgenössischen Politik. Schließlich bieten Katherine Boos *Behind the Beautiful Forevers* (›Hinter den schönen Fassaden‹) und Sonia Faleiros *The Good Girls: An Ordinary Killing* (›Die guten Mädchen: ein ganz gewöhnlicher Mord‹) detaillierte Einblicke in das Leben armer Menschen in Indiens Städten und auf dem Land; ihr Schwerpunkt liegt dabei auf der Not der Frauen.

Abbildungsnachweise

S. 20: © Trustees of the British Museum.

S. 29: Autor unbekannt, mit freundlicher Genehmigung von Ismoon (mündlich gegeben) 18:08 Uhr, 21. Februar 2012 (UTC) – mit freundlicher Genehmigung von Wikimedia Commons.

S. 40: Autor unbekannt, mit freundlicher Genehmigung von Mahavir Prasad Mishra über Wikimedia Commons.

S. 47: Foto 12 / Ann Ronan Picture Library / Alamy Stock Foto.

S. 49: Syed Muhammad Naqvi, CC BY-SA 3.0, über Wikimedia Commons.

S. 51: Unbekannter Autor. Eigenes Werk; fotografiert von Smuconlaw am 28. April 2012, 15:46:56 Uhr, CC BY-SA 3.0.

S. 65: Richard Brown / Alamy Stock Foto.

S. 71: Biswarup Ganguly – bearbeitetes Bild, CC BY-SA 3.0.

S. 80 (oben): Keine maschinenlesbare Quelle angegeben. Eigenes Werk angenommen (aufgrund von Urheberrechtsansprüchen), CC BY 2.5.

S. 80 (unten): Fotografie Dharma aus Sadao, Thailand – 022 Höhle 1, Padmapani, CC BY 2.0.

S. 91: Nirinsanity – eigenes Werk, CC BY-SA 4.0.

S. 96: Los Angeles County Museum of Art, gemeinfrei, via Wikimedia Commons.

S. 104: Aufgenommen in Kota, Rajasthan, Indien – gemeinfrei, über Wikipedia Commons.

S. 108: Clifton & Co. Universitätsbibliothek Leiden, KITLV, Bild 377922 Sammlungsseite Südostasiatische und Karibische Bilder (KITLV), gemeinfrei, über Wikipedia Commons.

S. 110: Autor unbekannt, über https://indophilia.tumblr.com/post/58451347626/raziyya-al-din-usually-referred-to-in-history.

S. 138: Nandanupadhyay – eigenes Werk, CC BY-SA 3.0.

S. 140: Metropolitan Museum of Art, gemeinfrei, von Govardhan, über Wikipedia Commons.

S. 144: Marcin Białek – eigenes Werk, CC BY-SA 3.0.

S. 149: Ustad Mansur – Eremitage, St. Petersburg, gemeinfrei, über Wikipedia Commons.

S. 155: Kristian Bertel – eigenes Werk, CC BY-SA 4.0.

S. 158: Cordanrad, Public domain, über Wikipedia Commons.

S. 164: Nathaniel Dance (später Baronet Nathaniel Dance-Holland, gestorben 1811), gemeinfrei, über Wikipedia Commons.

S. 170: Marktszene, Kalkutta, Westbengalen. Kolorierte Radierung von François Balthazar Solvyns, 1799, CC BY 4.0.

S. 182: Benjamin West – British Library, gemeinfrei, über Wikipedia Commons.

S. 188: Victoria and Albert Museum, CC BY-SA 3.0.

S. 197: Copyright unbekannt, *Charmers of Serpents* (›Schlangenbeschwörer‹), The Penny Magazine, 9. Februar 1833, 49, via https://reynolds-news.com/2021/07/18/victorian-snakes/#_ftnref13.

S. 199: India Post, Government of India – [1] [2], GODL-India, via Wikipedia Commons.

S. 204: Elizabeth Thompson, gescannte Kopie des Gemäldes in der Tate Gallery, gemeinfrei, via Wikipedia Commons.

S. 212: Künstler unbekannt, über https://www.amarchitrakatha.com/.

S. 220: Willoughby Wallace Hooper, Bild datiert auf 1876–78, Wellcome Library Abbildungskatalog, Willoughby Wallace Hooper, Gruppe ausgezehrter junger Männer, Hungersnot in Indien 1876–78, gemeinfrei, über Wikipedia Commons.

S. 226: Sammlung George Grantham Bain (Library of Congress). Dieses Bild ist bei der Prints and Photographs Division der United States Library of Congress unter der digitalen ID ggbain.16113 verfügbar, gemeinfrei, über Wikipedia Commons.

S. 236: Kanu Gandhi – gandhiserve.org, gemeinfrei, über Wikipedia Commons.

S. 241: Unbekannter Autor – [1] [2] Ein sehr ähnliches Bild wurde für das Frontispiz von *Muhammad Ali Jinnah: A Political Study* von Matlubul Hassan Saiyid, Lahore, Shaikh Muhammad Ashraf, 1945 verwendet. Das Urheberrecht ist 1995 abgelaufen. First Time People in Pakistan, gemeinfrei, über Wikipedia Commons.

S. 243: Yann, eingescannt von Yann (mündliche Absprache), gemeinfrei, über Wikipedia Commons.

S. 246: Royroydeb, anonym, gemeinfrei, über Wikipedia Commons.

S. 267: Unbekannter Autor, http://www.outlookindia.com/printarticle.aspx?290562, gemeinfrei, über Wikipedia Commons.

S. 271: Tatiraju.rishabh.en. Wikipedia, CC BY 3.0.

S. 276: U. S. News & World Report Fotograf Warren K. Leffler. Dieses Bild ist verfügbar bei der Prints and Photographs Division der United States Library of Congress unter der digitalen ID cph. 3c34157, gemeinfrei, über Wikipedia Commons.

S. 286: Bart Molendijk / Anefo, Nationaal Archief, CC BY-SA 3.0 nl.

S. 292: Ayman Aumi, CC BY-SA 4.0.

S. 298: Naveenpf – Datei: ABD0165.JPG, Datei: Rahul Gandhi in Ernakulam, Kerala.jpg, CC BY-SA 3.0.

Danksagung

Ich kann mich noch lebhaft an den Moment erinnern, als 2019 eine E-Mail des Verlegers Chris Feik in meinem Posteingang landete, in der er mich fragte, ob ich *The Shortest History of India* schreiben wolle. Ich wohnte in Mumbai im Haus eines Freundes, eines Parsen, der mir von den Streichen erzählte, die er als Schuljunge gemeinsam mit Salman Rushdie ausgeheckt hatte, als sie noch die Cathedral School in Breach Candy ganz in der Nähe besuchten. Von meinem Fenster aus konnte ich die monströse 2-Milliarden-Dollar-Residenz Antilia von Mukesh Ambani sehen, Indiens reichstem ›Bollygarchen‹. Ich war in Mumbai, um für ein Buch über die unglaubliche Problemfamilie der Herrscher von Jaipur zu recherchieren und eine Reportage über einen skrupellosen Diamantenhändler mit einer Vorliebe für Jacken aus Straußenleder zu schreiben. Indien war schon seit Jahrzehnten eine meiner Leidenschaften. Wie hätte ich da nein sagen können, als sich mir die Gelegenheit bot, den ultimativen Hintergrundbericht zu all dem – und mehr zu schreiben.

Dieses Buch verdankt seine Entstehung zwei der größten Historiker ihrer Zeit, von denen ich im Laufe meines Studiums Wesentliches lernen konnte. Arthur Llewellyn Basham und Saiyid Athar Abbas Rizvi – Co-Autoren des zweibändigen Werks *The Wonder That Was India* (›Das Wunder, das Indien einst war‹) – gaben meiner Leidenschaft einen sinnvollen Rahmen und vermittelten mir zusammen mit meinen Hindi-Lehrern Richard Barz und Yogendra Yadav die Kompetenzen, die notwendig waren, damit ich viele Jahre in Indien arbeiten konnte, so dass ich nun mein Wissen an Studenten und Leser weitergeben kann.

Im Laufe der Jahrzehnte haben zahlreiche Organisationen und Einzelpersonen meine Reisen nach Indien gefördert und unterstützt. Dazu gehören Asialink, der Australia Council, der Australia India Council, das Australia India Institute, das Australische Hochkommissariat in Neu-Delhi sowie die australischen Konsulate und ihre Mitarbeiter in Mumbai, Kalkutta und Chennai. Kama Maclean, Robin Jeffrey, Jim Masselos, Assa Doron und Mark Allon gehören zu den Mitgliedern einer leider schrumpfenden Gruppe von Wissenschaftlern in Australien, die sich mit Südasien beschäftigen und die mir über die Jahre hinweg mit ihrem gesammelten Wissen die dringend benötigte Unterstützung geben konnten.

Chris Feik und das gesamte Team von Black Inc. haben hervorragende Arbeit geleistet, um das Erscheinen dieses Buchs zu ermöglichen. Ich bin meinen fabelhaften Lektorinnen Julia Carlomagno und Kate Morgan zu Dank verpflichtet, die meine Bemühungen, 5000 Jahre komplexer Geschichte zu verdichten, akribisch durchleuchtet haben. Mein herzlicher Dank gilt auch der Designerin Akiko Chan, dem Gestalter der Karten und Grafiken Alan Laver, der Korrektorin Jo Rosenberg, der Publizistin Kate Nash, der Leiterin Sophy Williams der Abteilung internationale Publizistik und Erin Sandiford in der Lizenzabteilung. Mein besonderer Dank gilt wie immer meiner großartigen Agentin Fiona Inglis bei Curtis Brown.

An meine Lebensgefährtin April Fonti: Danke, dass du für mich und meine Passion für Indien immer ein offenes Ohr hattest, und für deine Geduld, die Inspiration, die du mir geschenkt hast, und dein Verständnis, als ich es am meisten brauchte. Und schließlich danke ich meinen Kindern Adele, Alexander, Jonathon und Nicolas für den ansteckenden Enthusiasmus, mit dem sie dieses und die anderen literarischen Abenteuer, auf die ich mich eingelassen habe, unterstützt haben.

Register

Über den Autor

John Zubrzycki ist ein australischer Autor, der sich seit mehr als vierzig Jahren mit der indischen Geschichte befasst. Er war in Indien als Diplomat und Auslandskorrespondent tätig, hat Indologie unterrichtet und schreibt über die indische Gesellschaft, Kultur und Politik. Er ist der Autor von *The House of Jaipur: The Inside Story of India's Most Glamorous Royal Family* (›Das Haus Jaipur: Die private Geschichte von Indiens glamourösester Königsfamilie‹), *Empire of Enchantment: The Story of Indian Magic* (›Das Reich des Zaubers: Die Geschichte der indischen Magie‹), *The Mysterious Mr Jacob: Diamond Merchant, Magician and Spy* (›Der geheimnisvolle Herr Jacob: Diamantenhändler, Magier und Spion‹) und *The Last Nizam: The Rise and Fall of India's Greatest Princely State* (›Der letzte *Nizam*: Aufstieg und Fall von Indiens größtem Fürstenstaat‹). John Zubrzycki hat Südasiatische Geschichte und Hindi an der Australian National University studiert und in Indischer Geschichte an der University of New South Wales promoviert. Bevor er sich entschied, seine gesamte Zeit dem Schreiben seiner Bücher zu widmen, war er stellvertretender Auslandsredakteur bei *The Australian*.